中华全国律师协会知识产权专业委员会 / 编

中国知识产权律师年度报告

—— 2022 ——

Annual Report 2022:
Chinese Lawyers on Intellectual
Property Practices

中国法制出版社
CHINA LEGAL PUBLISHING HOUSE

序

PREFACE

2021年度，在全国律师行业党委和中华全国律师协会的领导下，中华全国律师协会知识产权专业委员会（以下简称知产委）和全国知识产权律师坚持以习近平新时代中国特色社会主义思想为指导，深入学习贯彻习近平法治思想和习近平总书记“七一”重要讲话精神，全面学习贯彻党的十九大和十九届历次全会精神，认真贯彻落实习近平总书记关于律师工作的重要指示精神，按照第十次全国律师代表大会确定的目标要求，坚持中国特色社会主义法治工作者定位，践行人民律师为人民理念，加强知识产权律师队伍建设，忠实履职尽责，勇于担当作为，服务经济社会高质量发展。

为深入贯彻落实习近平总书记和中央关于知识产权工作的重要指示和安排部署，过去一年里，知产委在司法部、中华全国律师协会指导下，积极开展如下各项工作：继续与最高人民检察院、最高人民法院、国家知识产权局、中国国际贸易促进委员会等部门加强日常工作沟通，与最高人民检察院知识产权检察办公室就知识产权司法保护中的相关问题召开座谈会，就知识产权保护工作进行交流；与北京知识产权法院良性互动，就商标行政案件繁简分流工作进行座谈；参访世界知识产权组织中国办事处并座谈，以期加强知产委与WIPO中国办事处的工作衔接，共同推动知识产权保护的发展；积极参与规范性文件修订修改，完善知识产权保护制度建设；探索知识产权商用化，汇总不同领域的专家对知识产权商用化的最新探索，编写出版《知识产权商用化实务研究》；加强法律职业共同体的交流，创新形式开展宣传普法活动；组织修订业务操作指引，助力提升律师专业法律服务水平；组织知产委员积极加入冬奥会公益法律服务团，发挥专业优势，助力冬奥盛会。

在向着全面建成社会主义现代化强国的第二个百年奋斗目标迈进的新征程中，知产委将更加紧密地团结在以习近平同志为核心的党中央周围，牢记初心使命，强化责任担当，提高能力素质，为推进全面依法治国，建设社会主义法治国家提供更加优质的知识产权法律服务。

本书与《中国知识产权律师年度报告（2021）》结构上大体一致，在前作基础上作进一步完善，汇总一年来知识产权领域的最新发展，反映知识产权律师的思考与探索，帮助社会各界更好了解知识产权保护领域的最新情况，助推国家知识产权事业的发展。

编委会

2022年4月26日于北京

目 录

CONTENTS

第1章 著作权

第4章 地理标志

第5章 专 利

CHAPTER 1

第1章
著作权

新法观察

一、《著作权法》

立法/修订主要内容

全国人大常务委员会于2020年修正了《著作权法》，新修正的《著作权法》于2021年6月1日起施行。

1.增加惩罚性赔偿制度，同时规定权利人的实际损失、侵权人的违法所得、权利使用费难以计算的，由人民法院根据侵权行为的情节，判决给予五百元以上五百万元以下的赔偿。

2.将第3条第6项的类电作品修改为视听作品。

3.对广播权进行合理扩张，将第10条第1款第11项、第12项修改为："（十一）广播权，即以有线或者无线方式公开传播或者转播作品，以及通过扩音器或者其他传送符号、声音、图像的类似工具向公众传播广播的作品的权利，但不包括本款第十二项规定的权利；（十二）信息网络传播权，即以有线或者无线方式向公众提供，使公众可以在其选定的时间和地点获得作品的权利。"

4.修改作品定义，作品客体类型开放，将第3条第9项修改为："（九）符合作品特征的其他智力成果。"

5.合作作品的著作权归属明确，将第13条改为第14条，增加一款，作为第2款："合作作品的著作权由合作作者通过协商一致行使；不能协商一致，又无正当理由的，任何一方不得阻止他方行使除转让、许可他人专有使用、出质以外的其他权利，但是所得收益应当合理分配给所有合作作者。"

6.规定演员职务表演权利归属，增加一条作为第40条："演员为完成本演出单位的演出任务进行的表演为职务表演，演员享有表明身份和保护表演形象不受歪曲的权利，其他权利归属由当事人约定。当事人没有约定或者约定不明确的，职务表演的权利由演出单位享有。职务表演的权利由演员享有的，演出单位可以在其业务范围内免费使用该表演。”

7.明确著作权集体管理组织是非营利法人，规范管理，信息公开，将第8条第1款中的“著作权集体管理组织被授权后，可以以自己的名义为著作权人和与著作权有关的权利人主张权利”修改为“依法设立的著作权集体管理组织是非营利法人，被授权后可以以自己的名义为著作权人和与著作权有关的权利人主张权利”；将“诉讼、仲裁活动”修改为“诉讼、仲裁、调解活动”。

律师评析

2021年6月1日，第三次修改的《著作权法》正式实施，这对我国著作权事业发展具有里程碑意义。新修改的《著作权法》立足于保护权利、鼓励创作、促进传播和平衡利益的原则，积极回应了经济社会发展新需要和社会公众新期待。新修改的《著作权法》不仅完善了著作权法律制度，强化了对著作权的保护，还加强了与其他法律的衔接，落实了近年来我国加入的版权国际条约中规定的义务，为维护版权秩序、提升版权治理效能、促进社会主义文化和科学事业的发展与繁荣提供了重要的法律支撑。

二、《关于为盲人、视力障碍者或其他印刷品阅读障碍者获得已出版作品提供便利的马拉喀什条约》

立法/修订主要内容

《关于为盲人、视力障碍者或其他印刷品阅读障碍者获得已出版作品提供便利的马拉喀什条约》(以下简称《马拉喀什条约》)是国际著作权体系中的历史性条约，世界知识产权组织于2013年6月27日在摩洛哥马拉喀什召开的外交会议上通过了该条约，该条约于2016年9月30日生效，目前有84个缔约方。

2021年10月23日，第十三届全国人大常委会第三十一次会议表决通过了《关于批准〈关于为盲人、视力障碍者或其他印刷品阅读障碍者获得已出版作品提供便利的马拉喀什条约〉的决定》，根据条约规定，条约将在我国交存批准书满三个月时对我国生效。《马拉喀什条约》具有鲜明的人道主义和社会发展色彩，主要目标是创设一组有益于盲人、视力障碍者和其他印刷品阅读障碍者（视障者）的强制性限制与例外，该条约的批准有利于更好地保障我国广大阅读障碍者的文化权益，使其能够平等地欣赏作品、接受教育，推动文化成果普惠于民；同时，也为我国向海外阅读障碍者提供无障碍格式版创造了条件，对推动我国优秀作品海外传播具有重要作用。

律师评析

国际版权条约是中国迈向知识产权强国、提升自身知识产权国际影响力的重要凭借，2020年4月28日《视听表演北京条约》正式生效，该条约是在中国诞生的第一个国际知识产权条约，而《马拉喀什条约》作为版权领域的第一部人权条约，其历史意义不言自明，中国作为《马拉喀什条约》的首批缔约国积极参加了该条约的起草和签署，此次条约正式批准生效，且仅声明暂不适用于澳门特别行政区，意味着我国在版权领域的人文关怀水平进一步提升，也为我国知识产权领域的国际合作、地位提升写下了浓墨重彩的一笔。

三、《刑法修正案（十一）》

立法/修订主要内容

2020年12月26日，第十三届全国人民代表大会常务委员会第二十四次会议通过了《刑法修正案（十一）》，将《刑法》第217条修改为："以营利为目的，有下列侵犯著作权或者与著作权有关的权利的情形之一，违法所得数额较大或者有其他严重情节的，处三年以下有期徒刑，并处或者单处罚金；违法所得数额巨大或者有其他特别严重情节的，处三年以上十年以下有期徒刑，并处罚金：

（一）未经著作权人许可，复制发行、通过信息网络向公众传播其文字作品、音乐、美术、视听作品、计算机软件及法律、行政法规规定的其他作品的；

（二）出版他人享有专有出版权的图书的；

（三）未经录音录像制作者许可，复制发行、通过信息网络向公众传播其制作的录音录像的；

（四）未经表演者许可，复制发行录有其表演的录音录像制品，或者通过信息网络向公众传播其表演的；

（五）制作、出售假冒他人署名的美术作品的；

（六）未经著作权人或者与著作权有关的权利人许可，故意避开或者破坏权利人为其作品、录音录像制品等采取的保护著作权或者与著作权有关的权利的技术措施的。”

律师评析

本修正案自2021年3月1日起施行。《刑法修正案（十一）》将信息网络传播权、表演者权纳入刑事保护范围；提高了涉及侵犯著作权两项罪名的法定刑上限，侵犯著作权罪法定刑最高可达十年，销售侵权复制品罪法定刑最高可达五年。囿于罪刑法定的严肃性和刑罚的谦抑性，长期以来侵犯信息网络传播权、表演者权的行为难以得到刑法保护，而相关侵权行为发生数量和程度丝毫不逊于此前《刑法》明文规定的犯罪情形，此次修法一方面使得打击范围更为周延，另一方面也提高了量刑幅度，对于打击相关侵权行为的震慑力有效提高。

四、《最高人民法院关于加强新时代知识产权审判工作为知识产权强国建设提供有力司法服务和保障的意见》

立法/修订主要内容

……

5.加强著作权和相关权利保护，服务社会主义文化强国建设。充分发挥著作权审判对于优秀文化的引领和导向功能，促进文化和科学事业发展与繁荣。依法加强“红色经典”和英雄烈士合法权益保护，以法治手段传承红色文化基因，大力弘扬社会主义核心价值观。加大对文化创作者权益保护，准确把握作品认定标准。依法维护作品传播者合法权益，适应全媒体传播格局变化，依法妥善处理互联网领域文化创作及传播的著作权保护新问题。依法审理涉著作权集体管理组织案件，妥善处理维护著作权集体管理制度和尊重权利人意思自治关系，促进作品传播利用。加强遗传资源、传统文化、传统知识、民间文艺等知识产权保护，促进非物质文化遗产的整理和利用。

……

7.加强新兴领域知识产权保护，服务新领域新业态规范健康发展。准确适用个人信息保护法、数据安全法，加强互联网领域和大数据、人工智能、基因技术等新领域新业态知识产权司法保护，完善算法、商业方法和人工智能产出物知识产权司法保护规则，合理确定新经济新业态主体法律责任，积极回应新技术、新产业、新业态、新模式知识产权保护司法需求。加强涉数据云存储、数据开源、数据确权、数据交易、数据服务、数据市场不正当竞争等案件审理和研究，切实维护数据安全，为数字中国建设提供法治保障。

律师评析

为深入贯彻落实《知识产权强国建设纲要（2021—2035年）》和党中央关于加强知识产权保护的决策部署，适应新时代要求，全面加强知识产权司法保护，为知识产权强国建设提供有力司法服务和保障，最高人民法院制定前述意见，其中针对著作权保护和新兴领域知识产权保护的部分集中回应了著作权审判实践中的热点问题，并为未来的审判实践指明了方向，著作权领域的产业实践日新月异，技术引领产生了层出不穷的新型权利和新型问题，该意见正是著作权领域这一特点的集中体现，为律师开展相关业务提供了有效指引。[①]

---

① 李静传律师、张荣康律师，泰和泰（北京）律师事务所。

典型案例

一、"人人影视字幕组"侵犯影视著作权案[①][②]

典型性："人人影视字幕组"网站及相关客户端内共有未授权影视作品32824部，会员数量共计约683万。经审计，自2018年1月至案发，通过上述各渠道，非法经营额总计人民币1200余万元。本案引起了社会各界广泛关注，也再次重申了"互联网并非法外之地"，彰显了著作权刑事维权的力度。

案情聚焦

2021年11月22日，上海市第三中级人民法院（以下简称上海三中院）公开开庭审理了上海市人民检察院第三分院提起公诉的被告人梁某平涉嫌犯侵犯著作权罪一案，并当庭作出一审判决，以侵犯著作权罪判处被告人梁某平有期徒刑三年六个月，并处罚金人民币150万元；违法所得予以追缴，扣押在案的供犯罪所用的本人财物等予以没收。

经审理查明，自2018年起，被告人梁某平先后成立武汉链世界科技有限公司、武汉快译星科技有限公司，指使王某航（另案处理）雇用万某某、徐某、熊某、姜某某、田某、温某、文某、王某如、胡某某、阳某某（上述人员均另案处理）等人作为技术、运营人员，开发"人人影视字幕组"网站及Android、IOS、Windows、MacOSX、TV等客户端，由谢某洪（另案处理）等人组织翻译人员，从境外网站下载未经授权的影视作品，翻译、制作、上传至相关服务器，通过所经营的"人人影视字幕组"网站及相关客户端向用户提供在线观看和下载服务。

上海三中院经审理认为，被告人梁某平以营利为目的，未经著作权人许可，复制发行他人作品，属于有其他特别严重情节，其行为已构成侵犯著作

① 张一超律师，融力天闻律师事务所。

② 一审案号：（2021）沪03刑初101号，判决已生效。

权罪，依法应予惩处。在共同犯罪中，被告人梁某平起主要作用，系主犯，应按照其所参与的或者组织、指挥的全部犯罪处罚。被告人梁某平到案后如实供述自己的罪行，系坦白，可以从轻处罚。被告人梁某平到案后自愿认罪认罚，并预缴了部分罚金，可以从宽处理。综合本案的犯罪事实、性质、情节和对社会的危害程度等，决定对梁某平从轻处罚，遂作出上述判决。

律师评析

本案是一起典型的"借由字幕组名义进行经营，通过侵犯影视作品著作权吸引用户后，借助积攒的流量通过广告变现，并以捐赠名义来赚取收益"的案例，表面上该行为似乎不涉及营利。根据2011年两高三部《关于办理知识产权刑事案件适用法律若干问题的解释》，犯罪嫌疑人梁某平等人在经营网站期间吸引流量、提高知名度，并通过在网站发布广告的方式获取收益，应当认定为"以营利为目的"，属于间接营利。犯罪嫌疑人的行为实质上是侵犯相关权利人的著作权并借此非法牟利，属于有其他特别严重情节，其行为已构成侵犯著作权罪。本案中审判机关以事实为依据、以法律为准绳，依法对被告人梁某平等人作出判决，庭审过程公正公开、裁判准确、符合法理。

二、央视国际网络有限公司诉北京微播视界科技有限公司、上海二三四五网络科技有限公司"2020东京奥运会赛事节目"著作权侵权及不正当竞争纠纷案①②

典型性：本案上海市浦东区人民法院（以下简称上海浦东法院）尝试创新探索"部分先行调解"，对当事人围绕部分诉讼请求达成的调解协议出具先行调解书。奥运会赛事节目受著作权法保护，用户未经授权擅自将赛事节目上传至短视频平台，平台亦存在侵权风险。

① 廖荻律师，融力天闻律师事务所。

② 一审案号：（2021）沪0115民初103807号，作出"部分先行调解"民事调解书，对其余诉讼请求继续审理。

案情聚焦

央视国际公司诉称，经国际奥林匹克委员会和中央广播电视总台授权，其享有在中国大陆地区（含澳门）通过信息网络，向公众传播、广播、提供2020东京奥运会赛事节目的权利，并有权据此进行维权。微播视界公司未经许可，在其开发运营的“抖音”软件上，通过信息网络向公众提供大量2020东京奥运会赛事节目的GIF图及短视频，侵害了其合法享有的相关赛事节目的著作权，并构成不正当竞争。二三四五公司在其运营的手机应用市场“手机助手”App上，展示并推荐“抖音”软件，应当承担帮助侵权责任。

本案审理中，央视国际公司提出诉中行为保全申请，请求微播视界公司在“抖音”平台上立即采取有效措施，停止并不再传播侵害2020东京奥运会赛事节目著作权的视频。

微播视界公司在收到起诉状副本和行为保全申请后，立即删除了经原告取证由用户上传的涉嫌侵权短视频链接，同时对用户上传的其他可能涉嫌侵权的相关奥运赛事节目内容进行主动排查和删除。微播视界公司还表示，2022北京冬奥会开幕在即，该公司将尽最大努力，对“抖音”平台用户传播北京冬奥会赛事节目的行为进行版权监控管理，以促进奥运会的正版、合法传播。

针对诉中行为保全申请，上海浦东法院组织央视国际公司和微播视界公司进行听证，充分听取了双方意见。听证中，央视国际公司认可微播视界公司已采取的保护2020东京奥运会赛事节目版权的措施及其对加强“抖音”平台上2022北京冬奥会赛事节目版权监管的表态，并希望双方能密切配合，采取有力措施，共同加强2022北京冬奥会的版权保护。

鉴于双方就加强2020东京奥运会和2022北京冬奥会赛事节目保护达成了高度共识，且已超出原告诉中行为保全申请的范畴，央视国际公司和微播视界公司一致同意，在法院的主持下，就第一项诉讼请求达成和解协议，并由法院出具先行调解书。央视国际同时撤回行为保全申请。不仅如此，双方还在本案诉讼请求之外，就2022北京冬奥会赛事节目的版权保护，作出了协议安排。

法院经审查认为，央视国际公司和微播视界公司关于加强2020东京奥运会和2022北京冬奥会赛事节目版权监管和协作的调解协议，不违反法律规定，未损害其他当事人的合法权益及社会公共利益，亦不影响对本案其余诉讼请求的继续审理，故依法予以确认。据此，上海浦东法院作出“部分先行调解”的民事调解书，并将对其余诉讼请求继续审理。

律师评析

本案参照适用《民事诉讼法》“先行判决”的规定，以当事人自愿为基础，对基本事实清楚且当事人无争议的部分诉讼请求探索进行“部分先行调解”。在调解协议不违反法律规定，不损害其他利害关系人利益和社会公共利益，也不影响对案件其余诉讼请求继续审理的情况下，出具先行调解书。“部分先行调解”提升了纠纷化解效率，有利于后续纠纷的解决，同时也为诉中行为保全申请提供了一种新的解决思路。

本案通过“部分先行调解”，在2022北京冬奥会开幕前明确了短视频平台加强冬奥会版权监管的举措，也为冬奥会权利人和短视频平台搭建了合作平台，畅通了维权渠道，为2022北京冬奥会的知识产权保护营造了良好的法治环境和社会环境。

三、北京爱奇艺科技有限公司诉北京字节跳动科技有限公司侵害《延禧攻略》信息网络传播权案①②

典型性：全国首例算法推荐案，对网络服务提供者的注意义务、算法推荐的侵权注意义务等作出明确认定，对相关案件具有重要的指导意义。

---

① 张一超律师，融力天闻律师事务所。

② 一审案号：（2018）京0108民初49421号。本案一审判决后，双方当事人均不服，上诉至北京知识产权法院，目前案件正在进一步审理过程中。参见中国新闻网：《索赔3000万！〈延禧攻略〉短视频算法推荐案二审开庭》，https://baijiahao.baidu.com/s?id=1730774690858083632&wfr=spider&for=pc，最后访问日期：2022年4月22日。

案情聚焦

北京市海淀区人民法院对北京爱奇艺科技有限公司（以下简称爱奇艺公司）诉北京字节跳动科技有限公司（以下简称字节公司）侵害《延禧攻略》信息网络传播权一案作出判决，认定字节公司的涉案行为构成帮助侵权，并判定赔偿原告经济损失150万元及诉讼合理开支50万元，共计200万元。

原告爱奇艺公司诉称，其系在线视频平台“爱奇艺”的经营者，经授权依法享有热播影视作品《延禧攻略》（以下简称延剧）在全球范围内独占的信息网络传播权，并为此支付了巨额的版权费用，有权针对侵权行为依法进行维权。延剧在爱奇艺公司运营的爱奇艺平台进行全网独家播出期间，播放量超过150亿次，产生了巨大的热播效应。字节公司未经授权，在延剧热播期间，通过其运营的今日头条App，利用信息流推荐技术，将用户上传的截取自延剧的短视频向公众传播并推荐，侵权播放量极高，其中单条最高播放量超过110万次。爱奇艺公司认为字节公司在应知或明知侵权内容的情况下，未尽到合理注意义务，存在主观过错，侵害了爱奇艺公司对延剧享有的信息网络传播权，请求判令字节公司赔偿经济损失2921.6万元及维权开支78.4万元。

字节公司辩称，爱奇艺公司的证据不足以证明其对延剧享有独家信息网络传播权。涉案短视频由用户自行上传，字节公司仅提供信息存储空间服务。字节公司作为网络服务提供者，已尽到合理注意义务，不存在任何侵权的主观过错，不构成侵权。

经审理，法院认定字节公司具有充分的条件、能力和合理的理由知道其众多头条号用户大量地实施了涉案侵权行为，属于法律所规定的应当知道情形。字节公司在本案中所采取的相关措施，尚未达到“必要”程度。字节公司不仅提供信息存储空间服务，而且同时提供了信息流推荐服务，理应对用户的侵权行为负有更高的注意义务。最终，字节公司的涉案行为构成帮助侵权，被判定赔偿原告经济损失150万元及诉讼合理开支50万元，共计200万元。

律师评析

本案为全国首例算法推荐案，对网络服务提供者的注意义务、算法推荐的侵权注意义务等作出明确认定，对相关案件具有重要的指导意义，裁判亮点主要有以下三点：

1.对短视频平台明知或应知的判定。法院经审理后认为，尽管字节公司在本案中实施信息流推荐所基于的算法推荐技术本身并不针对某一短视频的具体内容进行识别，在爱奇艺公司向字节公司发送的预警函及律师函中，也并未包括涉案短视频的具体URL等能够精确定位侵权文件的信息，但并不能据此简单地得出字节公司无从知晓今日头条App中涉案侵权情况的结论。有关延剧43天总播放量突破150亿次的相关媒体报道等，均证明延剧在爱奇艺平台的首轮播出期间引起了公众极大关注，具有较高知名度，产生了较大影响力。同时，在权利人已通过预警函、律师函等方式多次、持续进行预警、告知的情况下，字节公司对于其平台中侵害延剧权利的情况，已不可能仍处于毫不知晓或无从了解的状态，属于法律所规定的应当知道这一情形。

2.关于平台合理措施的认定。法院在裁判中所指出的，字节公司在应当知晓用户通过今日头条App利用其所提供信息存储空间和信息流推荐服务实施侵害延剧信息网络传播权之行为的情况下，确实开展了删除、屏蔽等工作，满足了应当依法采取相应措施的形式要求，但从本案证据所反映出的实际处理结果来看，其在当时所采取的措施，并不符合有效制止、预防明显侵权的实质要求，应当认定其在本案中所采取的相关措施尚未达到“必要”的程度。在此情况下，字节公司仍为实施侵权行为的用户提供相应的信息存储空间服务和传播技术支持，构成帮助侵权，应当与其用户承担连带责任。

3.关于算法推荐的侵权注意义务。法院特别强调，字节公司向用户提供的并不仅是信息存储空间服务，而且包括信息流推荐服务。涉案侵权短视频的大范围传播，是用户的侵权行为与上述两种服务相结合的结果。字节公司以其服务特点和技术优势帮助用户在移动互联网上高效率地获得更多的曝光和关注的同时，也为自身获取了更多的流量和市场竞争优势等利益。但不容忽视的是，字节公司更加先进和高效的服务也存在着提高侵权传播效率、扩大侵权传播范围、加重侵权传播后果的风险。正因为存在获取更多优势、利益与带来更大侵权风险并存的上述情况，字节公司与不采用算法推荐、仅提供信息存储空间服务的其他经营者相比，理应对用户的侵权行为负有更高的注意义务。

四、广州虎牙信息有限公司诉武汉斗鱼网络科技有限公司电竞赛事著作权侵权及不正当竞争[①②]

案情聚焦

ESL（ESL Gaming GmbH）公司是欧洲著名电竞公司，IEM（Intel Extreme Master）和EPL（ESL PRO LEAGUE）是由该公司主办的全球性电竞系列赛事。EPL系列赛事已累积超5.78亿次的播放量，是射击类电脑游戏CS：GO（《反恐精英：全球攻势》）的竞技赛事之一。这项赛事不仅对相关玩家具有极高的吸引力，也对直播平台具有很高的商业价值。

虎牙公司在2020年2月与ESL公司达成了许可费高达89万美元的战略合作，在取得IEM Katowice 2020、ESL One LA以及EPL第11季赛事的中文直播权后，分别于2020年2月24日、3月17日发现斗鱼直播平台在未获授权的情况下，有部分主播擅自直播IEM系列赛事、EPL系列赛事。另据公证书的截图页面和光盘显示，斗鱼直播页面设置有“赛事”栏目，该栏目内有“CS：GO”专栏，进入“赛事直播”的房间内，屏幕显示《ESL PRO LEAGUE第11季赛事》节目画面和官方解说。

斗鱼公司方面辩称，在收到虎牙公司的通知后，均及时核实了情况并对相关直播间采取了必要监管措施，包括采取提醒、警告、扣分，严重的关闭直播间12小时等措施，没有放任和帮助侵权行为的故意。

法院认定，上述公证书记载的斗鱼直播平台上发布的EPL赛事直播画面与虎牙直播平台发布的赛事画面内容基本一致，构成实质性相似。斗鱼直播

---

① 陈嘉伟律师，融力天闻律师事务所。

② 一审案号：（2020）粤0192民初20339号。该案一审判决作出后，公开渠道暂未确认双方是否提出上诉的信息，律师评析系作者观点。参见腾讯网：《电竞赛事直播著作权侵权第一案：一审落槌，虎牙胜诉》，https://new.qq.com/rain/a/20210613a01gqp00，最后访问日期：2022年6月7日。

平台作为专业的直播平台，在明知未获得权利人授权许可的情况下，通过信息网络提供了被诉侵权赛事直播，而该直播节目视频中大量使用了原告享有著作权的ESL PRO LEAGUE 第11季赛事画面，使相关公众能够在赛事同步的时间通过登录斗鱼直播平台进行浏览、观看，侵害了原告虎牙公司的著作权益。

律师评析

1.电竞赛事具有较强对抗性和观赏性，涉案电竞赛事直播汇聚选手电脑画面、主播解说画面，包括角色转换、画面选择、解说及编排等制作，体现游戏精彩的个性选择和安排，存在较大创作空间，具有独创性。

2.涉案电竞赛事直播画面通过互联网对外实时传送，因赛事进程的不可预知性和游戏对战画面的多样性，使每一帧画面和声音存在个性化选择的多种可能性，表现为有伴音的连续画面，符合类电作品的客观表现形式、传播利用方式，构成类电作品。

3.被告平台侵权内容与涉案电竞赛事直播几乎同步，侵权行为反复不断，涵盖整个赛季，被告应当知晓其平台侵权事实的发生。在多次遭投诉后，其仍未按照其平台规则对侵权直播间或主播采取删除、屏蔽等立即有效的阻断措施，属于默许和鼓励其平台侵权行为的发生。被告并非仅提供了信息存储空间服务等网络技术服务，应对涉案作品传播承担侵权责任。

五、娱美德有限公司、亚拓士软件有限公司、蓝沙信息技术（上海）有限公司《传奇》游戏IP纠纷案①②

典型性：以终审判决的形式，确立了《传奇》游戏IP许可系列纠纷的裁判观点和审理思路，为多年以来存在于《传奇》游戏上的IP许可乱象的司法

① 陈嘉伟律师，融力天闻律师事务所。

② 二审案号：（2020）最高法知民终402号。

解决树立了标杆。

案情聚焦

2001年，《传奇》由盛趣游戏（原盛大游戏）引进中国，经过二十年的运营与推广，《传奇》已被打造成中国市场上至今具有持续影响力的网络文化IP之一。

2017年6月30日，世纪华通子公司蓝沙信息与亚拓士公司签订了一份续展协议，将亚拓士公司与盛大公司（盛趣游戏原母公司）2001年6月29日签订的有关《传奇》游戏的软件许可协议延长至2023年9月28日。但娱美德公司和株式会社传奇IP认为，该行为侵犯了其权利，因此向上海知识产权法院提起诉讼，请求确认续展协议侵害其著作权且无效，判令蓝沙信息公司不可利用亚拓士公司的非法授权在2017年9月28日之后运营《热血传奇》PC客户端网络游戏中文版，并索赔维权合理费用人民币100万元及诉讼费用。2019年12月，上海知识产权法院作出一审判决，认为该续展协议侵害了株式会社传奇IP就《热血传奇》游戏软件享有的共有著作权，亚拓士公司、蓝沙信息公司应赔偿合理开支人民币30万元。

双方均不服并提起上诉，最终，最高人民法院经审理作出判决：1.撤销中华人民共和国上海知识产权法院（2017）沪73民初617号民事判决；2.驳回娱美德公司、株式会社传奇IP的全部诉讼请求。〔娱美德公司、株式会社传奇IP全部诉讼请求具体如下：（1）确认蓝沙信息公司与亚拓士公司关于《传奇》游戏的续展协议侵害了原告的著作权，并确认续展协议无效；（2）蓝沙信息公司不可利用亚拓士公司的非法授权在2017年9月28日之后运营《热血传奇》PC客户端网络游戏中文版；（3）蓝沙信息公司、亚拓士公司共同赔偿原告为制止侵权行为支付的合理费用100万元；（4）蓝沙信息公司、亚拓士公司联合在《中国知识产权报》以及蓝沙信息官网（www.sdo.com以及www.shandagames.com）首页显著位置连续三十天刊登声明，以澄清事实消除影响，声明内容需事先征得原告的书面确认；（5）蓝沙信息公司、亚拓士公司共同承担本案所有诉讼费用、保全费用。〕

律师评析

娱美德公司和亚拓士公司基于2002年《补充协议》和2012年《申明》的内容已经达成了有关管理、使用《传奇》IP共有著作权的约定及产生的对外效力。娱美德公司拟单方行使《传奇》IP著作权，需要与亚拓士公司进行协商确认；而娱美德公司可以而且应当预见到，引入新的合作主体会与亚拓士公司根据共有著作权人之间关于使用《传奇》IP在中国进行游戏开发和服务的既有协议发生冲突。在此情况下，娱美德公司无视亚拓士公司的异议继续推进对新增合作主体的授权，构成权利滥用。最高人民法院认定娱美德公司引入新的授权主体侵害了亚拓士公司的合法权益，亚拓士公司阻止娱美德公司新增授权的理由正当。

近年来娱美德公司及株式会社传奇IP在中国存在大范围的非法授权，包括甚至有部分无视地方法院禁令的授权。本次最高人民法院对娱美德公司及株式会社传奇IP相关非法授权的终审裁判，从根本上夯实了蓝沙信息公司及亚拓士公司针对娱美德公司及株式会社传奇IP非法授权的维权基础，有望从法律上和实践上终止娱美德公司及株式会社传奇IP在中国的非法授权乱象。

六、中国音像著作权集体管理协会与天合文化集团有限公司及其子公司著作权委托合同纠纷案①②

案情聚焦

中国音像著作权集体管理协会（以下简称音集协）是我国唯一的音像著作权集体管理组织，依法对音像节目著作权进行集体管理。2006年11月，国家版权局公布了《卡拉OK经营行业版权使用费标准》，正式开启卡拉OK

---

① 陈嘉伟律师、廖荻律师，融力天闻律师事务所。

② 一审案号：（2018）京73民初904、905号。2021年7月29日，北京知识产权法院作出本案一审判决，天合公司不服一审判决，向北京市高级人民法院提起上诉，目前案件正在进一步审理过程中，律师评析系作者观点。参见澎湃新闻：《与天合文化系列纠纷案二审，音集协被指违禁歌曲进入正版曲库》，https://www.sohu.com/a/492658423_260616?g=0，最后访问日期：2022年6月7日。

版权收费时代。天合公司与音集协及中国音乐著作权协会（以下简称音著协）共同合作，作为中国境内唯一的代收卡拉OK版权使用费机构，为开展卡拉OK版权收费等各项工作提供服务。

为了以单一窗口方便使用者缴费和向权利人分配版权费收入，国家版权局又依法制定了卡拉OK版权“二合一”许可机制，即音著协管理的音乐作品的表演权、音集协管理的音乐电视作品的放映权，统一由音集协向卡拉OK经营者发放许可、收取使用费，使用费在音集协和音著协之间经协商分配。

2007年12月，为了推动版权许可工作落地，音集协与天合公司签订了为期十年的《服务协议》，后又签订了系列补充协议，音集协委托天合公司在全国范围内组建卡拉OK版权交易服务机构，代音集协向全国各地的卡拉OK经营者收取卡拉OK节目版权使用费。

双方合作貌似愉快，不料，2018年7月，音集协将天合公司告上法庭，并于11月发布公告，宣布解除与天合公司持续十年之久的合作关系，终止天合公司的代收费资格。公告中明确指出，天合公司在开展卡拉OK著作权使用费收取业务时存在严重违规违约行为。据了解，近年来，天合公司拖延向音集协结算版权费，导致音集协无法向权利人及时分配版权费，最长近一年半时间未结算版权费；不按照合同约定使用音集协账户、开具音集协发票；收费信息不透明，逃避音集协监督；通过隐蔽方式变相分流版权费等。这些行为导致了市场乱象，抹黑音集协市场声誉，直接损害了权利人和使用者利益。

天合公司则提出反诉，请求法院判决相关协议继续履行，同时发布声明，宣布音集协终止合作的行为无效，针对诉讼接连提出管辖权异议、反诉、财产保全复议、行政复议等应对举措。2020年12月15日，天合公司在其官方网站上发表《致音集协的一封公开信》，信中提到其对卡拉OK版权收费的努力和成绩，指责音集协强行掠夺天合公司十几年的付出换来的现在线下版权运营的畅通渠道。

此著作权许可代理服务合同违约纠纷案于2018年8月3日在北京知识产权法院正式立案，于2020年11月19日第一次开庭。由于案件复杂，北京知识产权法院并未当庭宣判。直至2021年7月29日法院作出一审判决：从

2018年11月1日起，音集协与天合公司的九份卡拉OK著作权许可事务合作协议全部解除；天合公司及其子公司向音集协支付其拖欠的著作权许可使用费及利息约9530万元；天合公司及其子公司向音集协支付2016年第四季度至2018年第一季度延迟支付著作权许可使用费产生的利息413万元；天合公司及其子公司赔偿音集协损失33万元；天合公司向音集协全部返还盖有音集协和音著协公章的《著作权许可合同》制式合同文本。

律师评析

目前我国有中国文字著作权协会、音著协、音集协、中国摄影著作权协会、中国电影著作权协会等五家著作权集体管理组织。著作权集体管理组织职能明确，如音集协，负责对会员及音像节目作品的登记、管理；依法收取使用者交纳的使用费，并发放许可证；根据作品被使用情况向权利人定期分配使用费等。当著作权集体管理组织与商业机构合作，而商业机构违反合同约定，出现约定解除合同或法定解除合同的情形，著作权集体管理组织当然有权解除合同，从而更好地实现版权人的利益。

七、赵德馨起诉知网擅自收录论文案[①][②]

案情聚焦

赵德馨教授诉《中国学术期刊（光盘版）》电子杂志社有限公司（中国知网运营主体）侵害信息网络传播权纠纷系列案，赵教授主张苹果端或安卓

---

① 陈嘉伟律师，融力天闻律师事务所。

② 一审案号：（2021）京0491民初28716号等；二审案号（部分）：（2021）京73民终837—872号。二审判决均维持一审赵德馨胜诉结果，驳回了知网的上诉请求。该事件引发舆论关注后，知网宣布下架赵德馨全部作品，引来质疑声如潮。2022年5月12日，知网登门道歉，表示将重新上架赵德馨的作品；次日，市场监管总局宣布依法对知网涉嫌实施垄断行为立案调查，知网随后回应，将以此调查为契机，深刻自省、全面自查、彻底整改。参见封面新闻：《90岁教授回应6年知网维权经历："曾接到封杀电话，希望改变学术生态"》，https://baijiahao.baidu.com/s?id=1732982649921694347&wfr=spider&for=pc，最后访问日期：2022年6月7日。

端手机知网App收录、传播其文章侵害其信息网络传播权。

被告中国知网的主要抗辩理由有：一、涉案文章发表于相关期刊，知网收录、传播涉案文章的行为取得过原发期刊授权；二、知网收录、传播期刊文章的行为符合网络转载法定许可，无须另行取得作者授权；三、知网在原告应诉后已删除文章；四、涉案文章原发期刊在征稿过程中已通过稿约、版权声明等形式公开告知已被被告网站收录等事实，使用费用以稿酬形式支付，原告投稿即视为同意涉案文章被收录和信息网络传播。

法院审理观点主要有：被告将涉案作品收录到其数据库并在网络上提供付费浏览和下载的行为不构成法定许可的主张；被告主张其系经过涉案作品所载的期刊出版发行方授权使用，但未提交证据证明作者曾向刊文单位进行信息网络传播权授权，不具有合法来源。

律师评析

《著作权法》规定的期刊转载法定许可使用制度不适用于网络环境，将他人作品上传到网络平台进行传播应当取得著作权人的许可并且支付报酬。如果平台是从刊发作品的期刊出版发行方取得授权的，则要看期刊出版发行方是否和作者签订了协议并且在协议中明确约定取得该作品的信息网络传播权。同时，应当在获得授权的前提下保证作者的财产性权利。

八、爱奇艺科技有限公司诉上海俏佳人文化传媒有限公司侵害电影《我不是潘金莲》信息网络传播权案①②

典型性：提供无障碍电影在线点播不属于将已经发表的作品改成盲文出版或通过网络向盲人传播电子版盲文。

---

① 廖荻律师，融力天闻律师事务所。

② 一审案号：（2020）京0491民初14935号。该案一审判决作出后，被告俏佳人公司当庭表示上诉，但暂未查询到后续信息，律师评析系作者观点。参见新京报：《给〈我不是潘金莲〉加手语翻译，某无障碍视频APP一审被判侵权》，https://baijiahao.baidu.com/s?id=1698109663902689817&wfr=spider&for=pc，最后访问日期：2022年6月7日。

案情聚焦

原告爱奇艺公司诉称，公司对电影《我不是潘金莲》享有独占专有的信息网络传播权。但被告俏佳人公司未经授权，擅自通过其开发运营的App向不特定公众提供涉案影片无障碍版的在线播放服务，不符合我国现行《著作权法》合理使用的规定，亦不适用于《残疾人权利公约》《马拉喀什条约》精神及内容，其行为侵害了原告对涉案影片享有的独占性信息网络传播权。

而被告俏佳人公司辩称，涉案App是被告与某出版社合作的专为残障人士服务的无偿公益网络平台，平台上的影视节目均为该出版社制作出版发行，版权归该出版社所有。根据《著作权法》规定，将已经发表的作品改成盲文出版属于合理使用。

法院认为，《著作权法》规定，将已经发表的作品改成盲文出版，可以不经著作权人许可，不向其支付报酬，但在现行《著作权法》的规定仅限于以盲文形式提供的文字作品，涉及著作权的例外限制也仅限于复制权、发行权。本案中，涉案影片无障碍版作为电影作品，不属于文字作品的范畴。

对于原、被告双方都提到的《残疾人权利公约》和《马拉喀什条约》，法官进一步解释，新修订的《著作权法》将于2021年6月1日正式施行，明确无障碍格式版作品的受众限定为阅读障碍者，但俏佳人公司经营的App使不特定公众通过手机获取验证码即可随意通过该App获取内置影视资源，因此该行为亦不属于合理使用的范畴。

据此，法院一审判决俏佳人公司停止在App中提供涉案影片播放服务，并赔偿原告经济损失1万元。驳回原告的其他诉讼请求。

律师评析

现行《著作权法》规定，将已经发表的作品改成盲文出版，可以不经著作权人许可，不向其支付报酬。但无障碍影片作为电影作品，不属于文字作品的范畴。涉案App并未提供任何验证机制以保障登录用户为特定的残障人士，任意公众均可登录。涉案App面向不特定的社会公众开放，造成了对著作权人合法权益的损害。虽然我国已加入《马拉喀什条约》，但与我国现行

《著作权法》规定类似，该条约也仅针对印刷品阅读障碍者，作品形式应为“文字、符号和（或）相关图示”，而不能任意无限扩张其适用范围，损害原作品著作权人的专有权利。

九、腾讯诉“5G芝麻”云游戏平台著作权侵权、不正当竞争纠纷案①②

典型性：云游戏平台提供知名游戏软件远程游玩服务侵犯信息网络传播权。

案情聚焦

腾讯公司经授权取得《英雄联盟》《QQ飞车》《逆战》《地下城与勇士》《穿越火线》（以下简称案涉网络游戏）等知名游戏软件及全部游戏内元素的著作权。同时，腾讯公司也在开展START云游戏等云游戏平台业务。

腾讯公司认为祺韵公司在“5G芝麻”云游戏平台未经其授权预装案涉网络游戏，供用户在该平台上操作；利用上述游戏的知名度和吸引力来夺取本应属于腾讯公司的用户和流量、云游戏平台市场份额，分别构成著作权侵权和不正当竞争。同时，优视公司提供“5G芝麻”云游戏平台的下载和分发服务，对祺韵公司的侵权提供帮助，构成共同侵权。故腾讯公司将祺韵公司和优视公司诉至法院，要求祺韵公司停止在“5G芝麻”云游戏平台传播腾讯公司的案涉网络游戏；优视公司停止在PP助手平台提供“5G芝麻”App的分发与下载服务；祺韵公司、优视公司停止不正当竞争行为，包括停止通过传播案涉网络游戏宣传推广“5G芝麻”云游戏平台，删除该平台上关于案涉网络游戏的用户账号、密码信息和运行数据，停止妨碍和干扰案涉网络游戏正常运行的行为；祺韵公司、优视公司赔偿腾讯公司经济损失及合理开支，共计920万元。

---

① 李静传律师、张荣康律师，泰和泰（北京）律师事务所。

② 一审案号：（2020）粤0192民初20405号，该案系广东省高级人民法院公布的2021年度广东法院知识产权司法保护十大案例之一。

法院经审理认为，祺韵公司未经腾讯公司许可，在网络上下载案涉五款网络游戏软件并上传到“5G芝麻”云游戏平台，以云计算为基础，通过交互性的在线视频流，使游戏在云端服务器上运行，并将渲染完毕后的游戏画面或指令压缩后通过网络传送给用户，使社会公众可以在其选定的时间和地点上获得并运行案涉五款网络游戏，侵犯了腾讯公司作品的信息网络传播权，祺韵公司的合理使用抗辩不能成立。

律师评析

随着互联网带宽和链接质量的日益提高，通过云端高性能服务器进行统一运算，再将画面通过网络实时传输至终端的“云游戏”已走入现实，为广大不具备高性能终端的游戏用户体验高端配置游戏提供了极大的便利。但该种模式同样具备潜在的法律风险，服务器终端的游戏软件上传势必涉及“提供行为”的实施，而该等行为极有可能侵犯游戏著作权人的信息网络传播权，本案中法院的认定即采取这一思路，该案作为典型判决对于业界产生了较大的震动，类似“云游戏”项目的可行性遭遇质疑，成为司法实践指导行业发展的又一典型案例。

十、济宁市罗盒网络科技有限公司诉被告福建风灵创景科技有限公司、被告北京风灵创景科技有限公司、被告深圳市腾讯计算机系统有限公司侵害计算机软件著作权纠纷[①][②]

案情聚焦

原告济宁市罗盒网络科技有限公司独立开发“罗盒（VirtualApp）插件

---

① 李静传律师、张荣康律师，泰和泰（北京）律师事务所。

② 一审案号：（2019）粤73知民初207号。本案入选2021年中国法院十大知识产权案件，涉及开源代码软件著作权保护的新类型案件。人民法院对开源软件的诉讼主体资格、开源协议许可的撤销、限制商业使用条款等问题进行了积极探索。一审宣判后，双方当事人均未上诉，一审判决已生效。参见最高人民法院：《最高人民法院发布2021年中国法院10大知识产权案件和50件典型知识产权案例》，https://www.court.gov.cn/zixun-xiangqing-355881.html，最后访问日期：2022年6月7日。

化框架虚拟引擎系统V1.0”（VirtualApp V1.0）。

- VirtualApp于2016年7月7日在Github网站上传了VirtualApp的初始源代码，共计31097行。次日附加了LGPL 3.0协议，2016年9月10日，将LGPL 3.0协议变更为GPL 3.0协议。
- 2017年10月29日，原告公司在VirtualApp后续开源版本中删除“适用GPL 3.0协议”的表述。
- 2017年11月8日，原告公司为VirtualApp V1.0取得计算机软件著作权登记证书。据国家版权局颁布的计算机软件著作权登记证书记载，VirtualApp V1.0的著作权人为原告，开发完成日期为2015年2月28日，首次发表日期为2015年7月18日，权利取得方式为受让，权利范围为全部权利。
- 2017年12月30日由原告开发者Lody提交的更新（对应Git码为8e6d9cd925af55b53a7e93046c469dd69676c38b）的CHINESE.md文件内载明“VirtualApp（中文名为罗盒）2017年8月正式公司化运作，当您需要将VirtualApp用于商业用途时，请务必联系QQ1××××购买商业授权……VirtualApp源代码将于2017年12月31日停止更新”。
- 2018年9月26日，原告委托广东鑫证司法鉴定所鉴定被诉侵权软件“点心桌面”App（V6.5.8）与原告涉案软件VirtualApp（2017年12月30日在GitHub网站上的开源版本）是否构成实质性相似。

鉴定意见载明：送检的“VirtualApp”源代码与“点心桌面”软件安装包反编译得到的源代码共有421个可比代码文件，其中有27个可比代码具有高度相似性，有78个可比代码具有一般相似性，有308个可比代码具有实质相似性，有8个可比代码不具有相似性。

另该鉴定意见的分析说明中载明：双方可比代码所在的目录结构相似，且双方对应目录中同时有“lody”目录，而“lody”为原告代码的开发者，在原告代码有多处的注释都表明（原告代码中均有注释“@authorLody”），而这种目录相似情况和上述代码相似程度在软件的独立开发过程中是不可能存在的。

因此原告向法院起诉，深圳中院经审理认为，被告使用了附带GPL 3.0协议的开源代码，却拒不履行GPL 3.0协议规定的使用条件，根据GPL 3.0协议第8条自动终止授权的约定及《民法总则》第158条（现《民法典》第158条）的规定，被告通过该协议获得的授权已因违反协议而自动终止。被告因失去权利来源而构成侵权，一审判定两侵权被告公司赔偿原告公司经济损失及维权合理费用共计50万元，并停止侵权行为。

律师评析

计算机软件开发的实践中对于开源代码、开源库的使用略见不鲜，特别是历史悠久、业界广泛运用的开源成果，很难完全绕开，如使用此类开源成果，则需遵守相应的开源协议，典型如LGPL和GPL协议，但此类协议不同于一般意义上的合同，具有极强的技术属性和行业特色，此前国内涉及类似违反开源协议约定的案件认定莫衷一是。本案称得上是国内首个明确GPL 3.0协议的法律效力的案例。深圳中院一审判决明确了违反开源软件许可证的侵权法律责任，一方面可以及时制止侵权行为，防止他人对开源软件的不正当利用；另一方面能够有效保护授权人的利益，使他们保有继续创作的动力，促进源代码共享和知识的传播。

重点关注

一、国务院印发《知识产权强国建设纲要（2021—2035年）》[①]

事件回放

2021年9月，中共中央、国务院印发了《知识产权强国建设纲要（2021—2035年）》（以下简称《纲要》）。《纲要》提出，到2025年，知识产权强

① 陈嘉伟律师、廖荻律师，融力天闻律师事务所。

国建设取得明显成效，知识产权保护更加严格，社会满意度达到并保持较高水平，知识产权市场价值进一步凸显，品牌竞争力大幅提升。到2035年，我国知识产权综合竞争力跻身世界前列，中国特色、世界水平的知识产权强国基本建成。

与此同时，《纲要》显示，将建设支撑国际一流营商环境的知识产权保护体系，将从以下三方面着手：一是健全公正高效、管辖科学、权界清晰、系统完备的司法保护体制；二是健全便捷高效、严格公正、公开透明的行政保护体系；三是健全统一领导、衔接顺畅、快速高效的协同保护格局。

《纲要》提出，将通过完善以企业为主体、市场为导向的高质量创造机制，健全运行高效顺畅、价值充分实现的运用机制以及建立规范有序、充满活力的市场化运营机制，建设激励创新发展的知识产权市场运行机制。

此外，《纲要》指出，将建设便民利民的知识产权公共服务体系，建设促进知识产权高质量发展的人文社会环境，深度参与全球知识产权治理，构建多边和双边协调联动的国际合作网络。

律师评析

我国知识产权建设历来被诟病“大而不强”，各项知识产权授权数量屡创新高，但伴随而来的非正常注册、商业化维权等问题同样十分棘手，权利人和其他市场主体均深受其害，在此背景下，《纲要》的出台无疑恰逢其时，司法保护、行政保护的全面强化及协同保护的强调，是对以往保护体系的全面反思和优化，从最高层出发高屋建瓴统筹全局，突出“质量引领”，律师在此过程中无疑是重要的参与主体，《纲要》强调知识产权服务供给，司法保护自不必言，行政保护的深度参与也是知识产权业务开展的重要领域，律师的积极参与、建言献策同样能为知识产权强国建设添砖加瓦，助力我国早日迈入知识产权强国行列。

二、“剑网2021”专项行动启动[①]

事件回放

2021年6月，国家版权局、工业和信息化部、公安部、国家互联网信息办公室四部门联合启动打击网络侵权盗版“剑网2021”专项行动。专项行动开展以来，各级版权执法部门聚焦权利人和人民群众反映强烈的网络侵权盗版问题，不断加大网络版权执法监管力度，强化网络平台治理，严厉打击短视频、网络直播、体育赛事、在线教育等领域的侵权盗版行为，持续巩固新闻作品、网络音乐、网络文学、电商平台等领域专项治理成果，为庆祝中国共产党成立100周年营造良好的网络环境。截至目前，各级版权执法监管部门查办网络侵权案件445件，关闭侵权盗版网站（App）245个，处置删除侵权盗版链接61.83万条，推动网络视频、网络直播、电子商务等相关网络服务商清理各类侵权链接846.75万条，主要短视频平台清理涉东京奥运会赛事节目短视频侵权链接8.04万条。[②]

国家版权局有关负责人表示，专项行动将以新修改的《著作权法》《行政处罚法》实施为契机，深化大要案件查办，强化网络平台治理，不断加大对网络侵权盗版惩处力度，推动网络服务商落实企业主体责任，共同构建版权保护社会共治格局，维护清朗的网络空间秩序。

律师评析

“剑网”行动是打击网络侵权盗版的专项治理活动，自2005年以来连续开展，各个年度的“剑网”行动往往关注重点和主题不同，客观上反映了我国网络版权领域的变化和侵权形态的演进，2021年行动的关注重点领域如短视频、网络直播、体育赛事、在线教育等并非传统的版权载体形式，但相

① 陈嘉伟律师、廖荻律师，融力天闻律师事务所。

② 参见人民网：http://sn.people.com.cn/n2/2021/0929/c186331-34936710.html，最后访问日期：2022年4月17日。

关领域内的侵权高发无疑对网络版权秩序产生了较大的负面影响，诸如“拉片”“盗播赛事”等侵权形式层出不穷，“剑网”行动的全面出击有效遏制了侵权态势。在此类专项行动中，各类平台的合规需求空前强烈，知产律师在此过程中可为客户提供全面的政策解读、监管尺度研判和整改措施建议，避免其成为专项行动的“打击对象”，确保平台持续稳定运营。

三、最高人民法院印发《人民法院知识产权司法保护规划（2021—2025年）》①

事件回放

2021年4月22日，最高人民法院印发《人民法院知识产权司法保护规划（2021—2025年）》（以下简称《规划》），明确了“十四五”时期人民法院加强反垄断和反不正当竞争法审判，加大对知识产权侵权行为的惩治力度。

《规划》明确，要加大对关键核心技术、新兴产业、重点领域及种源等知识产权司法保护力度，严格落实集成电路布图设计和计算机软件保护制度，推进创新服务体系建设，促进自主创新能力提升，带动技术产业升级；妥善处理互联网领域垄断纠纷，完善平台经济反垄断裁判规则，防止资本无序扩张，推动平台经济规范健康持续发展；深化国家层面知识产权案件上诉审理机制建设，推动完善知识产权专门化审判机构布局；强化行政执法和司法衔接，深化知识产权国际合作竞争机制。

律师评析

与《知识产权强国建设纲要》相呼应，最高人民法院印发了《人民法院知识产权司法保护规划》，其中特别强调了计算机软件保护制度和完善平台反垄断裁判规则，这两者与著作权息息相关，也正是版权律师大显身手的舞台。我国在计算机领域具备“后发优势”，但相应的版权观念却十分滞后，

① 陈嘉伟律师、廖荻律师，融力天闻律师事务所。

计算机软件侵权案件层出不穷，而视频、音乐等领域的巨头平台通过独家版权协议等手段，不断压榨中小平台等竞争对手的生存空间，导致行业成长陷入畸形，最终损害文化产品消费者的权益。此次《规划》的出台显然系针对前述实践困境有针对性地提出解决方案，对于未来的审判实践的影响不言而喻，同时也对版权律师提出了更高的要求，除却著作权相关的法律储备，计算机软件相关的技术和行业信息，反垄断领域的诸多规定原则同样需要密切关注学习，打造全能型的版权律师，为客户在相关领域内提供“一站式服务”。

四、《海南自由贸易港知识产权保护条例》出台[①]

事件回放

2021年12月1日，海南省第六届人大常委会第三十一次会议审议通过《海南自由贸易港知识产权保护条例》。该条例共62条，分为总则、行政保护、司法保护、社会共治、运用与服务、监督管理、法律责任、附则8章，突出重点领域知识产权行政保护，严格知识产权的监督管理和法律责任。

《海南自由贸易港知识产权保护条例》对标国际高标准知识产权保护规则和国内先进经验，采用综合立法方式，将适用于专利权、商标权、著作权、商业秘密、植物新品种等知识产权保护的原则、制度和措施有机融合，结合自由贸易港实际进行创新，打通知识产权创造、运用、保护、管理和服务全链条，为打造国际一流的知识产权保护高地提供有力的法制支撑。

律师评析

海南自由贸易港对外资准入实施负面清单管理，在文化、体育和娱乐业均施行了较为宽松的准入政策，对于发展涉外文化产业、引进国外先进文化产品的决心可见一斑。与此同时，涉外法律服务领域也进行了适当放宽，外

① 陈嘉伟律师、廖荻律师，融力天闻律师事务所。

国法律服务机构也可在部分领域介入相关法律服务，对国内知产律师开展业务产生了一定的冲击。自由贸易港对知识产权律师的需求更多是综合能力的考验，不仅需要对特别政策具有敏感性，同时也需要具备国际视野的服务水准，有效链接国内的文化产业相关主题，充分利用自由贸易港的改革先行地位，伴随产业发展革新律师服务，为后续全面推广类似政策时的律师服务定位提供参考和依据。

五、市场监管总局依法对腾讯控股有限公司作出责令解除网络音乐独家版权①

事件回放

2021年1月，市场监管总局根据举报，对腾讯控股有限公司（以下简称腾讯）2016年7月收购中国音乐集团股权涉嫌违法实施经营者集中行为立案调查。

市场监管总局依据《反垄断法》，查清本交易违法实施集中的事实，充分评估参与集中的经营者在相关市场的份额、控制力、集中度以及集中对市场进入和消费者影响等因素；同时，广泛征求有关政府部门、行业协会、专家学者、同业竞争者意见，并多次听取腾讯陈述意见。

本案为我国《反垄断法》实施以来对违法实施经营者集中采取必要措施恢复市场竞争状态的第一起案件。责令腾讯解除独家版权等措施将重塑相关市场竞争秩序，降低市场进入壁垒，使竞争者均有公平触达上游版权资源的机会，有利于将竞争的焦点从利用资本优势抢夺版权资源回归到创新服务水平、提高用户体验的理性轨道上来；有利于推动与国际接轨的合理方式计算版权费用，减轻下游运营成本；有利于培育新的市场进入者，并为现存企业创造更公平的竞争环境，保障消费者选择权，最终惠及广大消费者，促进网络音乐产业规范创新健康发展。

---

① 陈嘉伟律师、廖荻律师，融力天闻律师事务所。

律师评析

数字音乐领域长久以来处于腾讯一家独大的状态，通过与各大唱片公司签订独家协议的方式控制“上游”，其他中小平台只能寄希望于腾讯的版权分销，平台发展极为受限。此次执法的亮点在于要求腾讯采取必要措施恢复市场竞争状态，不同于以往的单纯罚款，更着眼于市场整体的健康良性发展，作为平台反垄断大潮的组成部分，对于其他同样巨头采取类似独家协议方式实质垄断的领域，势必产生较大的冲击，版权律师对于此类反垄断业务也需加以关注，避免相关审查风险，或为其他市场竞争者进入市场提供法律武器。

六、规范卡拉OK领域版权市场秩序①

事件回放

为贯彻落实党中央、国务院关于加强知识产权保护的决策部署，进一步完善著作权集体管理制度、维护权利人合法权益，促进卡拉OK行业健康有序发展，国家版权局、文化和旅游部于2021年4月2日发布了《关于规范卡拉OK领域版权市场秩序的通知》（以下简称《通知》），规范卡拉OK领域版权市场秩序。

由于卡拉OK领域版权问题具有权利人众多和使用者众多的特点，“点对点”的版权许可方式无法满足权利人和使用者的实际需要，而著作权集体管理是合理高效解决卡拉OK领域版权问题的有效途径。因此，《通知》明确，要统筹兼顾权利人和使用者利益，坚持通过著作权集体管理解决卡拉OK领域版权问题；在自愿基础上推动卡拉OK领域继续实施“二合一”版权许可机制；中国音乐著作权协会（音著协）管理的音乐作品表演权和中国音像著作权集体管理协会（音集协）管理的音乐电视作品放映权，统一由后者向卡

① 李静传律师、张荣康律师，泰和泰（北京）律师事务所。

拉OK经营者发放许可、收取使用费；卡拉OK经营者应当按照“先许可后使用”原则，与音集协签订许可使用合同后合法使用作品；坚持著作权集体管理信息公开透明和集体管理组织非营利性原则。

《通知》鼓励卡拉OK经营者通过相关行业协会或代表与音集协开展集体协商，就许可范围、许可期限、许可费用、支付方式等内容达成统一协议。《通知》还明确提到，音集协和音著协应当进一步强化非营利性法人定位，不得委托、支持、纵容商业机构介入卡拉OK领域著作权集体管理事务。

律师评析

卡拉OK领域集体管理组织与卡拉OK经营者之间的矛盾由来已久，长期以来音集协和音著协收费不够透明、服务意识不够，双方矛盾冲突较大，经常出现集体管理组织发布命令要求音乐下架，或卡拉OK经营者抗议集体组织的“霸道”的情况。此次《通知》仍然重审了卡拉OK领域集体管理组织的职能和基本体制，并结合《著作权法》第三次修改的内容，强调对集体管理组织透明度和非营利的要求，以期缓和双方矛盾，共同促进卡拉OK市场的健康良性发展。

七、作者维权胜诉就让论文下架，舆论直指公共数据库商业模式问题[①]

事件回放

中国知网又被卷上风口浪尖，这次是因为被退休教授告上法庭。据媒体报道，年近九旬的中南财经政法大学退休教授赵德馨，因百余篇论文被擅自收录起诉知网，全部胜诉，共获赔70多万元。孰料中国知网败诉后，将赵教授的论文全部下架并不再收录他的文章。

① 陈嘉伟律师、廖荻律师，融力天闻律师事务所。

作为一家掌握独家资源的平台，应当严格守法，尊重知识产权，面对诉讼维权和法院判决，理应服从判决、尊重作者，真正拿出改正错误的诚意。然而，赵教授胜诉后知网随后就下架论文，这种做法既不是正确的态度，更不是合理的做法。

对于中国知网这样的平台，任何时候都不应滥用影响力，“店大欺客”，更不应输了官司就意气用事。面对维权和批评，中国知网应当拿出解决问题的诚意，赢得大家的谅解，虚心接受监督和批评，在知识产权保护社会责任和企业经营发展上，找到合理合法的平衡点，这才是长远发展的正道。

律师评析

中国知网在中国学术界的地位毋庸置疑，作为最大的中文学术论文期刊数据库，开展学术研究乃至各行各业日产工作均离不开知网。但中国知网长期以来定位不明，集实体和网络出版发行于一身，且独占学位论文等特色资源库，年年涨价、强制授权等问题被诟病依据。此次赵德馨教授的维权对中国知网造成了严重的影响，唤起了广大“苦知网久矣”的群体声音，对于此类兼具网络基础设施和商业化运营的巨型平台，如何进行监管，平衡作者、平台、使用者之间的权利，主要需要通过著作权领域的利益平衡思维进行衡量，对现有授权许可模式进行彻底的反思架构，明确其平台地位，避免类似问题再度发生。

八、第八届中国国际版权博览会在杭州成功举办[①]

事件回放

2021年10月，第八届中国国际版权博览会在浙江省杭州市成功举办，本届版博会由国家版权局主办，浙江省版权局和杭州市人民政府承办。展览

① 李静传律师、张荣康律师，泰和泰（北京）律师事务所。

设国内展区、国际展区、版权产业展区和浙江展区等，重点展示图书音像、影视音乐、动漫游戏、计算机软件、工艺美术等优秀版权作品，300多家版权相关单位、机构和企业参展。

中宣部副部长张建春在开幕式致辞表示，2021年是新中国第一部《著作权法》实施30周年，也是新修改的《著作权法》实施的第一年。举办本届版博会是从国家战略高度和进入新发展阶段要求出发，加强版权工作、促进版权贸易、推动版权产业高质量发展的重要举措。

开幕式上，世界知识产权组织与中国国家版权局联合举行了“2020中国版权金奖”颁奖仪式。

博览会现场，国家版权局主办的“著作权法实施30周年成就展”全面展示了三十年来在党的领导下，我国在版权立法、版权保护、版权产业和版权国际交流合作等方面取得的重大成就。

据了解，本届版博会还将举办版权保护促进电影产业发展论坛、版权助力民营经济发展论坛、版权护航文化娱乐产业高质量发展论坛、第二届中国国际著作权集体管理高峰论坛、短视频版权保护与创新研讨会等十余项活动。

律师评析

时值《著作权法》实施30周年及第三次修订正式施行，第八届版博会的召开恰逢其时。自1991年颁布实施以来，《著作权法》基本维持十年一次修订的节奏，不论是“入世”的影响，还是国内著作权实践的演进，立法总是相对滞后，本次版博会正是对以往著作权立法实践和产业兴替的系统总结，同时也对现有成果及未来构想进行了展示预言，涵盖作品、制品类型众多，且世界知识产权组织（WIPO）等也前来参会，在领域内具有敬告的知名度和影响力，集中展示我国版权保护成果，活跃版权交易贸易，促进版权价值转化，推动中外版权交流。

九、2021中国网络版权保护与发展大会召开①

事件回放

2021年6月1日，由国家版权局举办的2021中国网络版权保护与发展大会召开。本次大会以全面加强版权保护，推动构建新发展格局为主题，吸引了各界代表参会，就网络版权保护和发展工作年度热点深入广泛交流，分享成功经验，探讨创新思路。

会议指出，三十年来特别是党的十八大以来，我国版权事业发展取得了历史性成就，版权体系日益完备，版权作品极大丰富，版权保护日趋严格，版权产业快速发展。但由于起步晚、基础差，我国版权工作与经济社会发展要求还不完全相适应，仍然面临着打击侵权盗版形势严峻、版权质量效益有待提升、版权国际环境复杂多变的问题和困难。

会议强调，要进一步总结《著作权法》实施三十年来的宝贵经验，把握新时代版权工作新特点、新规律、新要求，强化版权工作顶层设计，提高版权工作法治化水平；强化版权全链条保护，筑牢意识形态安全屏障；强化版权管理与机制建设，推进版权产业持续健康发展；强化对国际版权合作和竞争的沟通协调，坚决维护版权领域的国家尊严。要进一步提高网络综合治理能力，努力构建党委领导、政府管理、企业履责、社会监督、网民自律、经济法律技术等多种手段相结合的治理手段，共同维护风清气正网络版权生态。

律师评析

中国网络产业相较欧美等发达经济体相对较晚，但却充分利用了“后发优势”，实现弯道超车，与之相关联的网络版权实践自然也是狂飙突进，产生了诸多乱象。国家版权局从全局把握的角度出发开展此次会议，事实上也是对《建设知识产权强国纲要》的精神的响应把握，会上还发布了《2020年

① 李静传律师、张荣康律师，泰和泰（北京）律师事务所。

度全国打击侵权盗版十大案件》和《2020年中国网络版权产业发展报告》，从诉讼和非诉角度分析了目前国内涉网络相关的版权事项，为律师开展类似业务提供了有力指导。

十、聚焦东京奥运会版权保护①

事件回放

2021年国家版权局第十批重点作品版权保护预警名单中，东京奥运会赛事节目是唯一受重点保护的作品。对于未经授权通过信息网络非法传播版权保护预警重点作品的，执法人员将依法从严从快予以查处。

中宣部版权管理局副局长汤兆志介绍，根据国际奥委会及重点赛事组织方相关诉求，"剑网2021"专项行动将体育赛事节目版权保护作为重点任务之一。国家版权局将在三个方面加大规范力度：一是重点打击微信公众号特别是短视频、直播平台账号未经授权集中批量在网络平台上传、传播东京奥运会赛事节目的行为；二是严厉打击微信公众号提供奥运会节目盗播链接的行为；三是着力整治网站、客户端等未经授权非法转播奥运会赛事节目的行为。

据了解，中国移动咪咕、腾讯、快手、爱奇艺、百度、哔哩哔哩、芒果TV、搜狐、网易、新浪、优酷、字节跳动等主要互联网门户网站、长短视频平台配合国家版权局部署安排，积极做好奥运会赛事节目的版权保护工作。一方面在赛前主动防范预警，进行全平台排查，屏蔽下线未经授权的相关内容和链接；另一方面在赛中严格监控和审核，并建立绿色通道，及时有效处理被投诉举报的盗版链接。

律师评析

近年来体育赛事相关的著作权争议纠纷层出不穷，如中超转播案等典型

① 陈嘉伟律师、廖荻律师，融力天闻律师事务所。

案件在业界和司法界掀起了强烈反响，体育赛事直播构成何种权利客体，如何对其适当保护的认定也在不断演进变化。而奥运会作为综合性运动会中的“王冠明珠”，其商业价值毋庸置疑，奥运期间人民群众的观赛热潮空前高涨，伴随而来的则是各种未经授权的视频上传、盗播、非法转播等侵权情形，特别是在各类视频网站、短视频应用中屡见不鲜。针对东京奥运会节目的版权保护系“剑网2021”行动的重要组成部分，同时也为2022年年初举办的北京冬奥会版权保护提供了宝贵的经验参考。

CHAPTER 2

第2章 商　标

新法观察

一、《最高人民法院关于审理侵害知识产权民事案件适用惩罚性赔偿的解释》

立法/修订主要内容

2021年3月2日，最高人民法院发布《关于审理侵害知识产权民事案件适用惩罚性赔偿的解释》（以下简称《解释》）。《解释》对知识产权民事案件中惩罚性赔偿的适用范围，故意、情节严重的认定，计算基数、倍数的确定等作出了具体规定。《解释》旨在通过明晰裁判标准，指导各级法院准确适用惩罚性赔偿，惩处严重侵害知识产权行为。《解释》的发布是落实惩罚性赔偿制度的重要举措，彰显了人民法院全面加强知识产权司法保护的决心，对于进一步优化科技创新法治环境具有重要意义。《解释》于2021年2月7日由最高人民法院审判委员会第1831次会议通过，自2021年3月3日起施行。

律师评析

《解释》通过明晰法律适用标准，增强了惩罚性赔偿司法适用的可操作性，为当事人及代理人提供了更为明确的诉讼指引，为律师收集整理案件证据提供了思路。《解释》共7个条文，对知识产权民事案件中惩罚性赔偿的适用范围、请求内容和时间、故意和情节严重的认定、计算基数和倍数的确定、生效时间等作出了具体规定。

依据《解释》第1条第2款的规定，“本解释所称故意，包括商标法第六十三条第一款和反不正当竞争法第十七条第三款规定的恶意”。在实践中，被诉侵权人主观上构成“故意”还是“恶意”时常难以严格区分，故《解释》对“故意”和“恶意”作了一致性的解释，防止一些人产生“恶意”适用于商标、不正当竞争领域，而“故意”适用于其他知识产权领域的误解。而对于“恶意或故意”属于“应知还是明知”问题，《解释》虽然没有明确说明，但通过第3条对故意的界定，即“通知、警告后”“被告或其法定代表人、管理人是原告或者利害关系人的法定代表人、管理人、实际控制人”及“且接触过被侵害的知识产权”等用词及语句的表述，可以直观感受到最高人民法院将此处的“故意或恶意”界定为“明知”，而不包括推定“知道”的“应知而未知”，不同于《商标法》第32条根据知名度推定“不正当手段”的“应知”。究其原因，或与“惩罚性赔偿”属于“填平原则”的例外，应严格适用标准有关。

此外，情节严重作为惩罚性赔偿的构成要件之一，主要针对行为人的手段方式及其造成的后果等客观方面，而并不涉及行为人的主观状态，《解释》对此予以了明确。关于惩罚性赔偿基数的计算方式，《著作权法》和《专利法》未规定计算基数的先后次序，《商标法》《反不正当竞争法》和《种子法》则规定了先后次序。并且，不同法律对惩罚性赔偿是否包括合理开支的规定亦存在不一致之处。为此，《解释》第5条规定“法律另有规定的，依照其规定”，指明了不同案件类型分别适用所对应的部门法。

二、《商标审查审理指南》

立法/修订主要内容

2021年11月16日，国家知识产权局发布《商标审查审理指南》（以下简称《指南》）。国家知识产权局根据《商标法》及《商标法实施条例》，在《商标审查及审理标准》的基础上，总结提炼近年来商标审查审理理论和实践的最新成果，整合商标各项业务指南、说明、内部规程，制定了《指南》。

《指南》是规范商标各项业务程序的规程，是指导商标审查审理工作的重要依据，也是社会公众办理商标注册申请或者其他商标事务的具体指引，对加强知识产权保护中央事权、优化商标注册审查工作流程、提升商标审查审理质量和效率具有重要意义。

《指南》分为上下两编，上编为“形式审查和事务工作编”，系对现行各流程形式审查标准和工作规程的系统梳理和优化，下编为“商标审查审理编”，系商标审查审理实体性标准。“形式审查和事务工作编”依照商标业务模块划分为五个部分，共25章。各部分依次明确了各商标申请业务的形式审查，商品服务和商标检索要素分类，商标变更、续展、转让等其他商标业务的审查，马德里商标国际注册审查以及商标申请事务的处理。该编依照《商标法》《商标法实施条例》等有关法律、法规、规章和国际条约的规定，整合商标局对外发布的各项业务申请指南、相关书式说明以及相关规程，按照便利申请人的原则和公平、公开的要求重新组织内容。该编各章一般先列明法律依据，而后按照对应业务运行顺序编排内容。此外，该编还对商标审查审理涉及的用词、用语进行了全面的梳理和规范。《指南》下编“商标审查审理编”共19章，是在《标准》基础上修订、完善而成的，有延续，也有创新。在体例上，《指南》不再采用审查和审理分列的做法，而是按照《商标法》条文顺序排列各章节，明确审查审理不同环节考虑因素的差异。在各章内容编排上，除概述章外，《指南》在各章设立“释义”部分，嵌入指导案例，以更好地说明相关条款的适用，增强指引的确定性。在内容上，《指南》根据近年来法律、理论和实践的发展，对商标审查审理实体性规范进行了增补、完善和修改。

律师评析

《指南》是一本比较全面的工具书。《指南》上编内容，主要是对现行各流程形式审查标准和工作规程的系统梳理和优化，商标代理机构需要着重熟悉掌握。《指南》下编内容，是对《商标法》具体展开所作的释义，目的是使律师和商标代理机构对于商标审查审理实体性标准的理解更加细致、全面，从而降低沟通成本，更好地保障当事人合法权益。

《指南》增加“不以使用为目的的恶意商标注册申请”章节，旨在适应《商标法》的修订完善，打击不以使用为目的的恶意商标注册申请。《指南》新增对商标显著特征相关概念的阐述，一方面是为了敦促商标审查人员更好地把握商标显著特征的内涵与外延，更准确地判定商标是否具备显著特征，是否可以获得注册，从而保证标准执行的一致性和审查结论的正确性，提高审查质量；另一方面也提醒申请人在申请注册商标时，选择更具有显著特征的标志。

《指南》中“不得作为商标标志的审查审理”章节修订坚持正确的政治导向，充分吸收、借鉴商标授权确权理论、实践最新成果，坚持维护国家利益、社会公共利益和公民合法权益的统一，总结打击危害我国国家利益、社会公共利益和公共秩序商标注册行为的实践经验。《指南》中驰名商标认定实行“按需认定”原则，旨在明确驰名商标认定应当是因“处理案件”所需而非其他。在商标授权确权的实践中，落实“按需认定”原则应当坚持保护导向与结果导向，在驰名商标认定上，不仅应当坚持“因处理案件之必要”“符合法定要件”，还应当遵循“用尽其他方式无法救济”等前提。

三、《商标一般违法判断标准》

立法/修订主要内容

2021年12月3日，国家知识产权局出台《商标一般违法判断标准》（以下简称《标准》），统一违反商标管理秩序行为的判断标准。《标准》系统梳理和提炼总结商标管理的有益经验与做法，聚焦执法实践中普遍存在的突出问题，为商标执法部门提供针对性较强的指引，为市场主体营造透明度高、可预见性强的商标管理规则。《标准》共35条，对现行商标法律、法规及部门规章规定的必须使用注册商标而未使用，使用不得作为商标使用的标志，在商业活动中使用“驰名商标”字样，商标被许可人未依法标明其名称和商品产地，自行改变注册商标、注册人名义、地址或者其他注册事项，将未注册商标冒充注册商标使用，未履行集体商标、证明商标管理义务，未履行商标印制管理义务，恶意申请商标注册等九类违反商标管理秩序的违法行为进行了细化规定。

律师评析

出台《标准》，一是维护商标管理秩序，净化商标注册及使用环境；二是制止欺骗消费者的行为，保障消费者利益；三是防微杜渐，防范商标侵权行为。“一般违法”是指虽未侵犯特定当事人商标专用权，但违反商标管理秩序、损害公共利益的违法行为。“一般违法”并非指违法的情节，与“严重违法”相对应，是指违法的情形，与侵犯特定当事人权利的“侵权假冒”相区分。

违反商标管理秩序行为的判断具有较强的专业性和复杂性，《商标法》相关规定较为原则，一线执法人员需要更具操作性的规定指引。随着互联网经济的发展，商标违法形式日趋多样化、复杂化，《标准》旨在解决执法实践中面临的新情况、新问题，为执法部门依法行政提供具体操作指引，进一步提升商标执法水平；同时为市场主体营造透明度高、可预见性强的商标管理规则体系。[①]

典型案例

一、芬迪有限公司与上海益朗国际贸易有限公司、首创奥特莱斯（昆山）商业开发有限公司商标侵权及不正当竞争纠纷案[②③]

案情聚焦

芬迪有限公司（以下简称芬迪公司）认为上海益朗国际贸易有限公司

① 商家泉律师，北京高文律师事务所；张莹律师，北京高文（西安）律师事务所。

② 杨和平律师、邓达律师，北京市中伦律师事务所。

③ 再审案号：上海市高级人民法院（2019）沪民再5号。

（以下简称益朗公司）在首创奥特莱斯（昆山）商业开发有限公司（以下简称首创奥特莱斯）开设的店铺中，店招、店内装潢等处单独、突出使用了“FENDI”商标，构成对其第18类、第35类“FENDI”注册商标专用权的侵犯，首创奥特莱斯明知其侵权而不制止，构成帮助侵权；同时认为益朗公司、首创奥特莱斯前述情形属擅自使用芬迪公司“芬迪”“FENDI”企业字号，并且涉案店铺存在虚假宣传行为，该等行为亦构成不正当竞争。因此，芬迪公司以上述两公司为被告，向上海市浦东新区人民法院提起侵害商标权及不正当竞争纠纷民事诉讼，请求二被告立即停止侵权及不正当竞争行为，并连带赔偿芬迪公司经济损失及合理费用共计人民币100万元。对此，益朗公司辩称，其销售的是“FENDI”品牌的商品，可以在合理范围内使用“FENDI”商标；其仅在店招等处使用了“FENDI”商标，目的是告诉消费者商品来源于芬迪公司，亦属合理范围内的使用，不会造成消费者的混淆和误认。

上海市浦东新区人民法院一审认为，可以从：（1）使用行为是否出于善意和合理；（2）使用行为是否必要；（3）使用行为是否会使相关公众产生混淆和误认之因素考量本案被诉行为是否属于商标合理使用的范畴，并认为益朗公司在本案中的使用方式只是为了向相关公众传递其出售的商品来源于芬迪公司的客观事实，用以指示其提供的商品的真实来源，而非为了让相关公众产生混淆，属于商标合理使用范围，并不侵犯芬迪公司商品商标的注册商标专用权；此外，亦无误导益朗公司与芬迪公司专卖店之间存在关联关系的相关内容，并不构成不正当竞争，因此判决驳回芬迪公司的全部诉讼请求。

芬迪公司不服一审判决，向上海知识产权法院提起上诉。上海知识产权法院二审认为，基于三方面因素考量：（1）在涉案店铺上单独使用“FENDI”标识，其实质仍是指向涉案店铺的经营者是芬迪公司，或者与芬迪公司存在商标或字号许可使用等关联关系，而益朗公司仅是涉案“FENDI”正牌商品的销售者，其与芬迪公司不存在任何关联关系，故前述使用行为尚不属于善意和合理的使用；（2）涉案店铺店招上单独使用“FENDI”标识，亦显然已经超过了说明或者描述自己经营商品的必要范围；（3）益朗公司在涉案店铺的店招中单独使用“FENDI”标识的行为，相关公众施以一般注意义务，在普遍情况下均会得出涉案店铺由芬迪公司经营或者经芬迪公司授权经营的认知，已经造成相关公众混淆误认，从而认为在涉案店铺店招上单独使用“FENDI”标识并不属于基于善意目的合理使用，认定被诉行为构成对芬迪公司第35类注册商标专用权的侵犯，并构成混淆行为之不正当竞争。基于以上，上海知识产权法院判决撤销一审判决，益朗公司立即停止针对芬迪公司第35类“FENDI”注册商标的侵权行为以及擅自使用“FENDI”企业名称之不正当竞争行为，益朗公司与首创奥特莱斯连带赔偿芬迪公司经济损失及合理费用35万元。本案经上海市高级人民法院再审判决维持二审判决。

律师评析

1.在店招上使用平行进口商品之商标是否属于商标性使用

判断是否构成商标侵权，需以判断是否属于商标性使用为前提。而在平行进口的情形下，在国内合法的正品商品上显示原本标注之商标，以及在为销售该正品商品所必要叙述、指示而使用其商标的情形，通常认为属于向相关公众正确告知来源之所需，未割裂标注商标之商品、商标与商标持有人之间的来源指代关系，属于指示性使用之商标合理使用情形。就平行进口商品销售者的角度而言，不属于商标性使用。因此，本案中，一、二审法院在判断是否构成商标侵权时，均从三个方面因素考量是否属于商标合理使用情形，本质上仍属判断是否构成商标性使用：（1）使用行为是否出于善意和合理；（2）使用行为是否必要；（3）使用行为是否会使相关公众产生混淆和误认。

在此基础之上，再审法院进一步明确，“客观上可能导致消费者产生混淆的商标使用行为并非一概不构成商标合理使用，为指示说明商品或服务用途、来源等真实信息而使用他人商标的行为即使可能导致混淆，也应当以使用目的是否善意，方式是否合理、是否符合诚信的商业惯例作为合理使用的判断标准”，并从益朗公司的使用行为是否必要和合理的角度，认为应当在使用方式的必要性和混淆可能性之间进行价值衡量和取舍。再审法院经审理认为，两害相权取其轻，不宜以损害商标基本功能为代价换取奥特莱斯商场的低价优势和便利性，对于奥特莱斯商场内合理使用品牌商标的必要范围应予以限缩；此外，随着我国市场经济的发展，奢侈品的销售模式呈现出两种方式，一种是品牌方统一管理的直营店、授权专卖店等，另一种是其他销售主体开设的品牌集合店等，因此，益朗公司的商标使用方式模糊了两者的界限，不符合商业惯例，因此不构成服务商标的合理使用，构成商标侵权。

2.本案被诉店招之商标使用属于何种商品或服务上之使用

本案中，芬迪公司主张商标侵权的权利基础既包括第18类等商品商标，也包括第35类服务商标。再审法院的裁判观点认为，根据商标局《关于国际分类第35类是否包括商场、超市服务问题的批复》对第35类服务的解释，第35类服务不包括经营者作为销售主体从事的商品批发、零售服务，故认为益朗公司提供的服务并非与第35类服务相同之服务；但认为根据《最高人民法院关于审理商标民事纠纷案件适用法律若干问题的解释》第11条第2款规定，益朗公司商品销售服务与第35类服务的内容和方式具有一定关联，尤其本案中，益朗公司在其开设的涉案店铺店招上单独使用涉案商标，即便其店铺装潢与芬迪公司统一管理并开设的直营店铺不同，但仍足以导致相关公众误认为涉案店铺与芬迪公司之间存在着控制、许可等关联关系，从而认定其提供的商品销售服务属于易导致相关公众混淆误认与第35类服务相类似之服务，构成服务商标侵权。本案未认定被诉行为构成第18类等商品商标侵权。

3.关于不正当竞争

关于益朗公司在店招上使用“FENDI”标识是否构成擅自使用芬迪公司企业名称的不正当竞争行为的问题，再审法院经审理认为，根据相关司法解释，具有一定的市场知名度、为相关公众所知悉的企业名称中的字号，可以认定为《反不正当竞争法》规定的“企业名称”，这意味着，将字号作为“企业名称”来保护，并不需要字号达到知名度“较高”、为相关公众所“熟知”的程度。

至于是否构成不正当竞争中的使用行为，关键在于对“引人误认为是他人的商品”的认定。再审法院认为，按照相关法律规定，擅自使用企业名称的混淆仿冒行为包括两种形式，对商品来源的混淆，以及对市场主体关联关系的混淆。本案中，根据一审法院查明的事实，益朗公司销售的是正品，即经芬迪公司许可合法投放市场的商品，而且在销售时保持了商品的品质和样态，所以该公司在店招上使用芬迪公司的字号，不足以造成相关公众对商品来源产生混淆误认。而店招多用于表明店铺经营者身份，或者指示店铺经营者与商业标识权利人之间具有特定的关联关系。涉案店铺并非芬迪公司开设的品牌直营店，也非授权加盟店，其在店招上使用“FENDI”标识具有较高的混淆误认可能性。芬迪公司提交的公证书、调查问卷及调查报告等，也进一步佐证了益朗公司的行为足以导致消费者混淆误认。而益朗公司在廊桥、购物袋、橱窗等处使用的区分标识，非但不能减少混淆，反而有可能使相关公众将“EAST DOMAIN”品牌与芬迪公司产生关联，加剧对商业关系的混淆。因此，再审法院认为，益朗公司在店招上使用芬迪公司的字号，引人误认其店铺与芬迪公司具有关联关系，构成擅自使用他人企业名称的不正当竞争行为。

二、乔治·阿玛尼有限公司等与北京芙蓉坊服装服饰有限公司等侵害商标权及不正当竞争纠纷案[①②]

案情聚焦

乔治·阿玛尼有限公司（以下简称阿玛尼公司）在第25类上注册了第G655416号“ARMANI”商标，核定使用在“服装；鞋帽”等商品上，专用权期限至2025年12月8日止。阿玛尼公司认为，北京丽衣天下商贸有限公司（以下简称丽衣天下公司）、北京斓峰轩商贸有限责任公司（以下简称斓峰轩公司）、北京芙蓉坊服装服饰有限公司（以下简称芙蓉坊公司）作为服

① 杨和平律师、邓达律师，北京市中伦律师事务所。
② 二审案号：北京市高级人民法院（2020）京民终584号。

装行业的从业者，在知晓“ARMANI”品牌和涉案商标系阿玛尼公司所有的情况下，未经许可在其提供“服装定制”等服务、相关交易文书及微信公众号宣传等过程中使用“ARMANI”“阿玛尼”等标识，用以标明虚假的服务来源，意图使相关公众造成误认和混淆，具有故意攀附“ARMANI”品牌良好声誉的主观恶意；此外，三公司一方声称一位名为杨某的女士为“意大利著名服装奢侈品牌阿玛尼首席设计师，受到乔治·阿玛尼先生亲笔授权，成为阿玛尼大中华区高级定制总负责人”，三公司的上述行为已构成对涉案商标专用权的侵害，以及虚假宣传和违反诚实信用原则的不正当竞争行为。因此，阿玛尼公司以三公司为被告向北京知识产权法院提起侵害商标权及不正当竞争纠纷民事诉讼，请求三被告立即停止侵权及不正当竞争行为，在《北京晚报》《京华时报》《北京青年报》刊登声明，消除因侵权行为造成的不良影响，并连带赔偿经济损失人民币200万元及合理支出50万元。三被告辩称，三被告系受害人，因受到诈骗而实施被诉侵权行为，主观上不具有侵权故意；阿玛尼公司起诉刑事案件的受害人要求赔偿，不符合刑事案件的赔偿程序要求和公平正义原则，其应向杨某提起诉讼主张损失，而不应针对刑事案件受害人，即本案三被告提起民事诉讼，故请求法院判决驳回阿玛尼公司的诉讼请求。

北京知识产权法院一审认为，丽衣天下公司、斓峰轩公司、芙蓉坊公司在“服装定制”服务中使用了“ARMANI”“阿玛尼”标志，包括在其所生产、销售的产品及店铺装潢上的使用，因服装系服装定制服务的目的和成果，二者存在紧密的关联，且其消费群体、销售渠道存在一定的重合，故二者构成类似的商品/服务；被诉行为使用与涉案权利商标高度近似的“ARMANI”标志及对应的中文翻译“阿玛尼”，容易使相关公众对其提供的服务来源造成混淆，构成近似商标，因此已构成侵犯阿玛尼公司一方注册商标专用权。但基于侵权行为之过错责任原则，北京知识产权法院认为丽衣天下公司、斓峰轩公司、芙蓉坊公司在主观上并无侵权的故意，也并非未尽到合理的注意义务，故其对于被诉商标侵权行为并不存在主观过错，对阿玛尼公司一方之赔偿其经济损失的主张未予支持。本案经北京市高级人民法院二审判决维持原判。

律师评析

本案主要涉及生产商在无主观过错情况下的商标侵权是否需要承担赔偿责任的问题。根据本案一、二审法院裁判观点，对于侵权责任的归责原则，原《侵权责任法》第6条、第7条，现《民法典》第1165条、第1166条规定了过错责任、无过错责任之归责原则。关于“无过错责任”的规定为：“行为人损害他人民事权益，不论行为人有无过错，法律规定应当承担侵权责任的，依照其规定。”由此，无过错责任的行为种类需由“法律规定”，在法律无特别规定的情况下，侵权行为均应适用过错责任原则。而从目前有关商标侵权的法律规定来看，侵害注册商标专用权的行为并非法律规定的适用无过错责任的侵权行为。

本案一审法院查明，在2012年3月至2017年7月，杨某多次向担任丽衣天下公司、斓峰轩公司、芙蓉坊公司法定代表人的张某提供伪造的阿玛尼授权文件及合成的照片，证明其具有阿玛尼设计师的身份及阿玛尼品牌的授权，且杨某在与张某交往过程中，始终以阿玛尼设计师自居，多次谈及阿玛尼公司情况，上述行为足以使张某产生错误认识，且杨某在阿玛尼公司针对其及张某等人提起民事诉讼后，依然编造阿玛尼公司出现内部矛盾等理由欺骗张某，上述事实能够证明在近五年半的时间内张某对杨某虚构身份、伪造授权的情况并不知情，同时基于杨某行为的欺骗性，张某并非未尽审核义务，不属于应当知道。进而，一、二审法院认为，因杨某对丽衣天下公司、斓峰轩公司、芙蓉坊公司的法定代表人张某实施合同诈骗导致了被控商标侵权行为及不正当竞争行为的发生，丽衣天下公司、斓峰轩公司、芙蓉坊公司在主观上并无实施商标侵权行为及不正当竞争行为的主观故意，亦非未尽到合理的注意义务，故认为三公司对其上述行为并不存在主观过错。

《商标法》第64条第2款规定：“销售不知道是侵犯注册商标专用权的商品，能证明该商品是自己合法取得并说明提供者的，不承担赔偿责任。”但一、二审认为丽衣天下公司、斓峰轩公司、芙蓉坊公司不属于《商标法》第

64条所称的销售者，故法院未适用该条款，而是直接适用原《侵权责任法》第6条认定三公司不应承担赔偿责任。同时，一、二审法院认为，本案被诉商标侵权行为系持续性侵权行为，虽然在丽衣天下公司、斓峰轩公司、芙蓉坊公司主观上无过错的前提下，其无须承担侵权赔偿责任，但从丽衣天下公司、斓峰轩公司、芙蓉坊公司知道或应当知道其无权使用“ARMANI”“阿玛尼”标志时起，丽衣天下公司、斓峰轩公司、芙蓉坊公司应立即停止侵权行为，否则其后续的侵权行为即属于故意侵权，故对于阿玛尼公司一方要求停止商标侵权的主张予以支持。

三、北京慧能泰丰信息咨询有限责任公司分公司与瑞昶贸易股份有限公司、国家知识产权局“摩卡MOCCA及图”商标撤销复审行政诉讼案①②

案情聚焦

本案诉争商标系第9199914号“摩卡MOCCA及图”商标，由瑞昶贸易股份有限公司（以下简称瑞昶公司）于2011年3月11日提出注册申请，并于2012年5月21日被核准注册，核定使用在第30类“咖啡、可可制品、咖啡调味香料（调味品）、加奶咖啡饮料、含牛奶的巧克力饮料、做咖啡代用品的植物制剂、巧克力酱、茶饮料、糖”商品上。北京慧能泰丰信息咨询有限责任公司分公司（以下简称慧能泰丰公司）以诉争商标已成为核定商品上的通用名称为由，向商标局提出撤销申请。商标局经审理认定慧能泰丰公司提交的证据不足以证明诉争商标在注册之后演变成为“咖啡”等商品的通用名称，决定诉争商标不予撤销。后经慧能泰丰公司提出撤销复审申请，商标评审委员会认为慧能泰丰公司所提撤销复审理由不能成立，决定诉争商标予以维持。

① 杨和平律师、邓达律师，北京市中伦律师事务所。

② 二审案号：北京市高级人民法院（2020）京行终2540号。

因不服诉争商标撤销复审决定，慧能泰丰公司以现国家知识产权局为被告向北京知识产权法院提起行政诉讼，诉争商标注册人瑞昶公司作为第三人参加诉讼。北京知识产权法院一审认为，慧能泰丰公司提交的证据表明：（1）从消费者的认知情况来看，“摩卡”已经被各地消费者普遍认知为一种咖啡口味；（2）从同业经营者的使用情况来看，“摩卡”已经广泛被其他同业经营者作为商品名称使用；（3）从第三方的介绍和报道来看，多个出处都提到“摩卡”“mocha”是一种巧克力、咖啡和牛奶混合而成的饮料，而瑞昶公司提供的证据不足以证明诉争商标经过其使用具有较高知名度，已与其形成一一对应关系，由此认定，“至迟在商标评审委员会审查和原审法院审理本案之时，包括消费者和同业经营者在内的相关公众已普遍认为‘摩卡’指代的是一类咖啡商品，且上述认知并不限于特定地域，而是全国范围内的普遍现象，‘摩卡’已成为咖啡类商品上约定俗成的通用名称……鉴于诉争商标已成为咖啡类商品的通用名称，故应在其核定使用的‘咖啡、咖啡调味香料（调味品）、加奶咖啡饮料、做咖啡代用品的植物制剂’商品上予以撤销”，判决撤销被诉决定，国家知识产权局重新作出决定。本案经北京市高级人民法院二审判决维持原判。

律师评析

本案涉及“成为核定使用商品的通用名称”如何进行判断的问题。“通用名称”通常是指商品或者服务被普遍使用的名称、简称、缩写、俗称等，因具有普遍性、缺乏显著性，不能起到识别特定商品或者服务来源的功能，因此不能作为商标进行注册。通用名称主要来源于两个方面：一方面是大众普遍认知或通过法律规定、行业标准规定形成的通用名称；另一方面则是来自注册商标在市场使用过程中，逐渐退化成商品或者服务被普遍使用的名称，失去了识别商品或者服务来源的功能。

本案中涉及的商标撤销情形为上述第二种情况，“摩卡”原为瑞昶公司的注册商标，但因“摩卡”已逐渐成为咖啡类商品上约定俗成的通用名称，根据《商标法》第49条的规定，商标最终予以撤销。关于《商标法》第49

条中“成为核定使用商品的通用名称”的判断标准，在司法实践中通常可以总结为以下几点：

1. 主体标准：对同一商品或者服务的相关公众，包括相关的经营者、消费者普遍使用的简称、缩写、俗称可视为“通用名称”。但属于国外商品或服务的通用名称，应当对其在国外的产生、发展以及目前在国内相关公众的使用情况进行考量。

2. 时间标准：判断商标是否能起到识别特定商品或者服务来源的功能，通常是以普通大众在当下的感知为准的，其申请注册时或在开始使用时是否具有显著性，与其最终是否演变为被普遍使用的通用名称关系并非十分密切。一、二审法院在关于本案的评论中同样提到，审查判断注册商标是否成为《商标法》第49条第2款中的通用名称，一般应以当事人向行政审查部门提出撤销申请时的事实状态为准。行政机关审查和法院审理过程中事实状态发生变化的，应当以审查及审理时的事实状态判断是否成为通用名称。

3. 地域标准：若商品/服务的生产经营及消费活动地域特征明显，一般在相关地域范围内考察某一标志是否构成通用名称，反之，则一般应在全国范围内考察某一标志是否成为通用名称。本案中，咖啡即属于地域特征不明显的商品，应当在全国范围内予以考量。本案涉案证据中，贝克麦坚时知识产权代理（北京）有限公司的代理人及调查人员在全国范围内发放的不定向调查问卷，证明了在全国主要城市范围内，大多数人均认为“摩卡”是一种咖啡的口味，是咖啡类产品的通用名称，对本案结果起到了积极的作用。

4. 商品/服务标准：认定商标是否属于商品通用名称，应当认定通用名称指向的具体商品，对与该商品类似的商品不予考虑。如本案中，“摩卡”虽然在咖啡类商品上已经演变成约定俗成的通用名称，但该商品在第30类的其他商品上仍具有一定的显著性，因此本案的撤销范围仅限于撤销“摩卡”在咖啡类商品上的注册。一审法院在关于本案的评论中同样提到，从文义解释的角度出发，《商标法》第49条第2款中因成为通用名称而予以撤销的商品应仅限于通用名称所指向的商品，而不包括类似商品。

四、江苏小厨娘餐饮管理公司诉周某霞等侵害商标权及不正当竞争纠纷一案①②

案情聚焦

江苏小厨娘餐饮管理有限公司（以下简称小厨娘公司）成立于1997年3月，经营范围包括餐饮服务、餐饮管理、食品生产、销售等。经过二十多年的经营发展，小厨娘公司凭借优质的餐饮服务和良好的品牌形象，已经成为江苏省内淮扬菜知名连锁餐厅，"小厨娘"字号在相关公众中被广为知晓并具有很高的声誉和知名度。除企业名称外，小厨娘公司还将"小厨娘"文字及图文注册为商标。小厨娘公司旗下分店众多且重视对外宣传推广，自成立起至今小厨娘公司及"小厨娘"商标获得诸多荣誉，连续多年被评为南京市、江苏省著名商标。"小厨娘"文字不论是作为商标还是企业字号在行业内都具有极高的知名度和美誉度。

2017年年初，小厨娘公司发现被告周某霞于2014年3月14日申请注册"金陵小厨娘"商标，且2015年4月21日该商标核准注册时被核定服务项目也包括餐厅。2017年5月，小厨娘公司向国家工商行政管理总局商标评审委员会（以下简称商评委）提出对周某霞注册的争议商标宣告无效。2018年5月，商评委裁定宣告争议商标在餐厅、饭店等服务上无效。

2018年8月，周某霞因不服商评委裁定向北京知识产权法院提起行政诉讼，北京知识产权法院一审判决驳回其诉讼请求。随后，周某霞又向北京市高级人民法院提起上诉，2019年12月11日，北京市高级人民法院作出驳回上诉，维持原判的二审判决结果。因此，经过审判机关的确认，"金陵小厨娘"商标在餐厅、饭店等服务上应予无效。

在行政诉讼证据材料中，周某霞自认在江苏省南京市共开设三家"金陵小厨娘"餐厅，且三家餐厅均处于经营状态。原告据此实地走访被告餐厅，

---

① 吕甲木律师，浙江海泰律师事务所。

② 二审案号：江苏省高级人民法院（2020）苏民终186号。

并发现三家餐厅在店铺门头、指示牌、菜单、员工工作服上等多处突出使用“小厨娘”标识；同时发现三家餐厅在多个网络平台中也使用“金陵小厨娘”标识。

为及时维护合法权益，避免相关公众混淆误认，在争议商标无效行政诉讼尚未作出终审判决前，小厨娘餐饮公司决定向南京市中级人民法院提起民事诉讼，要求法院判令被告停止商标侵权和不正当竞争行为，刊登声明消除影响并赔偿原告经济损失及合理支出209.2万元。

2019年12月12日，南京市中级人民法院作出一审判决，判决四被告立即停止侵权，并全额支持原告索赔金额。四被告不服一审判决提起上诉。2021年6月16日，江苏省高级人民法院就本案作出二审判决，驳回四上诉人上诉，维持一审判决。

法院审理认为：首先，对于两个注册商标之间的争议问题，一审法院明确了两个注册商标之间的争议应当是指两个合法有效注册商标之间的争议。如果商标注册人在申请商标注册时或者使用注册商标时主观上存在恶意，即明知其申请注册或使用的商标侵害他人在先权利的，则商标注册人值得保护的信赖利益即不复存在，在先权利人可以主张在后的商标使用行为构成侵权。因此，法院未准许四被告提出中止审理的申请。

其次，对于被告是否存在侵犯原告注册商标专用权的行为，由于周某霞在其发布于微信朋友圈的照片可证实其使用该标识从事餐饮经营的时间早于“金陵小厨娘”商标获准注册的时间，其开设“金陵小厨娘”二店的时间早于被告二饭店注册时间，被告二饭店的注册时间早于“金陵小厨娘”商标获准注册的时间，说明周某霞和被告二在“金陵小厨娘”商标获准注册前已实际长期使用该标识从事餐饮经营，该两被告的行为无疑侵犯了原告的涉案注册商标专用权。通过对被告周某霞获得商标注册前后的全部被诉侵权行为一并作出审查判断，可以有效防止放纵侵权人规避侵权责任和导致权利人不能及时得到民事权利救济的现象发生。

再次，四被告在店铺门头、店内装饰、员工服饰、宣传牌匾及网络平台使用“金陵小厨娘”或“小厨娘”同时也属于擅自使用原告企业名称的不正当竞争行为。

最后，对于四被告应当承担的民事责任，判决应当停止侵权、消除影响、赔偿损失，原告主张的侵权索赔金额获得法院全额支持。

律师评析

本案主要涉及当被控商标侵权行为发生在被诉商标申请前直至核准注册后的期间范围时，是否适用《最高人民法院关于审理注册商标、企业名称与在先权利冲突的民事纠纷案件若干问题的规定》第1条第2款关于注册商标冲突的规定以及赔偿额判定的问题。

在商标侵权案件中，经常会遇到被诉商标使用是持续的，在其注册前后都持续在使用。这种情况下，若权利人主张的被控侵权行为包含自被诉商标从申请到核准注册的期间范围，在被诉商标核准注册前并不是注册商标，且由于是持续使用，这是否可以适用《最高人民法院关于审理注册商标、企业名称与在先权利冲突的民事纠纷案件若干问题的规定》第1条第2款的规定。如若简单适用该注册商标冲突的规定，往往侵权行为得不到及时的制止、权利人得不到及时的保护。因此，需要综合案情予以综合衡量。

本案中，法院综合考虑被请求保护商标的知名度、被告的恶意等因素，及时制止了侵权行为，有力地保护了原告的权利。具体而言：

1.法院并没有因为侵权人取得了商标专用权从而否定其侵权行为，而是以保护诚实守信者的合法权益为出发点，对恶意利用商标申请程序以获得不法利益的行为给予严厉的制裁。

（1）《最高人民法院关于审理注册商标、企业名称与在先权利冲突的民事纠纷案件若干问题的规定》第1条第2款规制的是两个合法取得的注册商标之间的冲突，若其中一个商标是通过恶意注册或其他非法手段申请注册取得的，则不适用该条规制。本案中，在周某霞于2014年申请“金陵小厨娘”争议商标时，小厨娘餐饮公司及权利商标已经具有较高的知名度，其申请和许可使用行为明显具有攀附“小厨娘”商誉的恶意。

（2）一种构成对在先民事权利侵犯的行为，除非法律另有明确例外性规定，不能因获得某种形式上、程序上所谓的合法授权而改变其侵权行为的性质。对于在获得所谓的合法授权之前就存在的行为，已经可以认定构成对他人民事权利侵犯的，更不能因其事后获得所谓的合法授权而改变其侵权行为的性质，行为人不能因此就可以逃避其应当承担的侵权民事责任，更不能因此而继续进行有关侵权行为。对那些实际使用行为在先而获得商标注册在后的被诉侵权行为，人民法院可以直接受理并对获得商标注册前后的全部被诉侵权行为一并作出审查判断。

2.充分举证，原告主张的索赔额及合理维权费用获得法院全额支持。

商标侵权案件中，《商标法》虽然明确规定了商标侵权赔偿额的计算方式和顺序，但是在实践中，权利人往往很难精确的计算出原告的损失、被告的获利数额。因此，绝大部分案件都由法院综合考虑各项因素后酌定赔偿数额。即便如此，并不意味着在追求赔偿数额方面，权利人无须做任何工作，完全依靠法官酌定。相反，权利人需要竭尽所能，去搜集提交相关反应权利人损失、侵权人获利以及侵权人恶意等的证据，包括权利商标的知名度，侵权行为持续的时间、范围，侵权人的恶意，商标的贡献率等。

本案中，法院最终全额支持了原告的请求数额，一方面体现了律师的精细化代理工作，团队律师结合餐饮行业的经验、公证的证据、现场走访等信息分别估算三家店铺的获利金额获得法院认可；另一方面也体现了江苏法院最严格知识产权司法保护的态度，加大对恶意侵权的惩处力度。

五、云南西游洞旅游开发集团有限公司与重庆市西游洞旅游开发有限公司侵害商标权及不正当竞争纠纷一案①②

案情聚焦

昆明市西游洞公园管理有限公司于2006年6月9日成立，于2021年3月

---

① 吕甲木律师，浙江海泰律师事务所。

② 二审案号：重庆市高级人民法院（2021）渝民终6号。

2日更名为云南西游洞旅游开发集团有限公司（以下简称云南西游洞公司），云南西游洞公司于2010年11月7日获准注册了第7072976号“xiyoudong”商标，核定服务项目为：游乐园、娱乐、演出、娱乐信息、现场表演、音乐厅、假日野营娱乐服务、俱乐部服务（娱乐或教育）、提供娱乐场所、公园。该商标的有效期限自2010年11月7日至2030年11月6日。

云南西游洞公司至少自2008年开始就通过电视台、公交车车身广告、户外广告牌、楼宇广告、网络视频广告等多种媒体对其经营的西游洞风景区进行了大量的宣传，并且案涉商标的游乐园服务于2012年12月被昆明市知名商标认定和保护工作委员会评定为昆明市知名商标，案涉商标的游乐园服务于2013年12月被云南省工商行政管理局评定为云南省著名商标，另外云南西游洞公司、案涉商标还获得其他许多荣誉和奖项。

姜某为重庆市西游洞旅游开发有限公司（以下简称重庆西游洞公司）的法定代表人。重庆西游洞公司成立于2013年3月28日。姜某于2013年4月28日核准注册了第10564997号“盐井西游洞”商标，核定服务项目为观光旅游等，有效期至2023年4月27日。该商标经商标局初步审定并刊登公告后，云南西游洞公司曾提出异议。商标局于2015年5月27日作出决定，对其异议理由不予支持，该商标准予注册。2013年6月28日，姜某与重庆西游洞公司签订商标许可使用合同，约定姜某许可重庆西游洞公司使用第10564997号“盐井西游洞”商标。2014年9月1日，重庆西游洞公司所经营的溶洞景区被评定为国家AAA级旅游景区，《国家级旅游景区证书》记载的景区名称为“万州西游洞”。

重庆西游洞公司将其经营的景区命名为“万州西游洞”，并且该景区的旅程线路图、门票公示牌、石牌、门票上标识有“西游洞”“万州西游洞”“西游洞景区”“万州西游洞风景区”等字样，还通过其官方网站、微信公众号、携程旅行、大众点评、美团等互联网平台对万州西游洞景区进行宣传和营销，并且重庆西游洞公司在其官方网站和微信公众号上明确承认其经营的万州西游洞景区包括划船、滚筒、橡皮艇等娱乐项目。

云南西游洞公司认为重庆西游洞公司的行为侵犯了其注册商标专用权并构成不正当竞争，遂向重庆市第二中级人民法院提起诉讼，要求判令重庆西游洞公司停止侵害昆明西游洞公司第7072976号注册商标专用权的行为；判令重庆西游洞公司变更企业名称，在其变更后的企业名称中不得含有与“西游洞”字型相同、近似或读音相同、近似的字样；判令重庆西游洞公司刊登道歉声明，赔礼道歉消除影响。

经过审理，重庆市第二中级人民法院认为重庆西游洞公司使用的服务是观光旅游项目而非云南西游洞公司权利商标核定的公园、游乐园；而且商标有一定区别，不至于造成混淆；另外，重庆西游洞公司的企业名称“西游洞”来源于“盐井西游洞”商标，且现有证据不能证明重庆西游洞公司成立时云南西游洞公司在全国范围内已经具有一定影响，再加上旅游景区特征明显，故公众不会对两个景区产生混淆或认为二者存在特定联系。基于此，一审法院驳回了云南西游洞公司的全部诉讼请求。

云南西游洞公司不服一审判决，向重庆市高级人民法院提起上诉。二审法院经过审理，认定重庆西游洞公司使用的西游洞标识及使用西游洞作为企业名称注册构成对云南西游洞公司注册商标专用权的侵犯并构成不正当竞争，据此撤销了一审判决，判令重庆西游洞公司停止侵害云南西游洞公司第7072976号注册商标专用权的行为，即立即停止在公园、游乐园上停止使用“西游洞”标识；判令重庆西游洞公司停止使用含有“西游洞”字样的企业名称的不正当竞争行为；重庆西游洞公司赔偿云南西游洞公司经济损失（含合理费用）30万元。

律师评析

本案主要涉及在商标侵权案件中，遇到非规范商品或服务时，商品及服务类似的判断，以及对注册商标非规范使用抗辩的认定；同时也涉及不正当竞争案件中，对在先权利“有一定影响”的判断。

1.遇到非规范商品和服务时，《类似商品和服务区分表》中关于商品和服务内容的解释对于如何理解不同类型商品或服务的区别是至关重要的，否则容易产生望文生义的错误认识。

商标侵权案件判定中，一项重要的认定就是被控侵权商品或者服务与权利人主张权利商标指定的商品或服务是否相同或类似。在判定商品和服务类似时，通常来讲，一项重要判定依据就是参考国家知识产权局依据世界知识产权组织提供的国际分类而发布的《类似商品和服务区分表》。如果对于被控侵权商品或服务是《类似商品和服务区分表》中的标准商品或服务，通常比较好判定，直接根据相关商品或服务所在的群组进行参考是否类似，但若不是规范商品或服务，没法直接判定时，则需要根据被控侵权商品或服务属性进行认定。就其属性而言，《类似商品和服务区分表》在每个类别的相关注释中具有非常重要的意义，因为它是对该类商品或服务本质的一个重要判定。

本案中涉及的服务是旅游景区服务，属于一个非规范服务项目。被控服务是否属于云南西游洞公司主张的游乐园、公园类似的服务，一、二审法院存在分歧。一审法院认定案涉商标核定服务项目为游乐园、公园等，重庆西游洞公司经营管理的万州西游洞并不属于游乐园、公园，而是旅游景区；而姜某注册的第10564997号“盐井西游洞”注册商标核定服务项目为观光旅游等，重庆西游洞公司经许可使用该商标，其经营万州西游洞景区的观光旅游项目，与该商标核定服务项目相符。

二审中，昆明西游洞公司提交《类似商品和服务区分表》显示，第39类服务商标“主要包括通过铁路、公路、水上、空中或管道将人、动物或货物从一处运送到另一处所提供的房屋和与此有关的必要服务，以及各类存储设施、仓库或其他类型的建筑物为保存或看管货物所提供的贮藏服务”，而第41类服务则“主要包括由个人或团体提供的人或动物智力开发方面的服务，以及用于娱乐或消遣时的服务”，第41类服务包括“游乐园服务”和“公园”；而《类似商品和服务区分表》中并无名称为“旅游景区”的服务，作为万州西游洞景区经营者的重庆西游洞公司向游客所提供的服务当然是案涉商标所核定的第41类的公园和游乐园等服务。

二审法院认定案涉商标与第10564997号“盐井西游洞”注册商标所核

定的第41类和第39类服务项目界限并非泾渭分明，尤其是第41类中的公园、游乐园与第39类中的观光旅游部分内容构成类似，并且重庆西游洞公司所提供的旅游服务明显不局限于第39类服务中的观光旅游，还涉及第41类服务中的公园、游乐园等。

2. 被控商标侵权人不得以其行为系未规范使用其自有或获得许可使用的商标作为其不侵犯他人注册商标专用权的合理抗辩理由，而不规范使用注册商标的行为，既包括未使用与注册商标相同的标识，还包括未在注册商标核定的商品或服务项目上使用注册商标。

本案中，重庆西游洞公司抗辩理由之一是其仅是未规范使用其“盐井西游洞”商标。一审法院也认定重庆西游洞公司在其经营的溶洞景区使用“西游洞”标注是不规范使用第10564997号“盐井西游洞”注册商标，并且一审法院认为重庆西游洞公司所使用的“西游洞”标注与第10564997号“盐井西游洞”注册商标更为相似，因此未认定重庆西游洞公司所使用的“西游洞”标注与案涉商标相似，从而进一步认定重庆西游洞公司的行为侵害了云南西游洞公司的注册商标专用权。

本案二审法院则认为由于重庆西游洞公司未规范使用第10564997号“盐井西游洞”注册商标，因此在进行商标侵权认定和商标侵权比对时，不予采信重庆西游洞公司对“西游洞”标识的使用系在第39类使用第10564997号“盐井西游洞”注册商标的抗辩理由。

另外，事实上对于注册商标的不规范使用行为除未使用与注册商标相同的标识外，还包括未在注册商标核定的商品或服务项目上使用注册商标。

3. 在认定擅自使用他人有一定影响的注册商标或企业名称（包括简称、字号等）的行为是否构成混淆时，不应将是否构成混淆的标准，由被擅自使用的他人的注册商标或企业名称（包括简称、字号等）有一定影响任意解释为被擅自使用的他人的注册商标或企业名称（包括简称、字号等）在全国范围内有一定影响，而应结合被告的主观恶性来综合认定。

一审法院以云南西游洞公司的企业名称是否在全国范围内具有一定影响，并结合原、被告所经营溶洞景区的不同地域，来认定重庆西游洞公司将

“西游洞”作为其企业字号是否会与云南西游洞公司产生混淆。

二审判决则严格依据《反不正当竞争法》第5条的规定，以重庆西游洞公司所使用的“西游洞”企业字号是否为云南西游洞公司有一定影响的企业字号和案涉商标是否为有一定影响力的注册商标的混淆标准，并考虑重庆西游洞公司是在明知存在云南西游洞公司和案涉商标的情况下仍然将“西游洞”文字作为其企业字号登记注册，主观上难言善意，容易使得相关公众产生混淆误认，从而认定重庆西游洞公司将“西游洞”作为其企业字号进行使用的行为构成对云南西游洞公司的不正当竞争。

六、俄罗斯乌苏里斯克市巴里赞姆开放式股份公司与绥芬河市传峰经济贸易有限责任公司、绥芬河市巴里赞姆酒业有限公司商标权权属纠纷、侵害商标权纠纷案——外国公司授权中国销售商在中国申请注册的商标，授权终止后有权要求返还在中国注册的商标①②

案情聚焦

（一）与本案争议相关的事实

俄罗斯巴里赞姆公司是俄罗斯联邦企业法人，在俄罗斯先后于第33类和第42类商品注册多个商标。俄罗斯巴里赞姆公司向一审法院起诉请求：（1）宣告中文版《授权书》无效，并同时确认解除俄罗斯巴里赞姆公司依据俄文版《授权书》对传峰公司的任何授权；（2）确认传峰公司、绥芬河巴里赞姆公司之间转让第3470263号等注册商标的行为无效；（3）确认绥芬河巴里赞姆公司名下的第3470264号等商标申请和注册均属于俄罗斯巴里赞姆公司所有；（4）传峰公司、绥芬河巴里赞姆公司在三十日内无条件协助俄罗斯

---

① 吕甲木律师，浙江海泰律师事务所。

② 再审案号：最高人民法院（2020）最高法民再24号。

巴里赞姆公司将涉案商标注册和商标申请转移到俄罗斯巴里赞姆公司名下，并由传峰公司、绥芬河巴里赞姆公司承担全部相关费用；（5）确认传峰公司、绥芬河巴里赞姆公司使用涉案第3470264号等注册商标的行为构成对俄罗斯巴里赞姆公司商标侵权；（6）传峰公司、绥芬河巴里赞姆公司立即停止使用涉案商标的侵权行为；（7）确认传峰公司、绥芬河巴里赞姆公司通过知识产权海关备案和启动商标侵权诉讼等方式阻止俄罗斯巴里赞姆公司相关商品进入中国大陆市场的行为构成商标侵权；（8）传峰公司、绥芬河巴里赞姆公司连带赔偿俄罗斯巴里赞姆公司经济损失及本案合理支出共计人民币50万元。

一审黑龙江省哈尔滨市中级人民法院认为，俄罗斯巴里赞姆公司提供的其委托翻译公司翻译的俄文版《授权书》中文译文与中文版《授权书》相关内容的含义和真实意思并无实质性差异，内容基本一致。中文版《授权书》是俄罗斯巴里赞姆公司与传峰公司签订的合同，不是俄罗斯巴里赞姆公司的单方授权，俄罗斯巴里赞姆公司无权单方解除合同；且按照中文版《授权书》关于俄罗斯巴里赞姆公司授权传峰公司在中国注册使用俄罗斯巴里赞姆公司的商标的约定，传峰公司已经注册和使用涉案商标，传峰公司实际取得了俄罗斯巴里赞姆公司授予的权利，俄罗斯巴里赞姆公司授予传峰公司涉案商标权的承诺及中文版《授权书》已经履行完毕，产生了相应的合法后果，已不可撤销。传峰公司、绥芬河巴里赞姆公司投入巨额资金，付出巨大努力，经过长期持续经营，开拓了中国相关市场，创造了涉案商标的市场价值，使涉案商标在中国相关市场上具有了相应的影响力和价值。如果准许俄罗斯巴里赞姆公司撤销授权，使其无偿得到涉案商标，则必然损害传峰公司、绥芬河巴里赞姆公司的利益，并导致俄罗斯巴里赞姆公司利用和牺牲传峰公司、绥芬河巴里赞姆公司的付出，不支付对价，不给予相应补偿，无偿取得传峰公司、绥芬河巴里赞姆公司开拓的中国相关市场及其创造的涉案商标的市场价值，有违公平、等价有偿、诚实信用原则和公认的商业准则。

俄罗斯巴里赞姆公司不服一审判决，向二审黑龙江省高级人民法院提起上诉。二审判决驳回上诉，维持一审判决。

俄罗斯巴里赞姆公司不服一审、二审判决，向最高人民法院申请再审。最高人民法院认为：

1.关于中文版《授权书》是否有效的问题

（1）关于中文版《授权书》的性质问题

俄罗斯巴里赞姆公司签署中文版《授权书》的行为属于该公司的单方民事法律行为还是其与传峰公司之间的双方民事法律行为的问题。除法律另有规定外，单方民事法律行为自行为人独立表达其意思时即成立。授权行为自行为人作出单方意思表示即可产生授权的法律效力，属于单方法律行为。授权行为人与相对人以共同签订协议的形式签订授权书，不能改变授权行为是单方法律行为的性质。将授权行为视为双方法律行为，与授权行为的性质相悖。

首先，从中文版《授权书》的签署人看，俄罗斯巴里赞姆公司于2014年10月提起本案诉讼，直至本案一审开庭时，传峰公司当庭出示的中文版《授权书》上仅有俄罗斯巴里赞姆公司一方的签字盖章。即便中文版《授权书》上有双方当事人签字盖章，仍然不能据此认定该授权书为双方当事人之间签订的合同、属于双方民事法律行为。其次，从中文版《授权书》的形式看，该授权书名称为《授权书》，系俄罗斯巴里赞姆公司签署的将原本归其一方所有的权利授予传峰公司的民事法律行为。最后，从中文版《授权书》的内容看，俄罗斯巴里赞姆公司签署《授权书》的目的是："为使传峰公司拥有合法经营权，保障销售俄罗斯巴里赞姆公司的产品，俄罗斯巴里赞姆公司授权传峰公司在中国注册使用该公司在俄罗斯联邦已经获准注册的商标。"该授权书基于俄罗斯巴里赞姆公司一方的意思表示即可成立。因此，中文版《授权书》系俄罗斯巴里赞姆公司单方授权传峰公司的意思表示，该单方民事法律行为的相对人为传峰公司。俄罗斯巴里赞姆公司在该授权书上签字盖章时，授权即成立，无须传峰公司作出同意的意思表示。俄罗斯巴里赞姆公司可以随时变更或撤销其授权，但应通知传峰公司。综上，一审法院认定中文版《授权书》为俄罗斯巴里赞姆公司与传峰公司之间签订的合同、属于双方民事法律行为错误，法院予以纠正。俄罗斯巴里赞姆公司关于中文版《授权书》为单方民事法律行为的再审主张成立，法院予以支持。

（2）关于中文版《授权书》的效力问题

首先，中文版《授权书》与俄文版《授权书》签署日期均为2004年3月16日。从中文版《授权书》及俄文版《授权书》中文译文的内容看，中、俄文版《授权书》虽未明确表明俄罗斯巴里赞姆公司授权传峰公司使用商标的具体情况，但俄罗斯巴里赞姆公司为销售其虎头系列酒授权由传峰公司在中国使用其在俄罗斯联邦已获准注册商标的意思表示清楚。虽然俄文版《授权书》的中文译文内容与中文版《授权书》的内容不完全相同，但二者在授权书签署目的、授权传峰公司使用商标的内容上并无本质区别。俄罗斯巴里赞姆公司及传峰公司、绥芬河巴里赞姆公司于本案再审期间分别提交了俄文版《授权书》的不同中文翻译文本，均不改变俄罗斯巴里赞姆公司签署中、俄文版《授权书》的目的及授权传峰公司使用商标的意思表示，不影响法院对中文版《授权书》效力的认定。

其次，俄罗斯巴里赞姆公司具有民事行为能力，其已在中文版《授权书》上签名并加盖公章，该公司无证据证明其意思表示不真实，且中文版《授权书》的内容未违反法律、行政法规的强制性规定，不违背公序良俗，故俄罗斯巴里赞姆公司关于中文版《授权书》非其真实意思表示、应予无效或撤销的再审主张缺乏事实和法律依据，法院不予支持。一审、二审法院认定该授权书有效，并无不当。

2. 关于涉案商标是否应返还俄罗斯巴里赞姆公司的问题

首先，俄罗斯巴里赞姆公司与传峰公司存在的基础法律关系是授权行为产生的前提和基础。俄罗斯巴里赞姆公司为虎头系列酒的制造商，传峰公司为经销商。俄罗斯巴里赞姆公司与传峰公司之间存在上述买卖合同关系，是俄罗斯巴里赞姆公司签署《授权书》的前提和基础。

其次，《授权书》签订的目的是确保俄罗斯巴里赞姆公司与传峰公司之间买卖合同的履行。《授权书》的签署目的及授权内容中已明确涉案商标权原本属于俄罗斯巴里赞姆公司，为销售该公司生产的虎头系列酒，才有授权传峰公司使用其商标之必要。一旦双方买卖关系终止，俄罗斯巴里赞姆公司不再供货，作为经销商的传峰公司又不能以俄罗斯巴里赞姆公司的名义自行组织生产虎头系列酒，授权目的已无法实现，授权亦应终止。本案各方当事人均认可俄罗斯巴里赞姆公司于2006年12月31日后不再向传峰公司供货的事实，故俄罗斯巴里赞姆公司主张传峰公司返还涉案商标于法有据。

最后，传峰公司转让涉案商标、绥芬河巴里赞姆公司注册涉案商标具有明显恶意。《合同法》第52条第2项（现《民法典》第154条）规定，恶意串通，损害国家、集体或者第三人利益的，合同无效。本案中，传峰公司与绥芬河巴里赞姆公司法定代表人同为姚某明，股东同为姚某明及其妻子张某艳，两公司为关联公司。俄罗斯巴里赞姆公司为销售其酒类产品授权传峰公司注册使用其虎头系列商标，传峰公司不享有转让上述涉案商标之权利。传峰公司自2003年2月28日起申请注册商标，共获准注册第3470263、3470264号等11个商标。传峰公司在明知《授权书》的签订意图、俄罗斯巴里赞姆公司与传峰公司经销关系已经终止的情况下，于2011年3月27日起陆续将上述11个商标转让给其关联公司绥芬河巴里赞姆公司，其商标转让行为具有明显恶意，损害了俄罗斯巴里赞姆公司的利益，其转让行为无效，上述11个商标应返还给俄罗斯巴里赞姆公司。对于此后绥芬河巴里赞姆公司申请注册的第7959666、10824882号等14个商标，因绥芬河巴里赞姆公司与传峰公司为关联公司，其明知俄罗斯巴里赞姆公司与传峰公司之间的经销关系已终止数年，仍然在相同或类似商品上申请注册与其受让自传峰公司的11个商标相同或者近似的商标，亦具有损害俄罗斯巴里赞姆公司利益的恶意，其后续申请注册的相关商标应一并返还给俄罗斯巴里赞姆公司。

综上，俄罗斯巴里赞姆公司要求确认传峰公司与绥芬河巴里赞姆公司的商标转让行为无效，绥芬河巴里赞姆公司应将其名下的相关注册商标转至俄罗斯巴里赞姆公司并承担相关费用的再审主张成立，法院予以支持。

律师评析

（一）确立了双方签字的《授权书》的法律行为性质的解释规则

虽然本案纠纷发生在《民法典》实施之前，不适用《民法典》。但《民法典》的有关规定与之前的《民法通则》《合同法》并无冲突，故可以用《民法典》的相关规定来解释本案的法律问题。《民法典》第133条、第134条规定，民事法律行为是民事主体通过意思表示设立、变更、终止民事法律关系的行为。民事法律行为可以基于双方或多方的意思表示一致成立，也可以基于单方的意思表示成立。其中双方或多方民事法律行为指基于双方或多方当事人的意思表示一致才能发生法律效力的民事法律行为。双方或多方民事法律行为的变更或者解除，除法律有特别规定外，必须经过双方或多方当事人协商一致。单方民事法律行为是指仅基于当事人一方意思表示即可依法成立的民事法律行为，可分为有相对人的行为和无相对人的行为。除法律另有规定外，单方民事法律行为自行为人独立表达其意思时即成立。授权行为自行为人作出单方意思表示即可产生授权的法律效力，属于单方法律行为。授权行为人与相对人以共同签订协议的形式签订授权书，不能改变授权行为是单方法律行为的性质。

《民法典》第142条规定，有相对人的意思表示的解释，应当按照所使用的词句，结合相关条款、行为的性质和目的、习惯以及诚信原则，确定意思表示的含义。无相对人的意思表示的解释，不能完全拘泥于所使用的词句，而应当结合相关条款、行为的性质和目的、习惯以及诚信原则，确定行为人的真实意思。因此对《授权书》的性质确认为单方法律行为后，还需要对本案的《授权书》的内容予以解释，以确定其具体内容体现的是单方法律行为还是双方法律行为。因此，对《授权书》内容意思表示的解释，需结合外方俄罗斯巴里赞姆公司授权其经销商传峰公司在中国注册涉案商标的目的予以解释。根据《授权书》的记载：为使传峰公司拥有合法经营权，保障销售俄罗斯巴里赞姆公司的产品，俄罗斯巴里赞姆公司授权传峰公司在中国注册使用该公司在俄罗斯联邦已经获准注册的商标。该授权书基于俄罗斯巴里赞姆公司一方的意思表示即可成立。因此，中文版《授权书》系俄罗斯巴里赞姆公司单方授权传峰公司的意思表示，该单方民事法律行为的相对人为传峰公司。俄罗斯巴里赞姆公司在该授权书上签字盖章时，授权即成立，无须传峰公司作出同意的意思表示。俄罗斯巴里赞姆公司可以随时变更或撤销其授权，但应通知传峰公司。

（二）确立了授权终止后基于授权注册的商标权的归属原则

要根据授权的基础关系确定授权终止后的权利归属，《授权书》并非双方的基础法律关系，而是双方当事人在履行基础合同过程中，为了确保基础合同得以顺利履行而单方实施的赋权法律行为。在无相反约定的情况下，《授权书》随着基础合同的终止而终止。因此，在基础合同终止后，授权也相应终止，被授权一方已经没有继续拥有授权权利的依据，所以需要将基于《授权书》注册的商标返还给授权人。

此外，对于违反诚实信用原则，明显具有恶意的转让行为以及与授权商标相关的其他商标的注册行为均应归于无效。所以，传峰公司在明知《授权书》的签订意图、俄罗斯巴里赞姆公司与传峰公司经销关系已经终止的情况下，于2011年3月27日起陆续将上述11个商标转让给其关联公司绥芬河巴里赞姆公司，其商标转让行为具有明显恶意，损害了俄罗斯巴里赞姆公司的利益，其转让行为无效，上述11个商标应返还给俄罗斯巴里赞姆公司。对于此后绥芬河巴里赞姆公司申请注册的第7959666、10824882号等14个商标，因绥芬河巴里赞姆公司与传峰公司为关联公司，其明知俄罗斯巴里赞姆公司与传峰公司之间的经销关系已终止数年，仍然在相同或类似商品上申请注册与其受让自传峰公司的11个商标相同或者近似的商标，亦具有损害俄罗斯巴里赞姆公司利益的恶意，其后续申请注册的相关商标应一并返还给俄罗斯巴里赞姆公司。

七、拉菲罗斯柴尔德酒庄、怀来利世鸿亚房地产开发有限公司、怀来利世鸿亚房地产开发有限公司北京分公司、北京利世鸿亚置业有限公司侵害商标权纠纷案——驰名商标“跨类混淆”的解释和商品房使用被诉侵权标识中的损害赔偿额的确定①②

案情聚焦

（一）原告诉称

拉菲酒庄向一审北京知识产权法院起诉请求判令：（1）怀来利世鸿亚公司、怀来利世鸿亚北京分公司、北京利世鸿亚置业公司停止使用与拉菲酒庄驰名商标“LAFITE”“CHATEAU LAFITE ROTHSCHILD”相同或近似的“LAFITE”“CHATEAU LAFITE”等标识，具体为：怀来利世鸿亚公司、怀来利世鸿亚北京分公司、北京利世鸿亚置业公司在其尚未出售和将来拟开发的楼盘上不得使用“LAFITE”“CHATEAU LAFITE”作为其楼盘名称或标识；怀来利世鸿亚公司、怀来利世鸿亚北京分公司、北京利世鸿亚置业公司停止在不动产管理以及商业广告、宣传推广等活动中使用“LAFITE”“CHATEAU LAFITE”等标识。（2）怀来利世鸿亚公司、怀来利世鸿亚北京分公司、北京利世鸿亚置业公司停止使用与拉菲酒庄驰名商标“拉菲”近似的“拉斐”“拉斐水岸”等标识，具体为：怀来利世鸿亚公司、怀来利世鸿亚北京分公司、北京利世鸿亚置业公司在其尚未出售和将来拟开发的楼盘上不得使用“拉斐”“拉斐水岸”作为其楼盘名称或标识；怀来利世鸿亚公司、怀来利世鸿亚北京分公司、北京利世鸿亚置业公司停止在不动产管理以及商业广告、宣传推广等活动中使用“拉斐”“拉斐水岸”等标识。（3）怀来利世鸿亚公司、怀来利世鸿亚北京分公司、北京利世鸿亚置业公司赔偿拉菲酒庄经济损失4900万元，合理支出100万元，共计5000万元。

---

① 吕甲木律师，浙江海泰律师事务所。

② 二审案号：北京市高级人民法院（2020）京民终662号。

（4）怀来利世鸿亚公司、怀来利世鸿亚北京分公司、北京利世鸿亚置业公司在河北《燕赵都市报》、北京《北京晚报》两地报刊上刊登声明，为拉菲酒庄消除影响。

（二）一审判决

1.关于是否侵犯涉案商标权的认定

本案中，拉菲酒庄主张第1122916号“LAFITE”商标、第1122917号“CHATEAU LAFITE ROTHSCHILD”商标、第6186990号“拉菲”商标（以下简称涉案商标）均在第33类“含酒精饮料（啤酒除外）”商品上构成驰名商标。拉菲酒庄以怀来利世鸿亚公司、怀来利世鸿亚北京分公司、北京利世鸿亚置业公司违反2019年《商标法》第13条为由，请求认定涉案商标为驰名商标，并给予跨类保护，符合《最高人民法院关于审理涉及驰名商标保护的民事纠纷案件应用法律若干问题的解释》（以下简称《驰名商标司法解释》）第2条的规定，应予审查认定。

怀来利世鸿亚公司在涉案楼盘小区大门、小区配套设施及微信公众号等相关宣传推广活动中突出使用“CHATEAU LAFITE”“拉斐水岸”等标识等突出使用被诉标识的行为具有指示商品来源的作用，属于商标性的使用。

被诉标识“LAFITE”与拉菲酒庄的涉案驰名商标“LAFITE”在字母构成、呼叫发音等方面完全相同，被诉标识“CHATEAU LAFITE”完整包含拉菲酒庄的涉案驰名商标“LAFITE”，在文字构成和呼叫发音等方面相近，整体上区别不大。被诉标识“LAFITE”“CHATEAU LAFITE”“拉斐水岸”“拉斐”构成对拉菲酒庄涉案驰名商标“LAFITE”“拉菲”的复制、摹仿、翻译。

关于被诉标识的使用是否会产生跨类混淆的后果，驰名商标保护中跨类混淆的认定原则与普通商标在类似商品或服务上的混淆认定原则并无不同。综合考虑，即使商品房价值较高、相关公众会施以更高的注意力，被控侵权行为仍易使相关公众误认涉案楼盘系涉案“LAFITE”“拉菲”商标所有人拉菲酒庄提供或与其存在许可使用、关联企业关系等特定联系，属于“误导公众，致使驰名商标注册人的利益可能受到损害”的情形。

综上所述，怀来利世鸿亚公司、怀来利世鸿亚北京分公司、北京利世鸿亚置业公司的被控侵权行为构成复制、摹仿、翻译他人注册的驰名商标或其主要部分在不相同或者不相类似商品上作为商标使用，误导公众，致使该驰名商标注册人的利益可能受到损害的情形，侵犯了拉菲酒庄第1122916号“LAFITE”商标、第6186990号“拉菲”注册商标专用权，应承担相应的民事责任。

2.关于赔偿数额的确定

本案中，拉菲酒庄主张按照怀来利世鸿亚公司、怀来利世鸿亚北京分公司、北京利世鸿亚置业公司侵权所获得的利益确定赔偿数额，并主张涉案楼盘净利润至少为8.5亿元，且商标对怀来利世鸿亚公司、怀来利世鸿亚北京分公司、北京利世鸿亚置业公司净利润的贡献率应该酌定为30%，即便认为商标对被诉楼盘净利润的贡献率为10%，按照怀来利世鸿亚公司、怀来利世鸿亚北京分公司、北京利世鸿亚置业公司因商标侵权所获利润等于被诉楼盘净利润与贡献率的乘积，怀来利世鸿亚公司、怀来利世鸿亚北京分公司、北京利世鸿亚置业公司因商标侵权所获利润为8500万元，高于5000万元索赔数额。但是，拉菲酒庄并未就被诉标识在涉案楼盘净利润中的贡献率进行举证，且怀来利世鸿亚公司、怀来利世鸿亚北京分公司、北京利世鸿亚置业公司不认可上述商标贡献率，故怀来利世鸿亚公司、怀来利世鸿亚北京分公司、北京利世鸿亚置业公司侵权所获得的利益无法确定。此外，拉菲酒庄亦未提交涉案商标许可使用费的相关证据，涉案商标许可使用费难以确定。一审酌情确定怀来利世鸿亚公司、怀来利世鸿亚北京分公司、北京利世鸿亚置业公司应赔偿拉菲酒庄经济损失480万元。

（三）二审判决

原、被告双方均不服一审判决，向北京市高级人民法院提起了上诉。二审认为：

1.关于涉案商标是否构成驰名商标问题

一审法院认定第1122916号“LAFITE”商标、第6186990号“拉菲”商标在被控侵权行为发生时在中国境内为相关公众广为知晓，构成驰名商标，并无不当，法院对此予以确认。

2.关于将“拉斐水岸”作为被诉楼盘项目名称使用是否侵犯拉菲酒庄主张的驰名商标专用权问题

根据法律规定和司法解释，在不相同或者不类似商品上使用商标，减弱驰名商标显著性、贬损驰名商标的市场声誉以及不当利用驰名商标的市场声誉是损害他人已注册的驰名商标专用权的三种情形。虽然《驰名商标司法解释》第9条第1款规定适用于2019年《商标法》第13条第2款规定的情形，即在相同或者类似商品申请注册的商标是复制、摹仿或者翻译他人未在中国注册的驰名商标的情形，但是基于法律规定的“举重以明轻”的原则，从目的解释的视角，被诉标识与已经注册的驰名商标并存，容易导致混淆，亦应当纳入已注册驰名商标保护的范畴中。因此，一审法院从“跨类混淆”的角度认定被诉标识的使用行为是否侵犯拉菲酒庄的驰名商标专用权，并无不当。同时，法院亦将结合《驰名商标司法解释》第9条第2款之规定，对被诉标识“拉斐水岸”的使用是否侵犯拉菲酒庄的驰名商标专用权作出以下分析：

（1）“拉斐水岸”作为被诉楼盘名称是否属于商标性使用

怀来利世鸿亚公司、怀来利世鸿亚北京分公司、北京利世鸿亚置业公司在被诉楼盘名称中使用“拉斐水岸”并对之进行宣传推广，可以认定其使用上述文字标识的目的是在商品房建造、销售、宣传中表明提供服务的来源，以区别于其他服务提供者，且实际上也起到了区分服务来源的作用，故该行为属于商标性使用。

（2）“拉斐水岸”标识的使用是否导致拉菲酒庄驰名商标显著性的减弱

认定被诉标识与驰名商标具有相当程度的联系并导致驰名商标的显著性减弱，可以考虑以下因素：第一，驰名商标的显著性和知名度。显著性越强、知名度越高，则该驰名商标的保护范围越宽，相关公众更容易将被诉标识与之建立联系，减弱对应关系的可能性越大。第二，相关公众的重合程度。判断被诉标识与驰名商标是否具有相当程度的联系，且是否会减弱显著性，应当以被诉标识的相关公众的认知水平为基础。被诉标识的相关公众与驰名商标的相关公众重合程度将影响被诉标识相关公众的认知水平。如果重合程度高，则驰名商标的知名度更容易及于被诉标识的相关公众，相关公众看到被诉标识更容易联想到驰名商标。第三，标志的近似程度，驰名商标权利人的经营情况以及被诉标识的使用方式都可能影响相关公众的认知水平。综合考虑上述因素，怀来利世鸿亚公司、怀来利世鸿亚北京分公司、北京利世鸿亚置业公司将“拉斐水岸”作为涉案楼盘项目名称，并且进行销售、宣传和推广，可以认定相关公众能够将被控侵权行为涉及的标识与上述驰名商标建立相当程度的联系，而且也存在相关公众将被控侵权服务的来源与拉菲酒庄建立错误联系的可能性，因此，上述行为破坏第1122916号“LAFITE”商标、第6186990号“拉菲”商标与拉菲酒庄在含酒精饮料（啤酒除外）商品上的对应关系，足以减弱驰名商标的显著性，构成2019年《商标法》第13条第3款规定的误导公众，致使驰名商标注册人的利益可能受到损害的情形。怀来利世鸿亚公司、怀来利世鸿亚北京分公司、北京利世鸿亚置业公司的相关上诉主张，不能成立，法院不予支持。

（3）关于一审确定的损害赔偿数额是否适当的问题

拉菲酒庄在一审中提出以被诉楼盘项目的销售利润来计算侵权获得的利益，但一审法院在审理中释明其应当确定商标在利润中的贡献率，各方当事人对于商标贡献率的问题充分发表意见。一审法院之所以提出商标贡献率的计算因素，系基于拉菲酒庄主张的侵权获利计算方法显属过高，商品房作为大宗特殊商品，在销售过程中，相关公众一般会对楼盘所处地域、周边环境及配套设施、交通情况、楼盘开发者的信誉和实力、房屋质量、销售价格等因素予以考虑，上述因素对于消费者最终购买房屋更具有决定性作用，而商标标志在商品房销售中的贡献和作用通常较为有限，当然，法院亦不否认某楼盘品牌经过长期经营在相关公众中产生较强的影响力。就本案而言，一审法院释明确定合适的商标贡献率更能够较为精确计算侵权获利情况，对此，拉菲酒庄首先应当举证证明其主张的商标贡献率，怀来利世鸿亚公司、怀来利世鸿亚北京分公司、北京利世鸿亚置业公司不予认可，再提供相反证据。因此，一审法院关于商标贡献率的举证责任分配并无不当。由于各方当事人均未能够证明被诉楼盘项目中的商标贡献率，一审法院综合考虑涉案商标的驰名情况、主观故意情况、具体侵权行为情况等因素，适用法定赔偿确定的赔偿数额并无不当，法院予以确认。

故二审判决驳回上诉、维持原判。

律师评析

1. 可以用“跨类混淆”规则认定是否侵犯已经注册的驰名商标专用权

2019年《商标法》第13条第2款规定：“就相同或者类似商品申请注册的商标是复制、摹仿或者翻译他人未在中国注册的驰名商标，容易导致混淆的，不予注册并禁止使用。”2009年《驰名商标司法解释》第9条第1款规定：“足以使相关公众对使用驰名商标和被诉商标的商品来源产生误认，或者足以使相关公众认为使用驰名商标和被诉商标的经营者之间具有许可使用、关联企业关系等特定联系的，属于商标法第十三条第一款（2001年《商标法》）规定的‘容易导致混淆’。”虽然《驰名商标司法解释》第9条第1款规定适用于2019年《商标法》第13条第2款规定的情形，即在相同或者类似商品申请注册的商标是复制、摹仿或者翻译他人未在中国注册的驰名商标的情形，但是基于法律规定的“举重以明轻”的原则，从目的解释的视角，被诉标识与已经注册的驰名商标并存，容易导致混淆，亦应当纳入已注册驰名商标法保护的范畴中。

2. 确立了驰名商标显著性减弱的考量因素

所谓减弱驰名商标的显著性，是指减弱驰名商标与其所有人在特定商品上形成的唯一或稳定对应关系。驰名商标的价值来源于上述显著性，因此，驰名商标制度旨在保护此种对应关系免遭破坏。减弱驰名商标与特定商品的对应关系以及减弱驰名商标与其所有人的对应关系均属于上述减弱驰名商标显著性的类型。如果被诉标识使用的商品并非其赖以驰名的商品，相关公众错误地认为来源于驰名商标所有人，则驰名商标与其赖以驰名商品的对应关系遭到破坏，驰名商标的显著性被减弱。如果被诉标识使用的商品并非其赖以驰名的商品，相关公众虽然认为驰名商标所有人不会提供该商品，亦不会对商品的来源产生混淆误认，但看到被诉标识却会在相当程度上联想到驰名商标的所有人，则驰名商标和所有人之间的对应关系产生破坏，驰名商标的显著性被减弱。认定被诉标识与驰名商标具有相当程度的联系并导致驰名商标的显著性减弱，可以考虑以下因素：驰名商标的显著性和知名度、相关公众的重合程度、标志的近似程度。

3.关于商品房使用被诉侵权标识的损害赔偿数额的确定规则

商品房作为大宗特殊商品，在销售过程中，相关公众一般会对楼盘所处地域、周边环境及配套设施、交通情况、楼盘开发者的信誉和实力、房屋质量、销售价格等因素予以考虑，上述因素对于消费者最终购买房屋更具有决定性作用，而商标标志在商品房销售中的贡献和作用通常较为有限，当然，亦不否认某楼盘品牌经过长期经营在相关公众中产生较强的影响力。因此，通过商标贡献率可以更为精准的计算侵权获利数额。

八、华联超市股份有限公司与肥城市华联商贸有限公司、肥城市华联商有限公司春秋古城店侵害商标权及不正当竞争纠纷案[①][②]

案情聚焦

华联公司向一审法院起诉请求：（1）判令肥城华联公司及其春秋古城店立即拆除门头招牌中“华联”文字，立即停止在网络支付账单、购物小票上使用“华联超市”文字商标，即停止对华联公司拥有的“华联超市”商标专

① 吕甲木律师，浙江海泰律师事务所。

② 再审案号：最高人民法院（2021）最高法民再3号。

用权的侵害；（2）判令肥城华联公司及其春秋古城店停止不正当竞争行为，立即更改企业名称，更改后的企业名称中不得含有“华联”字样；（3）判令肥城华联公司及其春秋古城店就其侵权行为在其所在地的省级报刊上向华联公司赔礼道歉，消除不良影响；并连带赔偿华联公司经济损失、律师费及合理支出15万元；（4）判令肥城华联公司及其春秋古城店承担本案全部诉讼费。

一审法院认定：华联公司于2006年8月17日成立。2011年3月14日，华联公司注册第5345627号“华联超市”文字及字母图形商标，服务项目（第35类）包括“广告、进出口代理；推销（替他人）；替他人作中介（替其他企业购买商品或服务）”。2012年2月14日，华联公司注册第5825607号“华联超市”文字及字母图形商标，服务项目（第35类）包括“为零售目的在通讯媒体上展示商品；替他人预定电讯服务；开发票；对购买订单进行行政处理；广告版面设计”。以上两个商标注册证上明确标注：“超市”及“SUPERMARKET”放弃专用权。肥城华联公司是成立于2000年3月8日的有限责任公司，2002年1月8日，肥城华联公司下属的新超市在山东省肥城市开业。肥城华联公司春秋古城店是成立于2016年4月1日的有限责任公司分公司（自然人投资或控股）。

一审法院依照《商标法》第9条第1款、第31条，《反不正当竞争法》第1条的规定，判决驳回华联公司的诉讼请求。

华联公司不服一审判决，向二审法院提起上诉。二审法院维持一审判决。

华联公司不服二审判决，向最高人民法院申请再审。最高人民法院再审认为：

1. 关于肥城华联公司对“华联”字号及“华联超市”标识是否享有在先使用权的问题

根据本案查明事实，上海时装（集团）公司成立于1992年11月11日，上海华联超市公司成立于1992年5月，上海时装（集团）公司改制后受让上海华联超市公司股权，并更名为“华联超市股份有限公司”，工商行政机关向其核发的《企业法人营业执照》显示，其成立日期为1992年11月11日，后经多次变迁主体变更为现华联公司。由此可见，现华联公司与其前身各主体之间存在着紧密的承继关系，现华联公司使用“华联”字号的时间应追溯至其前身成立之时。华联公司从成立时起，在上海及多个地区进行了大量经营，在全国范围内开设诸多门店，其“华联超市”品牌获得了大量荣誉，经过长期经营，“华联”“华联超市”与华联公司及其前身已经形成对应关系，并具有较高知名度。对于上述事实，相关法院在先生效判决已经作出相应认定，肥城华联公司及其春秋古城店均未提交足以推翻上述认定的相反证据，依照《最高人民法院关于适用〈中华人民共和国民事诉讼法〉的解释》第93条关于“已为人民法院发生法律效力的裁判所确认的事实，当事人无须举证证明，当事人有相反证据足以推翻的除外”的规定，法院对此予以确认，且上述事实与本院查明的事实基本一致。肥城华联公司及其春秋古城店提供的证据显示，肥城华联公司成立于2000年3月8日，晚于华联公司前身及其关联企业的成立时间，故其关于对“华联”字号享有在先使用权的主张不能成立，二审判决对此予以认定缺乏证据证明。

2. 关于肥城华联公司春秋古城店使用“华联”“华联超市”标识的行为是否构成《商标法》第59条第3款规定的“在原使用范围内继续使用该商标”的问题

本案中，肥城华联公司在涉案商标申请注册之后开设肥城华联公司春秋古城店作为分支机构，并在该分支机构的经营中使用“华联”“华联超市”标识，不属于《商标法》第59条第3款规定的“在原使用范围内继续使用该商标”的情形；而且，如前所述，肥城华联公司提交的证据亦无法证明其在涉案商标申请注册之前已经在超市行业将“华联”“华联超市”作为商标使用并具有一定影响。故肥城华联公司及其春秋古城店关于其使用“华联”“华联超市”标识的行为属于《商标法》第59条第3款规定情形的抗辩理由不能成立。

3. 关于肥城华联公司及其春秋古城店是否构成对华联公司商标专用权的侵害及不正当竞争、应否承担法律责任的问题

由于肥城华联公司及其春秋古城店与华联公司从事的经营服务相同或类

似，故肥城华联公司及其春秋古城店的上述行为容易造成相关公众误认为其提供的服务来源于华联公司或与华联公司存在特定联系，构成对涉案商标权的侵害及不正当竞争。华联公司提交的证据可以证明其曾多次获得全国性荣誉，“华联”字号及“华联超市”品牌在相关公众中具有较高的知名度，二审法院以华联公司在肥城市未开展经营活动为由，认定华联公司在肥城市不具有知名度，并进而认定肥城华联公司及其春秋古城店的行为不会造成相关公众的混淆误认，认定事实及适用法律均有不当，法院予以纠正。

律师评析

1.在商标侵权抗辩中在先权利抗辩与在先使用未注册商标抗辩可以并存

2019年《商标法》第9条第1款规定“申请注册的商标，应当有显著特征，便于识别，并不得与他人在先取得的合法权利相冲突”，第32条规定“申请商标注册不得损害他人现有的在先权利，也不得以不正当手段抢先注册他人已经使用并有一定影响的商标”，第59条第3款规定“商标注册人申请商标注册前，他人已经在同一种商品或者类似商品上先于商标注册人使用与注册商标相同或者近似并有一定影响的商标的，注册商标专用权人无权禁止该使用人在原使用范围内继续使用该商标，但可以要求其附加适当区别标识”。虽然《商标法》第9条第1款和第32条规定的是商标授权确权的要件，而非商标侵权案件中被诉侵权人的抗辩事由，但在商标侵权案件中，被诉侵权人可以根据《商标法》第9条第1款和第32条规定进行在先权利抗辩，而无须先行通过行政程序使涉案注册商标无效。另外，如果还存在在先使用未注册商标的，则在先权利抗辩与在先使用未注册商标抗辩可以并存。

2.企业转制过程中，转制前原企业的商誉可以由转制后的新企业承继

在企业转制过程中，虽然存在重新注册新企业，原企业与新企业并非直接更名或吸收合并的情形，新企业也不概括承受原企业的债权、债务，但对于商誉等知识产权，如有证据证明新企业与原企业之间具有连接关系的，则原企业的商誉可以由转制后的新企业承继。

九、上诉人湖南省永和食品有限公司与北京字节跳动科技有限公司侵害商标权纠纷上诉案[①][②]

案情聚焦

原告北京字节跳动科技有限公司（以下简称字节跳动公司）与被告湖南省永和食品有限公司（以下简称永和公司）、北京永和志达商贸有限公司（以下简称永和志达公司）侵害商标权纠纷一案中，原告字节跳动公司主张被告永和公司在其生产销售的鱼肉类食品商品包装上以及商业活动中使用含有“今日头条”的“今日头条鱼”“今日头条小鱼”等，与字节跳动公司“今日头条”商标相同或近似，构成对其商标权的侵犯。被告主张涉案文字及图与字节跳动公司的商标不相同不近似，不会导致消费者混淆；另外，被告自身拥有商标“食为先”，并在显著位置突出使用自有注册商标，并未将涉案图文作为商标使用，不存在误导公众的恶意，也未造成原告的损失。

一审北京知识产权法院认为，虽然原、被告分属不同领域，字节跳动公司和永和公司之间不存在直接市场竞争关系，被控侵权产品的生产和销售一般不会挤压字节跳动公司的主营市场，但原告字节跳动公司商标构成驰名商标，被告永和公司在其生产销售的鱼肉类食品包装上对涉案图文的使用削弱了涉案商标的显著性，贬损了涉案商标的市场声誉，造成了原告驰名商标的淡化。遂判令永和公司自判决生效之日起立即停止在其生产、销售的鱼肉类产品上使用“今日头条”或与之近似的文字，立即停止产品介绍宣传中使用“今日头条”或与之近似的文字；被告永和志达公司自判决生效之日起立即停止销售由被告生产的使用了“今日头条”或与之近似的文字的鱼肉类产品；被告自判决生效之日起三十日内刊登声明消除影响，并赔偿原告经济损

① 商家泉律师，北京高文律师事务所。

② 二审案号：北京市高级人民法院（2021）京民终89号。

失100万元及合理费用348802元。

二审法院认为，字节跳动公司虽然同时注册有多枚相关商标，包括在被指控侵权商品上也有注册商标，但其根据权利受到侵害的情况，选择以哪枚商标作为其主张商标侵权的权利基础，并不违反法律规定，该选择系当事人依法行使权利，不应受到限制。永和公司关于“本案没有认定驰名商标的必要”的上诉理由缺乏依据，法院不予支持。永和公司在其官方网站同时宣传销售的其他食品外包装上带有“QQ微脖”“鸭里巴巴”之类与知名互联网公司及产品相近似的文字，与本案被控侵权行为结合分析，永和公司在明知“今日头条”手机App及其知名度的情况下，在原有商标文字“今日头条”的基础上增添其他词汇从而产生带有戏谑性质的标志使用方式，不但削弱了涉案商标的显著性，更是贬损了涉案商标的市场声誉，属于侵权行为。遂维持一审判决。

律师评析

本案涉及驰名商标认定的必要性原则、反淡化保护及商标戏仿问题。

（一）驰名商标认定的必要性原则：存在注册商标的商品上能否进行驰名商标跨类打击

《最高人民法院关于审理涉及驰名商标保护的民事纠纷案件应用法律若干问题的解释》第2条规定，人民法院认定驰名商标应当符合“确有必要”的标准。本案中，字节跳动公司在第29类“鱼（非活）”商品上有第15376271号“今日头条”注册商标的情况下，舍近求远刻意选择在第9类“软件”上的注册商标，寻求跨类保护“鱼制品”的结果。字节跳动公司能够以注册商标保护，却寻求驰名商标跨类的特殊保护，是否损害法律的稳定性和可预期性，是否违反驰名商标按需认定的规则呢？

法律适用不能像政策那样变动不居，应当以稳定性、可预期性作为原则。在用民事权利可予以保护的前提下，适用民事权益保护将损害法律的稳定性和可预期性。注册商标专用权是一项民事权利，法律赋予其在核定使用的商品或类别上对其他主体可采取的禁用权，是一种对世权。对世权的权利明确、稳定、公示周知性强，他人对权利的避让有可预见性。而驰名商标的跨类保护则是一项民事权益，实质是注册商标的商誉外溢到核定商品或服务类别外的商品或服务上的保护，作为一种补充性保护，本属于反不正当竞争思维规制的范围，请求权的法理基础是不当得利，因此驰名商标的跨类保护是一种对人权，需要个案认定、重复认定，他人对是否侵权的可预期性差。当对某一种行为同时可援引民事权利和民事权益时，应当优先使用具有可预见性的民事权利而非范围模糊的民事权益，从而维护法律的稳定性。这是驰名商标按需认定的法理依据。这也是为何无法对有一定知名度的注册商标侵权行为仅主张“在先使用并有一定影响商标”而不主张注册商标专用权的原因：特殊法优于一般法，能适用《商标法》的，不再适用《反不当竞争法》。驰名商标跨类打击恰非专用权受到侵犯，而是为了制止他人不当攀附商誉不劳而获的搭便车行为。

综上，商标侵权认定的一般原则是混淆误认，反淡化是补充存在的例外。混淆误认的终点才是反淡化保护的起点，只有无法寻求混淆误认的保护前提下才能适用反淡化保护。在一个商品上同时注册了多枚注册商标的前提下，“以哪枚商标作为其主张商标侵权的权利基础，该选择系当事人依法行使权利，不应受到限制”，做法本身没有错，但在“注册商标和驰名商标跨类打击”之间任意选择权利基础是否违反了驰名商标按需认定的规则有待商榷，在是否需要驰名商标认定问题上简单一句“选择哪个权利维权是权利人的自由”，没有任何法律依据及法理支撑，架空了驰名商标按需认定原则。

（二）驰名商标反淡化保护的根源及存在的问题

1.商标保护的主流理论根源：信息传递功能理论与商誉保护理论

信息传递功能理论，是指商标的主要功能在于区别商品或服务的来源，确保对消费者传递的信息准确而不被误导，从而减少消费者搜索成本，增加商品流转效率；在这种功能下，商标制度主要是防止商家利用相同或近似的标识欺骗消费者，或导致消费者混淆。商誉保护理论，是指商标保护的是商标所承载的商标权人的商誉，即商标权人常年投资和广告所导致的商标所能带来的吸引客户再次光顾和购买的能力，这种理论主要是为了防止商誉的盗用。

这两种理论的区别在于，信息传递功能理论强调商标是消费者和权利人之间桥梁的作用，对商标权人和消费者的保护是并重的，以消费者的混淆误认作为判定侵权的主要依据，以混淆可能性作为其平衡的支点，在很大程度上既保护了商标权人的利益，又保证了促进自由竞争的终极目标。商誉保护理论以商标权的利益作为出发点，其对于商标的保护类似于财产权利的保护，将商标权视为私人财产权，容易导致商标保护范围的扩大。信息传递功能理论对应的混淆误认标准，兼顾了消费者和权利人利益，是商标侵权的判断一般原则，淡化仅保护权利人利益，是补充存在，故此，虽然淡化的标准是“淡化之虞”，但“淡化可能性”的认定要比“混淆可能性”的认定要更加严格，因为淡化保护是商标权扩展的结果，具有“标识物权化”的倾向，容易造成对词汇本身的垄断。

2. 弱化主要保护的是驰名商标的广告功能，极易扩张商标权的范围，应谨慎适用

从商标功能上讲，任何损害商标功能的行为均可能是侵权行为。商标的来源识别功能是最基本的功能，一般以混淆误认作为判断标准，淡化中的丑化一般对应商标的品质保障功能，而淡化中的弱化则主要是对应的商标的广告功能。上述几种功能中，来源识别功能、品质保障功能均兼顾了消费者和权利人利益，广告功能实质是对投资的保护，仅是考虑权利人利益，最不值得保护，具体理由如下：

（1）商标的广告劝诱可以刺激消费者做不理性的购买行为；

（2）可以在消费者中创造“消费惯性”和“逆向选择”；

（3）鼓励广告投入而不是投资于基础产品的质量改善，消费者需要为产品支付更高而不是最合适的价格；

（4）商标的广告更多的或唯一的受益者是权利人，来源识别功能和品质保障功能则兼顾了消费者和权利人利益。

以混淆误认这种商标侵权认定的一般原则能制止侵权的，是否还有必要适用“淡化”保护这种例外，值得我们深思。

3.洛克财产理论与淡化保护的财产权化倾向

洛克认为，人可以通过劳动将神所赋予的物资转换为有价值的财产，即把社会公共财产或无主物通过劳动化为私有，但必须留下足量且等质的物品给他人，并禁止浪费。商标标识本身一般来源于公有领域的现有词汇，经使用或注册获得排他性，三年内不使用任何人均可申请撤销，这些都符合“劳动化为私有”及“禁止浪费”。那么问题是，驰名商标能否通过大量使用和投资，将公有领域具有天然竞争优势的词汇变为私有并禁止他人在不相关的商品上使用？比如本案新闻资讯领域的“今日头条”，并非属于臆造词汇、任意词汇，而是在新闻资讯领域具有天然竞争优势的描述词汇，描述的是“最新鲜最重要的新闻”，他人在其他领域原样模仿其标识固然应予以禁止，但如果他人只是模仿这种表达方式呢？比如“今日股价”“今日油条”“今日头条资讯”以及本案在真空包装鱼制品上的“今日头条鱼”，这种对表达方式本身的模仿比起标识本身财产权化倾向更远一步，在版权都不保护思想的情况下，是否还存在“淡化”保护问题，也值得我们深思。

4.驰名商标保护的“灯下黑”问题：对于在食品领域侵犯盼盼食品商标专用权的行为，盼盼防盗门不能主张淡化保护

（1）一枚驰名商标能否跨类主张对另一枚注册商标范围内的侵权使用行为同时构成对其驰名商标的淡化

淡化分为弱化、丑化和退化。弱化是对商标与特定商品结合能力的减弱，美国联邦第二巡回法院在Nabisco案中认为“驰名商标指示或区分商品或者服务的能力的削弱”。[1]淡化最容易发生在与固定商品结合的臆造词汇

[1] 李小武：《商标反淡化研究》，浙江大学出版社2011年版，第62页。

商标上，消费者看到可口可乐会想到碳酸饮料，看到诺基亚和华为会想到手机，如果可口可乐用在服装上，华为用在啤酒上，势必会减弱其在主营业务商品上的对应性，上述淡化更多的是对固有显著性强的臆造商标的额外保护。但当消费者看到长城、华夏、泰山这种任意词汇时，本身就与固定商品或服务不唯一绑定，发生淡化的几率就急剧下降，苹果手机无法主张“苹果”服饰构成淡化，泰山啤酒无法主张泰山石膏板的使用构成淡化，但固有显著性强的“缺口苹果图形”除外，以此类推，淡化发生在描述词汇或通用词汇上的几率几乎为零。在美国Tiffany案中，法官认为“在非竞争产品上的使用的真正伤害是商标的身份以及公众形象的逐渐削弱甚至消失，一个商标越是显著以及独特，它在公众的潜意识中的印象就越深，也就更需要得到保护以防止其与被使用的特定商品之间的联系被损害或切断”。[①]

那么我们不禁要思考，当驰名商标主张淡化的领域，有另一枚注册商标的情况下，淡化或退化是否还能主张？比如，当某公司在饮料上使用“统一”时，当然会发生混淆误认，侵犯“统一”鲜橙多的商标专用权，问题是此时“统一”润滑油能否以造成淡化为由跨类打击该行为？当一个商品或服务上存在一枚注册商标，该标识又是他人在其他商品或服务上的驰名商标，两枚标识共存于不同商品上时，就会出现一个现象：驰名商标保护的“灯下黑”，即当同时在不同类别存在相同商标共存时，如盼盼食品和盼盼防盗门，一个侵权行为因为违反《商标法》第57条第1款或第2款构成对盼盼食品的侵权，此时盼盼防盗门无法跨类主张其侵权行为同时构成对盼盼防盗门驰名商标的淡化，因为那是盼盼防盗门驰名商标光照被盼盼食品注册商标这一盏灯的灯光抵消、挡住的范围，形成注册商标“灯下黑”。同样的道理，统一润滑油不能在统一鲜橙多的权利范围内主张淡化保护，因为在注册商标范围内包括侵权在内的使用行为，不存在对另一枚驰名商标的弱化问题。

（2）大量跨类注册本身是否存在权利人的自我淡化

多数已拥有驰名商标的企业非常注重防范自身的驰名商标被他人淡化。

① 李小武：《商标反淡化研究》，浙江大学出版社2011年版，第15页。

但值得注意的是，很少有企业注意到驰名商标的自我淡化问题。如前所述，弱化是指无权使用人将驰名商标使用在不相同或不相类似的商品或服务上，破坏驰名商标的识别力的行为。自我淡化是驰名商标淡化的一种特殊表现形式，其主体为驰名商标权利人本身，自我淡化的表现形式包括但不限于企业将持有的驰名商标使用于其生产或销售的多种甚至全部的产品或服务上，或将驰名商标用于不同档次的相同或相近商品或服务上，必然导致驰名商标指定使用商品或服务的定位出现模糊，使其难以明确指向某种固定的商品或服务，而且在商标延伸到另一种商品或服务上使用的时候，也会弱化驰名商标与先前使用商品或服务间已建立的唯一固定联系。①

那么问题是，如果仅是防御性的跨类注册本身，能否产生自我淡化问题？以及同类的近似防御注册及使用，是否构成淡化，如广药集团的“张老吉”“杨老吉”“李老吉”等，是否构成对“王老吉”驰名商标的自我淡化？同样值得我们思考。

（三）商业言论自由对商标权利的限制：将商标戏仿作为“非商业性使用”的扩大化解释

商标戏仿是以他人驰名商标作为对象，以夸张或荒诞的形式加以运用和重新组合，达到幽默或挑衅的效果，戏仿行为必须同时传达两种对立的信息：消费者能第一时间联想到驰名商标，但立即发现该使用是对驰名商标的戏仿性使用，进而会心一笑，不会混淆产源。比如，美国在2007年判决审理的“路易斯威登诉玩具狗公司案”②中，法院认为，商标戏仿就是将被模仿的原商标与模仿后的商标进行对比后，传达出一种讽刺、嘲笑、玩笑或娱乐的信息，法院还认为，显著性越大的商标往往越不容易造成消费者混淆，如果戏仿的是非驰名的一般商标，则难以符合法院对戏仿的判断，更容易构成侵

① 参见中国知识产权咨询网：http://www.iprchn.com/Index_NewsContent.aspx?newsId=40185，最后访问日期：2022年4月17日。

② 张惠彬：《商标财产化研究》，知识产权出版社2017年版，第178页。

权。戏仿或戏谑使用行为本身无意将他人商标作为“商标使用”的意图，没有原样模仿，并非为了混淆、淡化原商标，而是想通过原商标的关键性要素与新要素的结合设计，传达某种思想或理念，向消费者传达的是“弦外之音”。

商标戏仿或戏谑案件在世界范围内并不多见，在中国更是没有先例。遗憾的是，本案二审法院并没有采纳该观点，而是将戏仿行为视为一种明知的恶意，即永和公司在其官方网站同时宣传销售的其他食品外包装（鸭脖等鸭肉制品）上带有“QQ微脖”“鸭里巴巴”之类与知名互联网公司及产品相近似的文字，与本案被控侵权行为结合分析，永和公司在明知“今日头条”手机App及其知名度的情况下，在原有商标文字“今日头条”的基础上增添其他词汇从而产生带有戏谑性质的标志使用方式，不但削弱了涉案商标的显著性，更是贬损了涉案商标的市场声誉，构成商标侵权。这种基于道德评价的恶意认知，还停留在商标授权确权领域对“恶意”的评判上，忽视了市场竞争领域的生机活力，不利于多彩、多面、多角度生机勃勃的充满活力的市场竞争局面的形成，被告尽管有获利的意图，但并不足以构成一种恶意。

在“美泰公司诉行山公司案”中，美国法院认为，商标戏仿本身是言论表达自由的一种，即使戏仿者本身是商人或戏仿行为对其商品或服务的销量造成了影响，该戏仿仍然可以被认为是非商业性使用。法官通过对“非商业性使用”免责事由的扩大解释，不再将“商业性使用”局限在完全不带任何商业色彩的使用，使得商标戏仿行为可以纳入淡化法的免责事由当中。[①]

（四）驰名商标反淡化保护中的“相当程度联系”的认定：以是否具有印象转移来判断是否应进行驰名商标反淡化保护

《最高人民法院关于审理涉及驰名商标保护的民事纠纷案件应用法律若干问题的解释》第9条第2款规定：“足以使相关公众认为被诉商标与驰名商

① 张惠彬：《商标财产化研究》，知识产权出版社2017年版，第182页。

标具有相当程度的联系，而减弱驰名商标的显著性、贬损驰名商标的市场声誉，或者不正当利用驰名商标的市场声誉的，属于商标法第十三条第三款规定的‘误导公众，致使该驰名商标注册人的利益可能受到损害’。”该规定明确了驰名商标淡化的构成要件，包括：第一，相关公众认为被诉商标与驰名商标具有相当程度的联系。第二，后果上必须符合下述三种情况之一：减弱驰名商标的显著性；贬损驰名商标的市场声誉；不正当利用驰名商标的市场声誉。

“相当程度联系”与“联想”相关。联想属于心理学范畴，是消费者的主观心态。有接近联想、类似联想、对比联想、因果联想、特殊联想等规律。之所以会联想，因为两者具有相似之处，本案中的相似之处是这种表达方式，“今日”都是表达的“今天的、当天的”，后面的被描述对象可以是新闻，可以是食品，也可以是采摘的水果蔬菜。所以“今日头条鱼”和“今日头条”能引起公众联想的相似性在于这种语言的表达方式比较接近，而非建立在商誉或身份关系基础之上。公众看到之后，不会误认具有赞助关系、身份关系或许可关系等，看见“今日头条鱼”，不会引起公众对“今日头条”使用经验的联想，不会有印象转移，顶多会微微一笑，仅此而已。司法应具有谦抑性，不能过多干涉自由市场。

（五）反淡化保护应考虑的因素：固有显著性及第三方使用情况

美国商标协会于1987年发表了《关于美国商标体系以及Lanham法案的汇报和建议》的报告，以该报告为蓝本的修改商标法的草案（TLRA）提交美国国会其中就涉及了反淡化条款，对于驰名商标的认定提出了相关条件：

1. 商标具有固有显著性还是通过实质性的连续使用获得了显著性；
2. 商标使用的时间和程度是否充分；
3. 商标进行广告和为公众所知的时间和程度是否充分；
4. 商标使用的贸易地域的地理范围是否充分；
5. 商标是否在其和他人的贸易地和销售渠道中充分的有名；
6. 是否相同或近似的商标为第三人所充分使用。

该法案强调必须是显著性和驰名的商标，从美国国会对1988年的法案修正介绍看，这里的显著性倾向于商标本身该具有的固有显著性，而驰名是指地域、客户群、存在时间等多方面的考虑。①但最后因国会担心淡化保护会影响比较广告、戏讽等言论表达自由，淡化条款均被删除。

之后美国联邦第二巡回法院在Nabisco案中，按照臆造词汇、任意词汇、暗示词汇、描述词汇对商标显著性进行了划分，认为“显著性最强的是那种完全是想象的，且不会引起人们对相关产品使用经验的联想的商标”，并认为“淡化对象是驰名的和显著的，应该具备这两者的特性”。②

对于反淡化保护是否应考虑商标的固有显著性，可从一个司法政策和一个案例得出结论。《最高人民法院关于当前经济形势下知识产权审判服务大局若干问题的意见》中明确指出“认定商品类似和商标近似要考虑请求保护的注册商标的显著程度和市场知名度，对于显著性越强和市场知名度越高的注册商标，给予其范围越宽和强度越大的保护”，该处将“显著性”和“知名度”并列，“显著性”应指的是固有显著性。在福建山外山涂料科技开发有限公司与福州金博建材有限公司纠纷中，法院经审理认为，山外山公司注册商标中的“诚久保障”一词并非臆造词组，也不具有商标标识的独创性。该案刊登于《人民法院报》的裁判要旨为“商标权的保护范围和强度应当与商标的显著性和知名度相关联。对于固有显著性较弱、知名度不高的商标，在商标侵权近似比对中应当从严掌握”。而“今日头条鱼”案一审判决一方面认为“今日头条”对该手机App主要提供的新闻资讯信息功能具有一定的描述性，又对固有显著性缺失的商标不加以考虑，直接认为“对于驰名商标的保护，除在相同或类似的商品或服务上的禁止混淆误认外，更应当禁止他人在不相同或不类似的商品或服务对于驰名商标的淡化行为”。③

---

① 李小武:《商标反淡化研究》，浙江大学出版社2011年版，第32页。

② 李小武:《商标反淡化研究》，浙江大学出版社2011年版，第62页。

③ 参见北京知识产权法院第（2017）京73民初1350号民事判决书。

（六）主观恶意对侵权定性是否具有影响：绝对请求权和相对请求权

侵犯商标专用权的侵权责任包括绝对请求权和相对请求权的范围。绝对请求权依附于本权利存在而存在，不受诉讼时效影响，不考察故意或过失问题，包括停止侵权、消除危险、排除妨害等。相对请求权依附于绝对请求权，包括赔偿损失、消除影响，损害赔偿请求权是绝对请求权被侵犯后新生的请求权或次生请求权，属于侵权之债，受诉讼时效影响，考察过错和过失。不清楚绝对、相对两种请求权归责原则的差异，就会导致所谓知识产权到底是无过错责任、过错推定责任还是过错责任的无意义争论。本案一、二审均认为，永和公司申请“鸭里巴巴”“微脖”等商标，进而认为被告在本案“今日头条鱼”使用上具有主观恶意，即便在同时使用“食为先”注册商标的情况下，也不能排除这种恶意，将永和公司申请“鸭里巴巴”“微脖”的行为作为本案构成侵权的重要考虑因素，比如二审法院判决就分析认为“根据公证书显示，永和公司在其官方网站同时宣传销售的其他食品外包装上带有QQ微脖、鸭里巴巴之类与知名互联网公司及产品相近似的文字，与本案被控侵权行为结合分析，永和公司在明知今日头条手机App及其知名度的情况下故意实施被控侵权行为”，从而得出结论，“因此，永和公司的前述行为侵犯了字节跳动公司涉案驰名商标的专用权”。

将驰名商标跨类保护依托于“注册驰名商标的专用权”并将“恶意”作为考虑要件分析，就会带来一个问题：恶意与侵犯商标专用权的认定是否具有因果关系？司法实践受近几年打击恶意抢注的行政授权确权案件影响，当道德评价代替了法律评价，恶意毁灭一切的思维盛行时，我们法律人也应当清楚地意识到，恶意不是认定商标近似和商品类似的理由，恶意也不是认定商标侵权的条件，恶意与商品类似、侵权认定均没有因果关系，商标侵权认定适用无过错责任，商品类似更多地适用客观标准。但我们可以反过来用：适当放宽近似类似的判断标准去打击恶意申请，也可以通过加大赔偿力度去惩罚恶意侵权。所以，司法应该放弃道德审判，要有自己的定力，不要害怕舆论并被舆论所左右，对热点案件，社会公众的道德评价与司法的法律评价往往并不能一致，告诉公众这是一种正常现象并由司法引导舆论，更能提升司法的公信力。

关于“明知”对反淡化侵权定性的影响问题，即明知在先驰名商标存在，还在不相关商品上申请或使用近似标识，是否一定判定侵权？商标是标识和商品结合的产物，先申请制度决定了不可能在不相关的类别上为在先商标预留空间，能够全类别进行反淡化保护的驰名商标一定是固有显著性最强的臆造词汇的驰名商标如“海尔”，而不是描述性词汇驰名商标如本案的“今日头条”，否则将会过分扩张权利人的权利范围，挤压公共空间。

十、上诉人北京师范大学与被上诉人国家知识产权局、原审第三人刘某阳商标权撤销复审行政纠纷案[①][②]

案情聚焦

北京师范大学于2006年7月11日申请了诉争商标即第5473604号“京师”商标，2009年9月21日获准注册，专用期限至2029年9月20日，核定使用在第42类的“法律服务”。原审第三人刘某阳系北京市京师律师事务所律师，黄某中为北京市京师律师事务所律师创始人，北京师范大学（甲方）与黄某中（乙方）于2010年7月1日签订的《商标使用许可协议》，约定“甲方将已注册的使用在第42类法律服务商品项目上的第5473604号‘京师’商标，许可给乙方在其创立并实际控制（担任创始合伙人）的北京市京师律师事务所使用；许可使用的期限自2010年7月1日至乙方不再同时担任甲方教师和乙方创始合伙人之日止，即如果乙方不再担任北京市京师律师事务所的实际控制人/创始合伙人/合伙人职务，那么该许可合同自动终止”。2015年7月

① 商家泉律师，北京高文律师事务所。

② 二审案号：北京市高级人民法院（2019）京行终9799号。

1日，黄某中退伙备案申请审批通过，退出北京市京师律师事务所。2017年11月28日，刘某阳以诉争商标在核定使用的“法律服务”上无正当理由连续三年不使用为由向原国家工商行政管理总局商标局（简称商标局）提出撤销申请。

国家知识产权局及北京知识产权法院均认为，北京师范大学提交的在案证据不能形成完整的证据链，证明诉争商标于指定期间在核定使用的“法律服务”上进行了真实、有效的商业使用。北京市高级人民法院二审查明，北京师范大学在商标评审阶段提交的证据2、3的《商标使用许可协议》性质为附解除条件的合同，根据约定，当条件成立时，即黄某中“不再担任北京市京师律师事务所的实际控制人/创始合伙人/合伙人职务”时，协议自动终止履行，在此之前北京师范大学许可京师律所使用诉争商标；刘某阳在原审诉讼阶段提交的证据2亦可佐证，京师律所系由黄某中出资设立并实际控制，其对外签订的合同具有法律效力；上述证据可以印证《商标使用许可协议》已实际履行，进而能够相互佐证，形成有效证据链，证明北京师范大学许可京师律所在“法律服务”上使用诉争商标，且京师律所于指定期间在其对外开展的法律服务活动中使用了诉争商标，因此可以视为北京师范大学于指定期间在诉争商标核定使用的“法律服务”上进行了使用。遂撤销北京知识产权法院（2019）京73行初4783号行政判决；撤销国家知识产权局作出的商评字［2019］第50908号《关于第5473604号“京师”商标撤销复审决定书》；判令国家知识产权局就刘某阳针对第5473604号“京师”商标提出的撤销复审申请重新作出决定。

律师评析

本案涉及被许可人对许可商标“不质疑”“禁止反言”问题，以及对《类似商品和服务区分表》上位概念商品或服务（核准注册的服务品项）和下位概念（实际提供的服务品项）的认定问题。

（一）被许可人对许可商标有效性的“不质疑”条款及“禁止反言”规则

在专利领域，“不质疑”条款普遍被认为属于限制竞争涉嫌垄断的行为而无效，但专利和商标的立法目的不太一样，至少在商标领域不会出现阻碍技术推广普及涉嫌垄断的问题。美国司法实践有“禁止反言”的规定，即被许可人无权在商标许可期间质疑商标权的有效性，美国法院认为，被许可人在订立商标许可合同的时候应承认商标权的有效成立，如果被许可人嗣后又对商标权的有效性进行否定，不利于维持合同关系的稳定性。[①]在2002年“弗里曼诉全美地产经纪商协会案”中，美国商标评审和上诉委员会（TTAB）就依据“禁止反言”的原则，否定了被许可人对被许可商标因成为“通用名称”而应被宣告无效的申请，被许可人被禁止反言，不得质疑“REALTOR”商标的有效性。

在我国商标许可合同中，有些存在对被许可商标效力“不质疑”的条款，该条款的有效性取决于“不质疑”的内容，如涉及《商标法》第4条、第44条等绝对无效理由，则其“不质疑”条款不应约束当事人，因一旦违反这些条款，被许可商标应视为自始不存在，许可合同本身是否存在也因此存疑。但如果涉及无效的相对条款，上述“不质疑”条款因民事权利意思自治原则，放弃质疑的权利是处置自己权利的一种方式，有效性应予以认定。那“撤销三年不使用”是否受到“禁止反言”规制呢？如果撤销三年不使用的涉及期限与许可期限具有重合之处，因被许可人具有在许可期间使用商标的权利及义务，其故意不使用被许可商标并对其提出撤销三年不使用，违反诚实信用原则，损害了许可人的信赖利益，即便《商标法实施条例》第66条规定“有商标法第四十九条规定的注册商标无正当理由连续3年不使用情形的，任何单位或者个人可以向商标局申请撤销该注册商标”，但此时如允许具有

① 张惠彬：《商标财产化研究》，知识产权出版社2017年版，132页。

使用义务的被许可人提起撤销三年不使用，将违反许可合同的目的、损害许可人的信赖利益，以及违反民法诚实信用、公序良俗的基本原则。但也有观点认为，在许可中，本来就存在基于商标有效性而签订及履行许可合同的前提，对于这一前提作出这样的承诺本就是不应当的条款。在德国，其最高院认为个案中做这种约定只要不违反反垄断法，符合市场竞争方面的限制，是允许的，不使用撤销是可以处分的权利，如果合同方同意不行使，不违反德国民法典。①

具体到本案，涉及许可合同终止及履行、创始人或负责人签署许可合同与不违反许可人意志的使用等问题，同时涉及被许可人及其利益相关方对许可商标"京师"有效性的质疑是否违反"禁止反言"规则，值得我们进一步探索和研究。

（二）准确界定《类似商品和服务区分表》中的"上位概念"和"下位概念"，避免因区分表的变化损害商标注册人的利益

实际使用的服务不属于《类似商品和服务区分表》中的规范服务名称，但其与诉争商标核定使用的服务仅名称不同，本质上属于同一服务的，或是实际使用的服务属于核定服务下位概念的，可以认定构成对核定服务的使用。认定是否属于同一服务，可以综合考虑物理属性、商业特点以及《类似商品和服务区分表》关于服务分类的原则和标准等因素。本案中，二审法院认为，北京师范大学在二审诉讼阶段提交的证据20能够证明在指定期间到期前的2017年11月27日之前，校内举办了多期"京师法律实务大讲堂"活动，先后邀请多位学者、法官与该校师生研讨法律问题，该活动在服务目的、内容、方式、对象等方面均与"法律研究"服务相近，可以视为在"法律研究"服务上的使用。虽然在指定期间的第八版区分表中已无"法律服务"具体服务名称，但是考虑到第八版及之后的各版区分

① 《德国：最高法院就不质疑约定是否限制当事人对欧盟商标提起不使用撤销的问题请示欧盟法院》，载《中华商标杂志》环球资讯。

表中“法律服务”已为类似群组的名称，而“法律服务”与“法律研究”在服务目的、内容、方式、对象等方面均相近，且根据第八版及之后各版区分表的划分“法律服务”的范围包括“法律研究”，可以认定“法律研究”系“法律服务”的下位概念，进而北京师范大学对诉争商标在“法律研究”服务上的使用能够认定为其在“法律服务”上的使用，不能因区分表的变化而否定北京师范大学实际的商标使用行为。综上，诉争商标在“法律服务”上的注册应当予以维持，避免因区分表的变化损害商标注册人的利益。

（三）区分表新增“药品零售或批发服务”与原“推销（替他人）”的实际承继关系能否适用“避免因区分表的变化损害商标注册人的利益”

2012年12月，原国家工商行政管理总局商标局发布《关于申请注册新增零售或批发服务商标有关事项的通知》（以下简称《新增服务商标的通知》），在《类似商品和服务区分表》第3509类似群中新增了“药品零售或批发服务”等七种服务，并规定新增服务与所销售商品原则上不类似、新增服务与“替他人推销”等其他第35类服务原则上不类似。在2012年12月之前，大药房等药品销售企业均在第3503类“推销（替他人）”申请注册商标。当新增“药品零售或批发服务”后，大药房等药品销售企业依据第3503类“推销（替他人）”能否重新申请“药品零售或批发服务”？或者能否以实际“药品零售”的使用证据维持“推销（替他人）”商标的有效性，避免被撤销三年不使用？在河北华佗药房医药连锁有限公司与华佗国药股份有限公司有关“华佗”的商标纠纷中，北京市高级人民法院没有适用“避免因区分表的变化损害商标注册人的利益”，目前该案在最高人民法院再审中，我们拭目以待最高人民法院的审判结果。

重点关注

一、奥运健儿姓名被抢注为商标事件

2021年8月，东京奥运会落下帷幕，中国奥运健儿们在赛场上努力奋斗为国争光，最终取得了令人瞩目的好成绩。但与此同时，“杨倩”“全红婵”“苏炳添”等奥运健儿的姓名也被他人悄悄申请注册商标。针对此类事件，中国奥委会发布郑重提示，如未获得运动员本人或未成年运动员监护人授权，不得以奥运健儿姓名恶意抢注商标，有上述行为的应及时撤回和停止实施商标注册申请。运动员及未成年运动员监护人有依法追究相关侵权行为人法律责任的权利。

有关公司和个人将全红婵等奥运冠军姓名抢注为商标的做法，涉嫌损害他人合法权益，甚至可能会使公众产生认知混淆，可能会因损害他人在先权利或产生不良影响等，按照《商标法》的规定，“不以使用为目的”“侵害他人在先权利”和“可能造成不良影响”等诸多情形都可能涉嫌构成恶意抢注。在国家知识产权体系日益健全的背景下，此类恶意抢注商标的行为将受到严厉打击和处罚，恶意抢注商标并不可为。

二、潼关肉夹馍商标事件

据媒体报道，全国有数百家商户被潼关肉夹馍协会起诉。该协会表示，商户只有加入协会才能继续使用“潼关肉夹馍”的商标，加入协会需要缴纳一定的费用。无独有偶，河南西华县逍遥镇胡辣汤协会也起诉了全国各地上百家经营逍遥镇胡辣汤的商户，称这些商户使用的“逍遥镇”字样涉嫌侵权。国家知识产权局就上述纠纷答记者问时指出，“逍遥镇”作为普通商标，其注册人并不能据此收取所谓的“会费”。“潼关肉夹馍”是作为集体商标注册的地理标志，其注册人无权向潼关特定区域外的商户许可使用该地理标志

集体商标并收取加盟费，同时也无权禁止潼关特定区域内的商家正当使用该地理标志集体商标中的地名。

通过中国商标网中的数据查询可知，陷入商标纠纷的第14369120号“潼关肉夹馍”属于集体商标（地理标志），于2015年12月14日获得商标局的核准注册，指定商品项为肉夹馍，注册人为潼关肉夹馍协会。

根据《集体商标、证明商标注册和管理办法》的规定，集体商标注册以后，只有集体商标注册人所属成员才能使用，不得许可非集体成员使用。申请以地理标志作为集体商标注册的团体、协会或者其他组织，应当由来自该地理标志标示的地区范围内的成员组成。换言之，外地的肉夹馍商户不能异地加盟协会，也不能使用该地理标志集体商标，但是作为商标注册人的潼关肉夹馍协会及其成员，只能使用该商标，无权向外地商户许可该商标的使用权，更不能收取会费。此外，商标中包含的地名，往往具有独特商业价值。根据《商标法》的规定，即便取得注册商标专用权，权利人亦无权禁止他人正当使用注册商标中包含的地名。在地理标志标示的地区范围内并符合地理标志使用条件的，即便不申请加入集体、协会或其他组织，亦可依法正当使用地理标志；不符合地理标志使用条件或超出地理标志标示的地区范围者则不能通过商标许可、加盟、入会等方式获得地理标志集体商标使用资格。因此，相关组织作为商标注册人通过诉讼收取所谓“会员费”以及类似费用的，不符合《商标法》的规定。

三、“双十一”商标无效案件

2021年6月，北京市高级人民法院分别驳回了多个关于阿里巴巴集团控股有限公司因不服北京知识产权法院对“双十一”“双11”等商标被国家知识产权局驳回申请的行政判决的上诉，并维持原判。北京市高级人民法院认为，本案中，诉争商标由文字“双十一”构成，整体易被理解为“十一月十一日”，在实际使用中相关公众易将其识别为用于表示某一特定日期。诉争商标指定使用在复审服务上，相关公众难以将其识别为标示复审服务来源的商标，缺乏显著性，属于《商标法》第11条第1款第3项规定的情形：缺乏显著特征的标志不得作为商标注册，遂作出驳回上诉，维持原判决定。

类似于通用的、日常的、描述性的词汇，是一个公共资源。“双十一”狂欢节虽然是阿里巴巴首创，但目前已经成为整个电商行业的节日以及广大网民的网购狂欢节，也就是说“双十一”商标在使用过程中逐渐成通用名称，对普通公众而非业内人士来说，难以直接识别“双十一”等商标只来源于某一方，且与其他经营者明显区分开，根据《商标法》的规定，无法获得注册。

四、王老吉注册百家姓商标并使用

2021年，凉茶品牌王老吉推出了“百家姓版本”，除原本的“王老吉”包装外，还推出了其他的姓氏，包括“孟老吉”“周老吉”“李老吉”“孙老吉”等在内115个姓氏图腾产品。根据国家知识产权局中国商标网查询的信息，王老吉品牌所属公司于2021年2月注册了大量“×老吉”商标，商标的国际分类均为第32类。到2021年10月，申请商标中的大部分姓氏都已经完成了注册，仅有少数姓氏显示“注册申请中”。即便个别商标还处在注册流程中，王老吉选择采用“百家姓+老吉”的方式进行品牌推广，从商标角度来看，是王老吉品牌建立自己的防御商标护城河的举措。

其实除了王老吉，相关企业为了避免类似品牌的侵权与擦碰，总会未雨绸缪，早早地从商标角度出发，建立自己的商标护城河，以维护合法权益。申请防御性商标相对后期针对他人恶意申请的商标异议、无效宣告等行政确权以及司法维权诉讼来说，程序简单很多，费用也相对会低很多，但同时，以这种方式全方位注册防御商标，也有王老吉商标淡化的风险。

五、童话大王停刊，郑渊洁要进行商标维权

2021年12月15日晚，著名作家郑渊洁发了一条微博宣布：1985年创刊

的《童话大王》杂志2022年1月停刊，同时附上了《郑渊洁写给三个商标的一封信》。在信中，郑渊洁专门提到了三件商标，即第7197328号皮皮鲁商标，第8229932号童话大王商标，第5423972号舒克商标，并表示“3个商标加起来我已经用了三十二年维权还没成功。在你们身后，还有672个侵权商标等待我维权。我只能从2022年1月起暂停写作《童话大王》月刊，拿出全部精力对你们3个侵权商标维权，直至对672个侵权商标全部维权成功”。

一石激起千层浪，郑渊洁的微博内容迅速转发传播。目前，其所附的《郑渊洁写给三个商标的一封信》阅读量超过900万。一方面，作为陪伴中国“70后”“80后”“90后”“00后”“10后”五代读者长大的《童话大王》，它的停刊让大家感到非常遗憾；另一方面，郑渊洁先生遇到的商标问题，也引起了大家广泛的关注和讨论，尤其是很多是非商标领域或知识产权领域的从业者。这一事件，可以说在一定程度上也是对中国商标注册制度等知识的普及和宣传。郑渊洁先生后期持续发布了大量的关于其商标维权的微博，持续地向读者提供其维权进程，让读者了解商标维权的程序等。

六、《北京涉外知识产权案件立案签字权证明文件律师指引》发布

近年来，我国涉外知识产权案件逐渐增多。由于不同国家的公司制度存在巨大差别，境外公司大多认签字而不认公章，而很多国家的公司注册证明上并不会列明法定代表人或其他有权代表公司签字的人员。北京知识产权法院立案庭特别要求提供的公证认证手续须能证明在委托书及法定代表人（代表人）身份证明上签字的人有权代表该公司签署这些文件（签字权证明文件），否则无法认定这些文件的法律效力。如何准备涉外签字权证明文件成为困扰涉外知识产权律师的主要问题之一。因为不能在规定期限内提供符合要求的签字权证明文件，导致知识产权行政案件不能立案的情况屡屡发生。

为此，在北京知识产权法院和北京市律师协会的支持下，北京市律师协会商标法律专业委员会耗时一年半，搜集了二十多个国家、地区的数十份涉外立案登记手续样本，提炼并编纂了《北京涉外知识产权案件立案签字权证明文件律师指引》。该指引于2021年4月24日下午在北京市律师协会“4.26”世界知识产权日主题研讨会上正式发布，北京市律师协会衷心希望能够借此为全国律师切实提供实用且有价值的参考。[①]

① 杨和平律师，北京市中伦律师事务所。

CHAPTER 3

第 3 章

反不正当竞争

新法观察

一、《最高人民法院关于审理侵害知识产权民事案件适用惩罚性赔偿的解释》①

2021年3月3日，最高人民法院发布《最高人民法院关于审理侵害知识产权民事案件适用惩罚性赔偿的解释》（以下简称《解释》）。对知识产权民事案件中惩罚性赔偿的适用范围，故意、情节严重的认定，计算基数、倍数的确定等作出了具体规定。《解释》坚持问题导向，针对业界反映最大的知识产权案件普遍存在赔偿数额低的问题，一方面导致权利人损失难以弥补，另一方面导致知识产权侵权难以被有效遏制。最高人民法院旨在通过《解释》明晰裁判标准，指导各级法院准确适用惩罚性赔偿，惩处严重侵害知识产权的行为。《解释》涉及《著作权法》《商标法》《专利法》《反不正当竞争法》《种子法》等多部法律，严格遵循正确统一适用民法典的要求，依法解释，既保证了惩罚性赔偿适用标准统一，又尽量协调各部门法的表述差异。

《解释》的发布是落实惩罚性赔偿制度的重要举措，彰显了人民法院全面加强知识产权司法保护的决心，对于进一步优化科技创新法治环境具有重要意义。

---

① 参见最高人民法院网：《最高人民法院出台知识产权惩罚性赔偿司法解释依法惩处严重侵害知识产权行为》，http://www.court.gov.cn/fabu-xiangqing-288861.html，最后访问日期：2022年4月17日。

二、《最高人民法院关于适用〈中华人民共和国反不正当竞争法〉若干问题的解释（征求意见稿）》①

2021年8月19日，最高人民法院发布了《最高人民法院关于适用〈中华人民共和国反不正当竞争法〉若干问题的解释（征求意见稿）》。该司法解释将是最高人民法院自2007年起施行的《最高人民法院关于审理不正当竞争民事案件应用法律若干问题的解释》（以下简称原《反法司法解释》）的首次全面修订，一方面为适应《反不正当竞争法》2017年和2019年的两次修改，另一方面则是对近年来司法实践相关裁判规则的反思与总结。

本次征求意见稿的修改亮点主要体现在三方面：明确一般条款或原则性条款的适用要件、完善商业标识保护的相关规定、细化互联网专条的适用情形。此外，征求意见稿还在虚假宣传、商业诋毁、《反不正当竞争法》项下法定赔偿的适用情形、重复诉讼、停止使用企业名称的责任承担方式、管辖、诉讼时效等实体及程序问题上对原《反法司法解释》进行了修改或扩充。

三、《禁止网络不正当竞争行为规定（公开征求意见稿）》②

2021年8月17日，国家市场监督管理总局发布《禁止网络不正当竞争行为规定（公开征求意见稿）》。该公开征求意见稿是专门针对网络不正当竞争行为制定的一部法规，在《反不正当竞争法》的基础上，针对网络不正当竞争行为，作了更加细化的规定。例如，该规定将混淆行为细化规定为“擅自使用与他人有一定影响的应用软件、网店、自媒体、游戏界面等页面设计、名称、图标、形状等相同或者近似的标识”等；将虚假宣传行为细化为“通过

---

① 参见最高人民法院网：《反不正当竞争法司法解释（征求意见稿）向社会公开征求意见》，http://www.court.gov.cn/zixun-xiangqing-318221.html，最后访问时间：2022年4月17日。

② 参见市场监管总局关于《禁止网络不正当竞争行为规定（公开征求意见稿）》征求意见的通知，https://www.samr.gov.cn/hd/zjdc/202108/t20210817_333683.html，最后访问时间：2022年4月17日。

直播营销、话题营销、平台推荐、网络文案等方式，实施商业营销活动”等。

近年来，网络经济迅猛发展，互联网销售方式花样百出、不断更新变换，该规定为行政执法提供了操作性更强的规范和指引，对规制新型不正当竞争行为具有重要的意义。

四、《上海市反不正当竞争条例》

2020年10月27日，上海市人大常委会第二十六次会议表决通过了新修订的《上海市反不正当竞争条例》，该条例于2021年1月1日起正式实施。这是《反不正当竞争法》修订后，全国首个修订通过并颁布实施的反不正当竞争地方性法规。

作为首个修订的反不正当竞争地方法规，该条例在优化不正当竞争综合治理与区域协作机制、鼓励支持社会监督、促进经营者积极主动合规等方面进行了有益探索。通过法律制度的设计，注重对不正当竞争行为的事前、事中、事后全链条规制，提高风险防范化解的前瞻性、系统性、协同性。该条例为创造良好的营商环境、维护市场的公平竞争秩序提供了有力的制度保障。[①]

典型案例

一、腾讯科技（深圳）有限公司诉深圳市云电互联网科技有限公司、厦门程硕网络科技有限公司、宋某、郭某红不正当竞争纠纷案[②③]

案情聚焦

深圳市云电互联网科技有限公司（以下简称云电公司）开发了一款酷

① 谢湘辉律师，国浩律师（深圳）事务所。

② 谢湘辉律师，国浩律师（深圳）事务所。

③ 一审案号：（2019）粤03民初1913号，被告上诉后撤诉，一审判决生效。

蜗智能营销宝群控软件，针对微信软件研发了一系列自动化批量营销功能，通过hook微信远程调用微信方法的方式或者模拟点屏的方式进行功能实现，读取微信数据库，抓取微信数据的代码文件，可以同时控制多台手机微信进行批量操作，包括批量扫描二维码进微信群、批量转发推广微信名片、批量拉取用户建立微信群、微信群直播、微信公众号批量阅读、点赞、评论、朋友圈推广等功能。云电公司经营的网站（www.ecloudmm.com）对酷蜗智能营销宝软件进行宣传推广，介绍酷蜗智能营销宝涉及微信的自动化批量营销功能。厦门程硕网络科技有限公司（以下简称程硕公司）从云电公司处购买酷蜗智能营销宝软件，之后以程硕聚合群控软件的名义对外进行市场推广和销售，在其经营的网站宣传、介绍被诉系统自动化批量营销功能和防封号功能。宋某是云电公司的法定代表人，在云电公司销售酷蜗智能营销宝群控软件过程中以个人账户代为接收部分货款。郭某红是程硕公司的实际控制人，在程硕公司对外销售涉案软件时提供了个人账户收款。腾讯科技（深圳）有限公司（以下简称腾讯公司）认为被诉酷蜗智能营销宝群控系统和程硕聚合群控系统中的微信群控产品完全寄生于微信软件运行，以上四方分工合作，共同通过技术手段干扰微信的正常运营，构成对微信软件服务正常运行的妨碍和破坏，属于《反不正当竞争法》第2条规制的不正当竞争行为。基于此，腾讯公司遂以云电公司、程硕公司、宋某、郭某红为共同被告，向深圳市中级人民法院提起诉讼，诉请云电公司等停止侵权、消除影响，赔偿5000万元。

一审法院审理认为，在本案中，要认定涉案酷蜗智能营销宝群控系统和程硕聚合群控系统中的微信群控产品是否构成不正当竞争，需适用《反不正当竞争法》第12条互联网专条第2款规定的兜底性概括条款，并结合第2条一般条款的构成元素和判断范式进行认定。该案明确新型互联网不正当竞争行为应当符合以下四个要素才能认定构成不正当竞争行为：

第一，属于经营者在生产经营活动中发生的行为，其他经营者的合法权益因该竞争行为受到了实际损害；

第二，该竞争行为所采用的技术手段损害了消费者的利益，如损害消费者的自主选择权、知情权、隐私权等；

第三，该竞争行为违反诚信原则和公认的商业道德而具有不正当性；

第四，该竞争行为属于妨碍、破坏其他经营者合法提供的网络产品或者服务正常运行的行为，破坏了互联网环境中的公平竞争的市场秩序。

首先，微信产品的价值并不完全取决于产品本身的质量，而与使用该产品的用户数量紧密相关。微信的免费即时通信功能给人们的沟通交流提供较大便利，而用户大量重要社交网络关系都存在于微信之上，形成一个微信生态系统。原告为研发、推广微信服务付出了巨大的人力、物力和财力，目前原告的微信即时通信服务具有较高的市场知名度，形成了拥有庞大用户群的微信生态系统，具有良好的商业信誉。涉案酷蜗智能营销宝群控系统和程硕聚合群控系统中的微信群控产品，基于原告已经拥有庞大用户群的微信生态系统，利用群控技术在微信上实现规模化、自动化营销的批量操作功能，争夺微信用户的注意力，为自己或者他人争取交易机会，获取竞争优势，与原告之间产生了市场竞争关系，使得原告的合法权益因该竞争行为受到了实际损害。

其次，被告针对微信软件执行规模化、自动化操作，对微信服务带来较大影响与干扰，产生的虚假流量会降低微信产品的商誉，影响广告主在微信平台投放广告的积极性，还会降低微信用户的用户体验，网络用户还可能被群控系统操控的虚假微信用户及其提供的虚假信息欺骗。被告利用腾讯公司构建的微信生态系统的市场成果，在未支付相应对价的情形下抢占微信用户的注意力，为自己谋取商业机会从而获取竞争优势，有违诚信原则。涉案微信群控产品在微信平台进行规模化批量操作，制造虚假流量，将危害互联网流量经济的商业模式，干扰投资者对网络产品价值及市场前景的判断，影响网络用户的真实选择，最终会使得这些客户本身难以维持经营。涉案微信群控产品严重干扰破坏微信平台生态环境和正常运营，恶化微信用户的正常使用体验，降低用户对微信产品的评价，损害了腾讯公司的合法经营利益和商业声誉，违反诚实信用原则和商业道德，扰乱公平竞争的市场秩序，违反《反不正当竞争法》第2条、第12条的规定，构成不正当竞争。

对于本案涉及的赔偿损失的民事责任，法院认为本案属于互联网不正当竞争纠纷，法院综合考虑原告微信服务具有极高的市场知名度，被告云电公司、程硕公司实施不正当竞争行为在主观上为故意，被告利用网站、微博平台等渠道大规模推销被诉群控系统中的微信群控产品，被告售卖的被诉群控系统中的微信群控产品价格较高，被诉不正当竞争行为对原告微信服务带来较大影响与干扰，原告遭受较大的商誉、广告费等损失，被告为经营规模较大的公司实体以及涉案不正当竞争行为属生态型侵权的情形等因素，以被告因涉案不正当竞争行为所获得的利益2682.54万元作为被告赔偿数额。

深圳中院作出一审判决：被告云电公司、程硕公司、宋某、郭某红立即停止侵害腾讯公司合法权益的不正当竞争行为，即立即停止研发、销售、运营和宣传推广被诉酷蜗智能营销宝群控系统中的微信群控产品，并刊登致歉声明，消除影响；云电公司、程硕公司于判决生效之日起十日内连带赔偿腾讯公司经济损失2682.54万元及必要合理维权费用；宋某、郭某红在100万元内承担连带赔偿责任。

一审判决作出后，被告提起上诉，但于上诉期间与原告达成和解协议后撤回上诉，本案一审判决已经生效。

律师评析

利用群控软件刷流量的网络流量造假行为，是近年来互联网市场上集中涌现的新型互联网不正当竞争行为。它采用群控自动化技术批量制造网络流量的商业营销方法，产生虚假流量来降低微信产品的商誉，影响广告主在微信平台投放广告的积极性，还会降低微信用户的用户体验，网络用户还可能被群控系统操控的虚假微信用户及其提供的虚假信息欺骗。技术应当成为公平自由竞争的工具，而非干涉他人正当商业经营的借口。群控技术本身不具有违法性，但却并不妨碍对使用群控技术开发的微信群控产品是否违法性予以认定。

法院应当对群控刷流量等互联网市场上新出现的技术和商业模式是否构成不正当竞争以及如何进行司法规制给予明确指引，确立群控刷流量等新型互联网不正当竞争案件的司法裁判规则。本案通过明确新型互联网不正当竞争行为应当符合的四个认定要素，为日后类似案件适用《反不正当竞争法》及其互联网专条提供了参考，具有指导和借鉴意义。

互联网的发展有赖于自由竞争和技术与商业模式的创新，但是自由竞争应当以不侵犯他人合法权益为边界，不是所有新出现的技术与商业模式都属于创新。为了应对互联网市场上新出现的群控刷流量等行为，确立互联网市场公平竞争规则，为互联网创新划定边界刻不容缓。边界的划定应当以审查其是否为公平竞争制度所保护的创新为重点，即互联网经营者运用技术手段研发新产品、提供新服务参与市场的竞争行为，需查明这种技术手段研发的产品、提供的服务是否正当。在进行司法评判时，不仅要考虑是否为技术上的创新，更重要的是对其作出价值判断和利益衡量，根据法律原则慎重权衡各种利益，确定最为应当予以实现和保护的利益。

该案的典型意义在于规范在微信等互联网平台刷流量行为，确立互联网市场公平竞争规则，从源头上禁止在群控软件上设置刷虚假流量的功能，亮剑互联网刷流量黑灰产业链，有效保护网络环境下的知识产权，优化互联网营商环境。

二、广东小天才诉深圳小天才商标侵权及不正当竞争纠纷案[①][②]

案情聚焦

广东小天才公司成立于2010年3月30日，从成立伊始就经营“小天才”宝贝电脑系列产品，并注册了多个“小天才”商标。由于产品质量优良、价格实惠及大量的广告投入，广东小天才公司的“小天才”品牌早教机、平板电脑、电话手表等产品很快获得了消费者的认可。2018年年底，广东小天才公司发现深圳小天才公司在全国多地以搭建展台的方式销售其生产的学

① 谢湘辉律师，国浩律师（深圳）事务所。

② 一审案号：（2020）粤03民初字20号；二审案号：（2021）粤民终302号，2021年12月生效。

习机，并在展台上突出使用“小天才”字样，导致众多消费者被误导，消费者购买后因产品质量低劣进行了大量电话及网络投诉。广东小天才公司起诉至深圳市中级人民法院，请求法院依法判令深圳小天才公司：（1）立即停止使用“小天才”商标；（2）立即停止使用含有“小天才”字号的企业名称；（3）立即向企业登记主管机关申请办理企业名称变更登记，变更后的企业名称中不得含有“小天才”字样；（4）在相关媒体上发布声明，赔礼道歉；（5）赔偿经济损失400万元及所有维权费用。

在一审审理过程中，为了制止被告通过故意拖延诉讼程序继续进行恶意侵权，广东小天才公司申请了行为保全，申请法院裁定被告立即停止在其展台上突出使用“小天才”或者“小天才科技”标识，立即在其展台或官网上使用企业名称“深圳市小天才电子有限公司”。一审法院在听证后认为：广东小天才公司请求保护的“小天才”商标和包含“小天才”字号的企业名称注册及使用时间早，市场知名度高，商标权利及企业名称权均经过实质性审查，与广东小天才公司及其商品产生了稳定联系，深圳小天才公司的行为可能构成商标侵权及不正当竞争，不采取行为保全措施会使广东小天才公司合法权益受到难以弥补的损害，不采取保全措施对广东小天才公司造成的损害会超过采取行为保全措施对深圳小天才公司造成的损害，采取行为保全措施不会损害社会公共利益，且广东小天才公司已经提供担保，故裁定支持广东小天才公司的行为保全申请。

深圳中院经审理一审判决认定：深圳小天才公司在搭建展台和柜台上单独使用“小天才”标识、“小天才科技欢迎”的字样、“深圳市小天才电子有限公司”的字样构成商标侵权，判令深圳小天才公司不得在搭建的展台或者柜台上使用“小天才”标识、“小天才”字样；关于深圳小天才公司企业名称是否构成不正当竞争行为，一审判决认定：深圳小天才公司成立时间晚于广东小天才公司成立时间，深圳小天才公司虽经当地工商登记机构注册登记，但由于我国企业名称的登记采用各地方政府行政主管部门分级登记的制度，确实不排除不同地区经营者先后善意登记相同字号的情况，但登记主管部门对企业字号登记，并非对该企业字号的登记、使用是否属于不正当竞争行为的最终认定，即便是经核准登记的企业，也不能侵害他人在先的合法权益。深圳小天才公司与广东小天才公司同属广东地区、经营范围相同，消费者习惯以“小天才”指代广东小天才字号或者广东小天才产品，深圳小天才公司知道或应当知道广东小天才公司登记在先并具有较大知名度，深圳小天才公司使用“小天才”作为企业的名称字号，并在淘宝店铺、官网、微信公众号上均使用该名称销售学习机、家教机的行为，意图引人误认深圳小天才公司的产品是广东小天才公司的产品或深圳小天才与广东小天才存在特定联系，难言善意，判决深圳小天才公司在判决生效后十日内向登记主管机关申请办理企业名称变更登记，变更后的企业名称不得含有“小天才”字样；关于侵权赔偿，一审判决综合考虑广东小天才公司的商标及字号的知名度、深圳小天才公司的主观过错、侵权行为的性质、情节、广东小天才公司为制止侵权行为所支出的合理费用，一审判决被告赔偿原告济损失400万元及维权费用。

一审判决作出后，深圳小天才公司向广东省高级人民法院提起上诉，二审法院经审理判决驳回上诉，维持原判。

律师评析

本案是一例典型的利用企业名称进行不正当竞争的案例。由于我国企业注册登记制度的局限性，各地企业登记信息尚未实现全国统一检索，且法律并未明文禁止不同行政区划的企业使用相同的字号，许多有意“搭便车”和“傍名牌”的经营者通过注册相同字号的企业名称，并生产销售类似的产品，以此牟取暴利。但这不但侵占了知名企业的市场份额，而且有损知名企业的声誉，同时严重侵犯了消费者的利益，也破坏了正常的市场经营秩序和管理秩序。

深圳小天才公司抗辩其为依法注册的企业，主张其在产品上和官网上使用企业名称为合理使用，且认为其注册深圳小天才时广东小天才不具有较高知名度，表明其没有恶意，合法注册的企业名称不应该更名。对此，原告代理律师做了大量的证据收集工作，证明“小天才”商标注册使用时间、产品生产规模、销售地区和销售范围、销售额和利润，以及广告投入和产品知名度等方面的证据，最终成功说服了一审法院，广东小天才公司的企业名称和“小天才”商标在深圳小天才注册登记之时已经具有较高的知名度，且双方都在广东省，属同一地区，在此情况下，被告注册深圳小天才的企业名称，且生产相同和类似产品，难言善意。

在侵权事实的举证方面，被告没有在全国设立固定的销售公司和销售网点，而是通过在超市和商业场所门口临时搭建展台的方式进行推广宣传和欺骗推销。由于没有固定场所，工商查处和调查取证难度较大，且被告对原告未经公证的证据都不予认可，即使有公证，被告也否认该行为是其作出或者授权许可的。原告只能通过现场视频、侵权产品的包装及说明书以及消费者的投诉等，形成一个完整的证据链条，锁定被告的侵权行为。本案一审法院在侵权的认定上，认真审查每份证据，最后根据优势证据规则，认定所控侵权行为为被告所为，并认定被告的行为构成侵权及不正当竞争。

在损害赔偿方面，由于深圳小天才公司在行为保全裁定作出后，继续通过搭建展台进行侵权销售，继续在公众号和官网上突出显示侵权标志和“深圳小天才科技”的企业名称，无视保全裁定，恶意十分明显，广东小天才公司请求法院考虑给予惩罚性赔偿。但是，由于被告系流动侵权销售，且不规范经营，原告无法掌握其销售收入情况，亦无法计算其利润，一审法院以惩罚性赔偿的基数无法确定为由不予支持。但由于原告代理人在开庭时申请了一审法院责令被告提供全部销售证据和财务账册，被告拒不提供，一审法院以此认定深圳小天才公司掌握证据却消极举证，在主观上具有妨碍法院查明侵权获利事实的故意，客观上已经实施妨碍查明深圳小天才公司侵权获利的行为，构成举证妨碍，应承担相应后果。

因此，本案在企业名称不正当竞争的认定和侵权损害赔偿方面，代理律师都充分发挥了主观能动性，从证据的收集、证据的出示、证据的补充和论证方面都表现出了极高的专业水平，有利于案件的公正审理和企业获得有效的知识产权司法保护。

三、福州花前月老婚姻服务有限公司与百合佳缘集团股份有限公司侵害商标权及不正当竞争纠纷案①②

案情聚焦

原告福州花前月老婚姻服务有限公司（以下简称花前月老公司）是987俱乐部、987注册商标的商标注册人并享有上述商标的商标专用权，并是“987交友网”“987婚恋网”等系列婚恋交友网站的主办单位。2019年7月，花前月老公司以被告百合佳缘集团股份有限公司（以下简称百合佳缘公司）使用含有“987”的关键词进行商业推广构成侵害商标权及不正当竞争为由向北京市朝阳区人民法院提起诉讼，要求百合佳缘公司停止侵权、消除影响、赔偿损失等。

一审法院经审理认为，本案的争议焦点有三：（1）涉案推广链接的展示是对“987交友网”等关键词的触发，还是对“交友”“征婚”等通用词汇的触发；（2）涉案被诉侵权行为的性质认定；（3）百合佳缘公司在本案中应当承担的法律责任。

关于第一个争议焦点，一审法院认为，关键词推广结果的展现主要取决于用户搜索词与推广主体设置的关键词与推广创意的相关性、质量度和点击价格设置等因素，当网络用户输入的搜索词与推广主体设置的推广创意中的词汇相同或意思近似时，该创意中相应的词汇就会以红色字体突出显示。而百合佳缘公司在本案诉讼发生前确实曾在百度搜索中添加“987征婚网”“987交友”关键词，在360搜索中添加“987婚恋网”“987征婚网”关键词，在搜狗搜索中添加“987交友网”“987征婚网”“987婚恋网”“987相亲网”关键词。虽然推广展现结果取决要素具有复杂性，但是不能排除涉案推广链接的展示与其设置行为的关联性，故涉案推广链接展示结果与百合佳缘公司设置相应关键词具有因果关系。

---

① 朱彦臻律师，北京高文（西安）律师事务所。

② 一审案号：（2019）京0105民初755554号；二审案号：（2021）京73民终955号。

关于第二个争议焦点，一审法院认为，花前月老公司是987俱乐部、987注册商标的商标专用权人。该“987”标识广泛使用于“987交友网”“987征婚网”网站地址栏及广告宣传中，具有一定的知名度；“987交友网”“987婚恋网”中的“交友网”“婚恋网”虽系行业通用词汇，但“987”作为主要识别部分具有知名度，“987交友网”“987婚恋网”其整体应属于受《反不正当竞争法》所保护的服务名称。

百合佳缘公司的被诉行为可以分为两类，一类是链接标题或链接描述中使用了“987”字样，另一类是链接标题或链接描述中均不包含“987”字样。前者侵害了案涉两件注册商标专用权，同时是违反《反不正当竞争法》的擅自使用他人有一定影响的服务名称的混淆行为，但由于二者损害后果具有同一性，在损害赔偿中一并予以考虑。后者不构成商标侵权，但该行为违背了公认的商业道德和诚实信用原则，破坏了正常的市场竞争秩序，不具有正当性，构成《反不正当竞争法》第2条规定的不正当竞争行为。

关于第三个争议焦点，因百合佳缘公司在百度搜索中使用“987征婚网”“987交友”关键词并在推广创意中使用“987”相关标识的行为构成商标侵权，在360搜索中添加“987婚恋网”“987交友网”“987征婚网”关键词，在搜狗搜索中添加“987交友网”“987征婚网”“987婚恋网”“987相亲网”的行为构成不正当竞争，且涉案侵权及不正当竞争行为确实给花前月老公司的正常经营造成不利影响，应当承担相应的停止侵权、消除影响、赔偿损失的法律责任。

百合佳缘公司不服一审判决提起上诉，2021年9月，北京知识产权法院二审判决驳回上诉，维持原判。

律师评析

网络搜索中使用付费的关键词以及把关键词用于链接标题或描述中的行为构成商标侵权或不正当竞争的行为屡见不鲜，本案的特殊性在于对商标侵权和不正当竞争的竞合及区别说理比较清晰，也对商标侵权和不正当竞争竞合的情况是否可以分别赔偿进行了阐释和处理。另外，对搜索引擎商业广告行为的立法规范也值得我们去思考。

1.本案两审判决对搜索引擎中关键词检索链接的行为在商标侵权和单纯不正当竞争之间如何区分确立了一个原则，即确定是否商标侵权在于涉嫌侵权人在设置搜索关键词的同时，在链接标题或描述中也使用了关键词是商标侵权的必要条件，因为只有具备了该条件，被告才具有用相关标识显示其商品或服务来源的目的，该标识才会有表示其商品或服务来源的功能，也才可能造成相关公众对于商品或服务来源的混淆。

2.判决对商标侵权和不正当竞争竞合的情况认为不可以分别赔偿，理由是虽然违反了两个权利，但是为一个侵权行为，两个权利的损害后果具有同一性，所以在损害赔偿中一并予以考虑。

3.搜索引擎的经营活动具有公益性，使用者可以免费使用该引擎搜索相关的信息；同时该引擎也可收费推广相关商家的产品或服务。在首页存在大量广告链接的情况下，甚至有些广告与使用者需要获取的信息关联度不大，这必然影响用户简洁、高效、准确搜索相关信息，甚至也是一种社会效率的降低。是否可以立法规范推送广告链接的行为，使搜索引擎的设置在广告链接和搜索信息的准确性、及时性之间有个平衡，这恐怕是立法者应该首要考虑的问题。

四、北京易车信息科技有限公司与浙江淘宝网络有限公司、淘宝（中国）软件有限公司不正当竞争纠纷案[①][②]

案情聚焦

北京易车信息科技有限公司（以下简称易车公司）在易车App客户端的“URL Scheme”规则中输入了对应淘宝网的协议名称“taobao”，用户下载安装易车App后，使用支付宝、钉钉、UC浏览器、Safari浏览器等访问手机

---

① 张佳佳律师、闵睿律师，贵州贵达律师事务所。

② 一审案号：（2019）浙8601民初1565号；二审案号：（2020）浙01民终8743号，2021年2月判决。

淘宝时，弹出的页面仅显示打开App的提示框，且用户只能选择“打开”或“取消”，用户点击“打开”后页面直接跳转至易车App。

浙江淘宝网络有限公司、淘宝（中国）软件有限公司认为，易车公司通过篡改唤醒协议的技术手段，强制进行应用间跳转，劫持两原告用户流量，谋取不正当商业利益，构成不正当竞争。淘宝公司向杭州铁路运输法院提起诉讼，请求判令：（1）易车公司立即停止劫持流量的不正当竞争行为；（2）易车公司赔偿经济损失及维权费用共100万元。

一审法院经审理认为，易车公司通过自定义唤醒协议的技术手段，在无正当理由的情况下将用户选择淘宝App的应用目标自动导引至其所经营的易车App，且用户只能选择打开易车App或取消。在此种应用目标跳转情景下，用户虽然可以选择取消易车App的应用，但无法再选择应用淘宝App，只能放弃原定应用目标。法院认为，此种应用目标间跳转，就用户而言具有迫使其放弃原定应用目标选择的强制性，就淘宝App而言因此丧失了平等接受消费者选择的可能。易车公司的被诉行为违背了诚信原则和商业道德，具有不正当性。

易车公司不服一审判决，向浙江省杭州市中级人民法院提起上诉。二审法院审理后维持原判。

律师评析

在这个“流量为王”的年代，互联网App之间的流量之争层出不穷，“流量”无疑已经成为互联网竞争中的关键争夺点。可以说，整个互联网行业的不正当竞争都围绕着“流量”而展开，“流量劫持类”纠纷亦成为互联网不正当竞争案件中的高发类型。因此，《反不正当竞争法》中规定的不正当竞争行为的范围也在扩大。

《反不正当竞争法》在2017年修订时增加了第12条“互联网条款”，规定了四类网络经营者不得实施的互联网不正当竞争行为，其中第2款第1项便涉及本案被诉侵权行为，即未经其他经营者同意，在其合法提供的网络产品或者服务中，插入链接、强制进行目标跳转。本案系首例涉及利用手机

App唤醒策略实施流量劫持的网络不正当竞争新类型案件，该判决明确了流量劫持类型的不正当竞争纠纷适用《反不正当竞争法》第12条第2款第1项的条件，即审查具体被控侵权行为是否具备该类型化条款的要件。本案判决秉持正向的网络治理观，有效规制了互联网流量劫持行为，为打造公平有序的互联网竞争秩序提供了司法保障。

五、腾讯公司与上海新茶网络科技有限公司关于洗稿软件的不正当竞争纠纷案①②

案情聚焦

原告腾讯公司开发运营的企鹅号软件和网站，均为内容开放平台，主要是由用户产出优质内容分发到看点快报、QQ看点等腾讯旗下平台。

被告上海新茶网络科技有限公司（以下简称新茶公司）开发“有专自媒体助手”App，该App为其唯一软件产品，该软件通过支持35+家自媒体账号管理，可同时添加500+个账号，具有八大特色功能，简言之为通过“爆文中心”将“30+自媒体平台上的高点击量和阅读量的作品内容”进行聚合；通过“导入编辑”功能将浏览到的作品复制、粘贴到有专自媒体助手软件；通过“智能重写”功能，对复制、粘贴的作品采用包括重写新标题、文章近义词和同义词替换、文章第一段增加摘要、文本内容调整等方式，进行“伪原创”；通过“原创度检测”，对“智能重写”的“伪原创”内容进行原创度检测；通过“一键发布”功能，将文章发布到用户想要发布的自媒体平台上。

腾讯公司就新茶公司的前述行为在深圳市南山区人民法院提起诉讼，请求：（1）新茶公司停止实施不正当竞争行为；（2）新茶公司赔偿腾讯公司经济损失及为维权支出的合理费用490万元。

---

① 史跃律师、卢萍律师，国浩律师（深圳）事务所。

② 一审案号：（2020）粤0305民初19052号；二审案号：（2021）粤03民终26107号，2021年12月27日判决。

法院认为，腾讯公司经过投入大量的技术、资金、人力、服务等经营成本，为其平台上创作者创作的内容以及将这些创作的内容对外分发出去提供了保障。企鹅号内容创作平台具有较高的知名度，其上有众多创作者进行创作，该平台上丰富的创作内容和信息吸引了大量网民进行浏览阅读，从而大大增加了网站的流量，为腾讯公司带来了竞争优势和经济利益。

各大自媒体平台均倡导和要求在平台上进行原创内容创作，抵制和打击内容抄袭，以向网民提供原创和高质量的内容和信息，保障和维护自媒体领域有序的市场竞争秩序。

新茶公司向用户提供的"有专自媒体助手"软件服务，并没有创作出新作品，在本质上是对原作品的变相抄袭，即通常所说的洗稿行为。新茶公司引诱用户针对30+自媒体平台上的热点文章进行聚合、搬运、抄袭和上传，会妨碍、扰乱、破坏腾讯公司运营的企鹅号等自媒体平台的正常经营活动，使企鹅号等自媒体平台的服务质量降低，进而导致网络用户对企鹅号等自媒体平台的用户体验下降、评价降低，对腾讯公司的商誉带来不利影响。新茶公司的行为还扰乱了网络自媒体平台的正常经营秩序，违背了诚实信用原则和公认的商业道德，构成不正当竞争。

南山区人民法院判决新茶公司赔偿腾讯公司经济损失和维权合理开支合计20万元；腾讯公司对赔偿数额不满，向深圳市中级人民法院提起上诉，深圳市中级人民法院审理后，结合腾讯公司企鹅号的知名度、新茶公司的主观恶意、侵权规模和范围、新茶公司据不提供财务数据等因素，改判新茶公司赔偿腾讯公司经济损失及合理费用490万元。

律师评析

随着网络自媒体的发展，各大互联网公司建立相应的平台鼓励各类作品原创，通过高质量的原创作品，权利人获得关注，平台也取得海量用户并借此带动巨大的商业利益。在此背景之下，一些商业或者自然人主体备受诱惑，又不愿意付出对应的劳动和成本，故"洗稿"行业应运而生。

所谓"洗稿"就是对其他人的原创内容进行篡改、删减，使其好像面目全非，但其实最有价值的部分还是抄袭的。早期的洗稿主要借助人工，效率有限。有的商业主体便瞄准“洗稿”需求人群开发洗稿软件，将原来人工调整的部分改由软件进行，从而大大提高了洗稿的效率，降低洗稿成本、增加洗稿收入。

本案被告在软件的推广中介绍如何完成文章的高质量伪原创——重新写标题、文章第一段增加摘要、文本内容的调整。制作高质量伪原创文章的技巧：精简原文，删除多余的废话；整合你自己的想法，使文章更专业；学会选择重要观点以及重新组织文章结构；优质的图文排版以创造良好的浏览环境，提升用户体验——本质就是通过文字表象表达的调整，保留核心内容，实现规模化洗稿。

被告的软件同时对35+家自媒体平台热门文章进行聚合、搬运、洗稿和上传，高效率、大规模的窃取他人辛苦创作的爆款内容，还可以实现在多媒体平台的迅速转发，截取原创作品权利人的关注度，扰乱原文发布平台的用户流量。更长远的危害是将直接损害原创者的创作动力，破坏自媒体平台的创新激励机制和正常市场竞争秩序。

这一判决，从司法角度明确了洗稿软件所提供的服务使用了原创作品，在原创作品的基础上通过洗稿牟利，主观恶意明显，绝非单纯提供软件技术支持，技术中立的抗辩不能成立，属于不正当竞争行为；并通过高额判决给洗稿行业敲响警钟。

笔者认为，本案的意义绝不仅于此。传统的洗稿救济途径是依赖于《著作权法》上的侵权，需要对所涉稿件逐一进行“接触+实质性相似”的判断，一方面，“实质性相似”的判定非常复杂，也存在自由裁量权下的不确定性；另一方面，面对软件的批量洗稿，逐一立案逐一比对显然对权利人和司法机关都极度不利，会消耗大量的人力资源和司法资源。但是，通过对洗稿软件整个模式进行评判，借助《反不正当竞争法》的原则进行维权，就可以解决传统洗稿维权的难题。

结合全国首例人工智能作品侵权案〔（2019）粤0305民初14010号〕，软件写稿和软件洗稿虽然都借助了一定的算法，但二者之所以一个产生权利、另一个侵犯权利，根本区别在于算法应用的目的不同。写稿的目的是通过算法和抓取到的信息进行创作，洗稿的目的是通过算法剽窃他人作品。故技术中立并非使用了技术即可抗辩成功，更为重要的是对技术的应用是否带有原罪，即侵权人的主观状态才是考虑的核心。

六、掌游天下（北京）信息技术股份有限公司诉嘉丰永道（北京）科技股份有限公司侵害计算机软件著作权及不正当竞争纠纷案①②

案情聚焦

“PopStar！”（“消灭星星”）游戏由韩国著作权人白相铉于2009年3月创作、开发完成并发表。掌游天下（北京）信息技术股份有限公司（以下简称掌游天下公司）于2011年10月18日从著作权人处获得“PopStar！”游戏在中国大陆地区的独占性权利，并于2015年2月14日受让取得该游戏的全部著作权，成为该游戏的著作权人。

掌游天下公司自获得授权后即在中国大陆地区发行和运营该游戏。经过多年运营，“PopStar！消灭星星”在中国游戏市场排名靠前，“消灭星星”已成为掌游天下公司的知名游戏特有名称，具有较高的知名度和较大的市场影响力。

嘉丰永道（北京）科技股份有限公司（以下简称永道公司）作为掌游天下公司的同业竞争者，恶意将掌游天下公司在先使用的游戏名称抢注为商标，并在游戏当中使用与掌游天下公司的游戏名称近似甚至相同的名称，存在虚假宣传行为且故意混淆双方游戏，故意攀附掌游天下公司已有的市场知名度，使得掌游天下公司的游戏业绩在榜单上的排名大幅下跌。

掌游天下公司起诉至北京知识产权法院，请求法院依法判令：（1）永道

① 汪明政律师、史茜律师，贵州贵达律师事务所。

② 一审案号：（2017）京73民初444号；二审案号：（2020）最高法知民终1456号，2021年8月生效。

公司立即停止被诉侵权游戏的发行与运营，并消除影响、赔礼道歉；（2）永道公司赔偿经济损失5000万元及合理维权费用。

北京知识产权法院经审理认定：

1.关于是否构成计算机软件著作权侵权，本案证据尚不足以证明被告的行为构成计算机软件著作权侵权。当事人在庭后提交的代理词中表示，对应《著作权法》第3条中的计算机软件作品、美术作品、图形作品等主张，因其未主张构成美术作品或图形作品侵权，且系庭审结束以后提出，该主张不属于软件著作权侵权范畴，不予处理。一审法院对掌游天下公司的计算机软件著作权侵权主张予以驳回。

2.关于是否构成不正当竞争行为，一审法院从如下几个方面进行分析：

首先，掌游天下公司在先使用“消灭星星”名称，该名称具有较高的知名度和较大的市场影响力，该词语在游戏领域本身也具有一定特点，将消除对象指向特定的“星星”，具有较高的形象性，也具备一定的视听冲击力，在之前的相关市场中相比较其他游戏不具备这一特点，采用“星星”“PopStar”这一特有名称是本款游戏区别于其他消除游戏的特征之一。永道公司在其游戏的宣传推广中长期使用“消灭星星”这一知名游戏的特有名称，其行为存在攀附掌游天下公司已有的市场知名度的故意。

其次，永道公司进行虚假宣传，对游戏的描述和称呼使用“官方”“最新版”等词汇，该类词汇很容易让用户联想到其他游戏可能非官方、山寨，只此一家系正版游戏，“最新版”也指代其他款系旧款游戏，会导致用户为尝鲜将掌游天下的“旧款”游戏卸载，安装永道公司的游戏。而在宣传用语中直接使用“PopStar”很容易让消费者误认为其提供的游戏与原告掌游天下公司经营的“PopStar！消灭星星”存在某种关联关系，从而达到贴近掌游天下公司的产品宣传，攀附掌游天下公司的商誉的目的。

最后，永道公司在游戏软件的介绍图片及文字中盗用了掌游天下公司游戏名称和宣传内容，同时在游戏外观及游戏要素上恶意混淆原、被告游戏软件，误导用户。结合被告恶意将原告“消灭星星”名称抢注为商标并进行使用的事实，被告采用捆绑式侵权，全面攀附原告掌游天下公司的产品名称和知名度的主观恶意明显。

3.关于侵权赔偿数额，因本案无法确定权利人因被侵权所受到的实际损失，也无法确定侵权人因侵权所获得的利益。一审判决综合考虑涉案游戏软件的类型、被诉侵权行为的持续时间和侵权情节、永道公司的侵权故意等因素确定赔偿金额。

一审判决：（1）永道公司立即停止涉案不正当竞争行为；（2）永道公司于判决生效之日起十日内，在其官方网站首页显著位置刊登声明，就涉案侵权行为消除影响；（3）永道公司于判决生效之日起十日内，赔偿掌游天下公司经济损失500万元以及诉讼合理支出。

一审判决作出后，掌游天下公司和永道公司均向最高人民法院提起上诉，二审法院经审理判决驳回上诉，维持原判。

律师评析

本案是一起典型的计算机游戏领域的不正当竞争案例。计算机游戏领域的一大特点是，权利人付出的开发成本高、开发时间长，然而侵权行为人的违法成本很低却获利很高，侵权人省去了开发时间，也不需要投入较多开发费，却能获得巨大利益。因此许多经营者意图“傍名牌、搭便车”牟取暴利。这不但会严重侵犯权利人的合法利益，也破坏了正常的市场竞争秩序，同时侵害了消费者的权益。

本案值得注意的是，原告关于被告侵害软件著作权的主张并未得到法院支持，而关于被告构成不正当竞争的主张则得到了法院的支持。人民法院在认定案件事实时，直接引用了在先生效判决所认定的事实，确认原告方对于“消灭星星”这一游戏名称具有合法的在先权利，认定被告使用原告享有在先权利的“消灭星星”名称以及虚假宣传，构成不正当竞争。

在认定赔偿金额时，人民法院认定被告作为同行业经营者，明知自身行为侵害他人在先权利而持续长时间侵权、在持有相关证据时拒不按照人民法院的要求提交构成举证妨碍，通过抢注商标、擅自使用原告游戏名称、虚假宣传、盗用原告宣传内容、混淆游戏外观及各项游戏要素等方式全面攀附原告的产品名称和知名度，侵权成本低获利大。因此虽然原告所主张的损失计算依据不足，法院仍在法律规定的酌定范围内给予被告最高数额的判赔，充分表明了法院对于被告违法行为的否定的态度。

这一判决给广大市场经营者以下启示：

第一，对自身产品或者服务要尽量从名称权、美术作品著作权、软件著作权等多个权利基础出发，构建全方位、多层级的权利体系对侵权人进行阻击，当一个权利基础维权失败时，还可以考虑更换权利基础继续进行维权。

第二，对于产品或者服务的名称，产品的特有包装、装潢等，务必通过公证等合法方式留下在某一时间点进行过使用的相关证明材料，作为自身商誉的佐证。在遭遇侵权时，产品名称、包装、装潢等的使用证据对于成功维权极为重要。

第三，被告的主观态度会严重影响法院确定赔偿金额。本案中，法院认定被告明知其行为违法而长期侵权；在使用名称、抢注商标、混淆外观、虚假宣传等方面全方位侵权；拒不按照法院要求提供证据构成举证妨碍。因而法院认为被告主观恶意明显，遂对被告作出高额判赔。

七、北京快手科技有限公司与北京鹏图助梦科技有限公司①不正当竞争纠纷②

案情聚焦

北京快手科技有限公司（以下简称快手公司）认为北京鹏图助梦科技有限公司（以下简称助梦公司）开发并运营的“水印宝”App中提供的去除“快手”平台短视频水印的服务构成不正当竞争，遂向北京市海淀区人民法院提起诉讼，请求判令：（1）助梦公司在“水印宝”App连续30日刊登声明，就涉案不正当竞争行为消除影响；（2）助梦公司赔偿快手公司经济损失人民币

① 陈东生律师、黎佩琪律师，北京天元（广州）律师事务所。

② 一审案号：（2020）京0108民初9992号，2021年8月生效。

50万元及相应合理开支。

法院认定，涉案水印包括快手图文标识及作者快手号水印，其中快手图文标志起到了标识视频剪辑制作服务提供者系快手公司的作用，可促进吸引快手App用户流量，提升该应用的影响力。作者快手号水印系短视频制作者主体身份的展示，在无相反证据的情形下，可以构成著作权法意义上的作者署名。而快手公司作为快手App的经营者，有权决定涉案水印的标注方式和位置，在无合理理由的情形下，其他经营者不应擅自改变此种标注。故快手公司对涉案视频标注涉案水印属于其经营自主权范畴，可就其他经营者破坏涉案水印的行为提出相应主张。

涉案App去除水印，割裂了快手视频与其生成平台快手App之间的关系，也割裂了快手视频与其作者之间的关系，影响了快手公司为其用户提供具有署名意义的水印自动生成服务。此外，结合现有证据，不能证明涉案App去除水印服务存在正当使用的场景而具有实质性非侵权功能，涉案App系以较低的成本不当寄生于快手公司等其他高成本的视频平台，较大程度上降低了短视频侵权成本，从而鼓励了短视频搬运等侵权行为。且助梦公司在涉案App的应用介绍和开屏界面中均将去视频水印作为涉案App宣传重点的事实，助梦公司显然知晓涉案App将为短视频搬运等侵权行为提供便利，即助梦公司存在主观过错。助梦公司开发并经营的“水印宝”App去除了属于快手公司重要竞争优势的水印，损害了快手公司的竞争力，已构成不正当竞争。

综上，法院认定助梦公司开发运营涉案App中的去除视频水印功能，既侵害了快手公司作为经营者的利益，违反了诚实信用原则和商业道德，亦不存在有利于提升消费者利益或社会公共利益的正当理由，系违反《反不正当竞争法》第12条第2款第4项之行为。法院判决助梦公司就其不正当竞争行为赔偿快手公司经济损失25万元及合理开支。

律师评析

随着国内短视频行业的迅猛发展，与短视频相关的侵权事件也层出不穷，这也是近年来监管部门的治理重点。本案为去除短视频水印不正当竞争纠纷案，当中也涉及诚实信用原则和商业道德。

本案中，海淀区人民法院在综合判断被诉行为是否构成不正当竞争时，以判断行为正当性为核心，综合考虑该行为是否违反了诚实信用原则和商业道德，以及是否对市场竞争秩序、其他经营者的利益造成损害等因素。目前，短视频上普遍附着的水印能作为权利管理信息，体现制作者信息或传播者信息，而助梦公司去除了属于快手公司重要竞争优势的水印，损害了快手公司的竞争力，客观上为短视频搬运这类侵权行为提供了便利。

该案的判决一定程度上遏制了去除水印软件持续侵权的现象，也对搬运短视频者及为其提供帮助者敲响了警钟。在互联网越发普及、传播日益迅速的今天，本案的判决对打击侵权行为，加强对短视频的司法保护，具有积极指导意义。

八、饶小兵与肇庆市华盈体娱科技有限公司、陈某慧关于笔名、头像的不正当竞争纠纷案①②

案情聚焦

原告饶小兵长期以“肥强”为笔名在互联网自媒体上（微信、微博）发表足球体彩评论分析文章，并配以“肥强”漫画头像为图标，该头像以其本人形象为基础创作，与原告本人照片相似度较高。此外，饶小兵自2009年起在新浪微博注册了名为“肥强”的账号，以“肥强”漫画头像为图标；另开设了微信公众号“肥强彩经”，亦以“肥强”漫画头像为图标。饶小兵在搜狐博客、天涯社区发表了多篇足球体彩评论分析文章，在业界享有较高的声誉和知名度。

① 史跃律师、卢萍律师，国浩律师（深圳）事务所。

② 一审案号：（2018）粤0304民初33694号；二审案号：（2020）粤03民终1610号，2021年6月30日判决。

华盈公司是“球探体育”网站和“球探体育比分”App的运营方，网站主营业务是互联网体育信息和体育社区。“球探体育”网站和“球探体育比分”App实行实名注册制度。注册用户可以免费申请成为吧主，负责管理用户、设置用户发帖权限、规范发帖内容及删除不良信息。网站用户发布文章后可以自主设定付费浏览模式或免费浏览模式。用户发帖取得的收益由华盈公司统一纳税后，由用户、吧主和华盈公司按照50%、20%和30%的比例分成。

2017年9月，陈某慧注册成为“球探体育”网站用户，昵称为“肥强彩经”，并配以“肥强”头像漫画作为图标；陈某慧使用“肥强彩经”账号共计发表885篇足球体彩评论分析文章。

原告饶小兵向深圳市福田区人民法院提起诉讼，请求：（1）华盈公司、陈某慧立即停止在其网页使用漫画图像及刊载有“肥强彩经”字样的文章；（2）华盈公司、陈某慧赔偿暂计至2018年5月26日因不正当竞争行为给饶小兵造成的损失（以侵权行为所得利益为准）；（3）华盈公司、陈某慧在其官网及其他有影响力的报刊、网站上向饶小兵赔礼道歉并消除影响；（4）诉讼费由华盈公司、陈某慧承担。

法院认为：饶小兵和陈某慧在竞争市场上从事了营利性活动，就可以界定为经营者；饶小兵与陈某慧在各自网络平台上发布的文章均属于足球体彩评论分析文章，由于文章类别相同，双方具有直接的市场竞争关系，属于同业竞争者。

陈某慧不仅使用了与饶小兵微信公众号同名的昵称“肥强彩经”，还使用了根据饶小兵本人形象设计的漫画头像作为账号图标，具有明显的抄袭故意。互联网经济被称为“注意力经济”和“眼球经济”，陈某慧擅自使用饶小兵笔名“肥强”和漫画头像，足以引起相关公众对文章来源产生混淆和误认，将一部分潜在读者吸引成为陈某慧的用户，从而损害了饶小兵的市场竞争优势，构成不正当竞争。

“球探体育”是主营互联网体育信息和体育社区业务的专业网站，华盈公司作为网站运营方应该对饶小兵的知名度和影响力有所了解，并且，华盈公司参与分配网站注册用户的收入，向网站注册用户提供有偿网络服务，应承担较高的注意义务，对陈某慧使用业内具有一定知名度和影响力的饶小兵笔名“肥强”和漫画头像注册账户应当从严审查，华盈公司未及时发现陈某慧的侵权事实存在主观过错，应对陈某慧的侵权行为承担连带责任。

一审判决华盈公司、陈某慧连带赔偿饶小兵经济损失1094059.77元；华盈公司、陈某慧不服一审判决提起上诉，二审维持构成不正当竞争的侵权认定和华盈公司应承担连带责任的判定，将赔偿金额改判为80万元。

律师评析

互联网时代，自媒体行业蓬勃发展，具有一定知名度的自媒体不仅在行业内颇负盛名，甚至会对整个社会的舆论产生影响。然而，很多自媒体从业者都是个人，如何跳出普通自然人的局限，按照商业逻辑寻求法律的保护或者承担法律责任，一直是备受关注的难题，本案适用新的《反不正当竞争法》，就这一难题给出了非常有价值的解决路径。

首先，本案就如何界定自然人从事自媒体行业的行为构成营利性经营行为，进而认定行为主体属于反不正当竞争法规制的经营者进行了详细论证。经营者是一个广泛的概念，核心要义在于以营利为目的进行商品的生产、销售或提供服务，而非事实上已经获利。因此，通过自媒体提供营利性服务，符合《反不正当竞争法》对经营者的定义，自然人也可以成为经营者，有权依据反不正当竞争法维护自身权益。在判决中，一、二审法院仅就微信公众号这一模式进行了分析，认为微信公众号可以通过关注人数和阅读人数的增加，不断积累用户，通过打赏、广告和引流等方式变现，因此营利性特征明显。笔者认为，这一论述可以更进一步，对于微博、短视频平台、长视频平台、直播平台，只要具有引流的作用，其最终的目的为利用所引流量实现收益，均可以认为是一种经营行为，而无须拘泥于同一平台的经营和获利。如一用户主要通过微信服务号销售商品，通过小红书获得粉丝关注，那该用户在小红书平台上即便没有直接销售，也可以认定为经营者。

其次，本案就自媒体行业中的笔名和头像进行了定性，法院认为笔名和头像在经过长期大量使用后，具有一定的知名度和影响力，与使用人建立了稳定的对应关系，分别属于《反不正当竞争法》第6条保护的“有一定影响的姓名”“标识”。基于此，自然人可以跳出“姓名权”这一传统的民事权利，真正站上商业维权者的高度。“头像”作为一种非典型性的标识，只要能建立对应关系具有一定影响，依然可以受到《反不正当竞争法》的保护，而不拘泥于简单的著作权维权。

再次，本案详细分析了自媒体这一特定行业的竞争优势。互联网经济很大程度上系“注意力经济”和“眼球经济”，以贩卖文章/信息为主要内容的自媒体更是如此。每一个博主都依赖粉丝、依赖关注度获得潜在的利益，粉丝的多少和关注度的高低直接决定着该博主的商业价值，故而“用户即流量”“粉丝即利益”的说法就是互联网经济的特征。利用他人的笔名、头像等标识，将他人的关注者吸引为自己的读者，显然是损人利己，无疑会损害原权利人的权益和市场竞争优势，构成不正当竞争，应当承担侵权责任。

最后，本案就作为网络服务提供者的平台对平台内用户的行为为何不能免责也给出了具有说服力的理由。华盈公司作为一个体育行业的专业网站，开设“球吧”这种更细分项目的专栏，显然其主观上的过错也要站在相对专业的角度，而非一般角色，如普通的搜索网站、门户网站，专业从业者对行业内的知名人士和知名人士的标识（笔名、头像）理应明知或者应知。此外，作为直接参与分配注册用户收益的平台，对用户行为的审查也应当尽到其作为专业从业者应有的合理、审慎的注意义务，而非对用户的假冒行为听之任之。

综上，建议自媒体行业的从业者在自身权益遭受侵害时，可以更勇敢地以经营者身份维护自己的商业价值；专业网站的运营者也应加大对员工的专业培训，深入广泛了解商业信息，加大对用户行为的审查力度，以免遭受牵连，承担法律责任。

九、北京微梦创科网络技术有限公司与北京字节跳动科技有限公司不正当竞争纠纷案①②

案情聚焦

北京字节跳动科技有限公司（以下简称字节跳动公司）发现北京微梦创科网络技术有限公司（以下简称微梦创科公司）在m.weibo.cn网站的robots.txt文件中，仅针对“今日头条”进行限制，阻止“今日头条”的网络机器人（ToutiaoSpider）抓取上述网站中对公众和其他所有网络机器人完全公开并可以自由访问的网站内容。

字节跳动公司认为微梦创科公司的上述行为违反互联网行业公认的商业道德，构成不正当竞争，故而请求法院判令微梦创科公司：（1）立即停止通过robots.txt对其不正当竞争行为；（2）在判决生效之日起三日内，在“新浪微博”网站首页显著位置连续三十天刊登声明，消除影响；（3）赔偿经济损失1亿元及合理支出。

北京知识产权法院审理认为，微梦创科公司在robots协议中以文字宣示方式单方限制字节跳动公司的网络机器人抓取对公众和其他所有网络机器人完全公开的相关网页内容的涉案行为违反了公平竞争、诚实信用原则和互联网行业公认的商业道德，影响了网络用户对“今日头条”客户端的正常使用，且在一定程度上迫使存在相关信息检索需求的网络用户只能通过其他平台获取相关信息，增加了网络用户的选择成本，损害了网络用户的选择权，从而损害了相关网络用户的合法权益。一审判决微梦创科公司立即停止涉案不正当竞争行为，在微博官网刊登声明赔礼道歉，并赔偿字节跳动公司经济损失30万元及制止侵权的合理支出。微梦创科公司不服一审判决，向北京市高级人民法院提起上诉。

二审法院审理认为，《互联网搜索引擎服务自律公约》仅可作为搜索引

① 张佳佳律师、闵睿律师，贵州贵达律师事务所。

② 一审案号：（2017）京73民初2020号；二审案号：（2021）京民终281号，2021年10月判决。

擎服务行业的商业道德，而不能成为互联网行业通行的商业道德，包括字节跳动公司在内的互联网企业对于网站经营者通过robots协议来限制其他网络机器人的抓取行为都是认可和遵守的。因此，通过robots协议对网络机器人进行限制并不当然违背互联网行业的商业道德。在不损害消费者利益、不损害公共利益、不损害竞争秩序的情况下，应当允许网站经营者通过robots协议对其他网络机器人的抓取进行限制，这是网站经营者经营自主权的一种体现，不当然违背互联网行业的商业道德。二审判决撤销一审民事判决，驳回字节跳动公司的诉讼请求。

律师评析

2012年11月1日，在中国互联网协会的牵头下，包括百度、新浪、奇虎360在内的十二家互联网公司已共同签署了《互联网搜索引擎服务自律公约》，在公约第7条承诺“遵循国际通行的行业惯例与商业规则，遵守机器人协议（robots协议）”。可以说，Robots是各个网站的命根子。

在百度在线网络技术（北京）有限公司等与北京奇虎科技有限公司（数据抓取方）不正当竞争纠纷案[①]中，北京市高级人民法院曾以“Robots协议的初衷是为了指引搜索引擎的网络机器人更有效地抓取对网络用户有用的信息，从而更好地促进信息共享，而不应将robots协议作为限制信息流通的工具”为由认定百度公司通过设置Robots协议限制特定主体（如360搜索）可以抓取其网站网页的搜索引擎范围的行为因违反了以《互联网搜索引擎服务自律公约》为代表的商业道德而构成不正当竞争。

然而，时隔九年后，对于被告微梦创科公司同样是在Robots协议中限制特定主体的抓取行为，北京市高级人民法院却作出了截然相反的判决，认为其行为属于经营者经营自主权的一种体现，并未违反商业道德。这是否意味着司法对于“限制数据抓取”行为的态度发生了根本转变呢?

显然不是。正如北京市高级人民法院在本案判决书中提醒的，“本案被

① 参见北京市高级人民法院第（2017）京民终487号民事判决书。

诉行为应被认定为行使企业自主经营权的行为，但这并不意味着对于互联网企业所设置的任何robots协议均能够基于企业自主经营权而当然地认定其具有正当性”，而应“结合robots协议设置方与被限制方所处的经营领域和经营内容，被限制的网络机器人应用场景，robots协议的设置对其他经营者、消费者以及竞争秩序的影响等多种因素进行综合判断”。显然，这一判决不但没有给以后类似纠纷给予明确的指引，反而增加了不确定性，是否妥当值得深思。

十、珠海市小源科技有限公司与北京泰迪熊移动科技有限公司不正当竞争纠纷案[①②]

案情聚焦

珠海市小源科技有限公司（以下简称小源公司）以北京泰迪熊移动科技有限公司（以下简称泰迪熊公司）使用了其编写的短信智能识别模板构成不正当竞争为由向北京知识产权法院提起诉讼，请求法院判令：（1）泰迪熊公司停止使用小源公司编写的涉案智能短信识别模板；（2）泰迪熊公司在其公司官网上刊登声明三十天以消除影响；（3）泰迪熊公司赔偿小源公司经济损失1000万元及支出的维权合理费用。

法院经审理查明：首先，正则表达式是一种对字符串操作的逻辑公式。小源公司为合作厂商提供的“情景短信服务”是将手机用户日常收到的短信按照机票信息提示、话费催缴等情景的不同进行分类采样，并按照正则表达式的规则编写“智能短信识别模板”。用户手机接收短信时，外部其他程序将短信文本与内嵌在手机中的“智能短信识别模板”进行对比，抽取符合“智能短信识别模板”描述规则的短信文本关键字段的信息，最终通过卡片式显示程序在手机中呈现出来，使手机用户能够高效方便、生动、直观地读

① 朱彦臻律师，北京高文（西安）律师事务所。

② 一审案号：（2016）京73民初1151号；二审案号：（2019）京民终567号。

取手机短信息。其次，小源公司编写了智能短信识别模板并与多家公司合作进行商业化应用。最后，泰迪熊公司的智能短信识别模板有10977条与小源公司的完全相同，泰迪熊公司认可但辩称系其自行编写，法院不认可其自行编写的观点。

一审法院认为，现有知识产权专门法仅对部分智力劳动成果予以保护，权利人对智力劳动成果所享有的权利不是与生俱来的，而是以现行法为依据，司法裁判标准也须遵守现行法。虽然泰迪熊公司实施的是一种竞争行为，但其是否属于不正当的竞争行为应以是否违反公认的商业道德为标准，而不应以传统的社会公德、个人道德为标准。泰迪熊公司不具有行为的违法性，也没有违反公认的商业道德，不属于1993年《反不正当竞争法》第2条所规制的不正当竞争行为。如果依据《反不正当竞争法》原则条款禁止泰迪熊公司使用小源公司编写的智能短信识别模板，会对“知识产权专门法与反不正当竞争法的关系”及“反不正当竞争法内部的原则规定与特别规定的关系”产生负面影响，破坏现有法律体系。综上，一审法院判决驳回小源公司的全部诉讼请求，小源公司不服向北京市高级人民法院提起上诉。

二审法院认为，根据当事人上诉主张以及其在一审诉讼程序中的选择，二审争议焦点为泰迪熊公司涉案行为是否受到1993年《反不正当竞争法》第2条规制。1993年《反不正当竞争法》第2条第1款、第2款规定，经营者在市场交易中，应当遵循自愿、平等、公平、诚实信用的原则，遵守公认的商业道德；本法所称的不正当竞争，是指经营者违反本法规定，损害其他经营者的合法权益，扰乱社会经济秩序的行为。上述规定中的“商业道德”，一般是指特定商业领域普遍认知和接受的行为规范。具体案件需要考虑行业规则或者商业惯例、经营者的主观状态、交易相对人的选择意愿、对市场竞争秩序和消费者选择权的影响等因素，综合判断经营者是否违反商业道德。本案中，泰迪熊公司的抄袭行为虽然有违社会公德，但考虑本案智能短信识别编写采用的表达有限，主体信息来源于公有领域，交易相对人的选择是自由的，泰迪熊公司的涉案行为对市场竞争秩序和消费者选择权的影响较小，尚不构成违反公认的商业道德。不能仅因为小源公司存在利益受到损害的情形或者泰迪熊公司的行为具有“不劳而获”的性质，即认定该行为系不正当竞争行为。因此，泰迪熊公司的涉案行为不构成1993年《反不正当竞争法》第2条应予规制的情形。小源公司的相关上诉理由不能成立，法院不予支持。

律师评析

本案一、二审法院都认定了泰迪熊公司大量抄袭小源公司的智能短信识别模板的事实，但都未支持小源公司提出的案涉行为违反《不正当竞争法》原则条款的诉请。一、二审判决关于为什么不能以1993年《反不正当竞争法》第2条予以规制、如何确定是否违反商业道德、不正当竞争原则条款和知识产权专门法的关系等观点值得探讨。

一审法院认为是否属于不正当的竞争行为应以是否违反公认的商业道德为标准，而不应以传统的社会公德、个人道德为标准，继而认为泰迪熊公司的行为虽然具有“不劳而获”的直观表象，但没有违反商业道德，理由是利用没有被反不正当竞争法和知识产权专门法所保护的他人智力劳动成果的行为，不具有行为的违法性。一审法院在这里涉嫌循环论证，在论证是否具有违法性时以商业道德做条件，在论证是否构成违反商业道德时又以是否违法作为条件，并没有说清楚商业道德不同于社会公德、个人道德的原因和商业道德本身的内容。

而且，一审法院以《反不正当竞争法》和知识产权专门法所保护的智力劳动成果作为是否应受到原则性条款保护的条件也值得从逻辑上探讨，因为从不正当竞争的角度，原则性条款保护的恰恰是具体条款没有规定的情形，而且《反不正当竞争法》保护的权利更多的是其他知识产权专门法没有规定的权利，而不是对其他已规定权利的重复或加强。

一审法院认为如果对小源公司的请求予以支持可能破坏现有法律体系，并给出了三点理由，但笔者认为该观点也值得商榷。

第一点理由认为，如果对智能短信识别模板保护并且没有保护条件要求，亦没有明确的可以预期的保护范围，不需要再满足其他条件就能够免费获得无期限的独占保护，其保护力度甚至强于知识产权专门法，这种保护与现有的立法政策相抵触。笔者认为，没有保护条件的观点是错误的或至少是模糊的，本案中其他条件已经审查且满足，比如，抄袭模板若是条件已被认定，违反一般道德若是条件也已被认定，违反商业道德如果也是条件的话，只是法院认为没有满足，所以不存在一审法院所说的没有条件的情况；保护范围根据本案审理的情况倒是可以借鉴《著作权法》，法院已经认定本案的涉嫌侵权行为是抄袭；对于权利的获取是否收费问题，反不正当竞争保护的权利本身都是免费的，著作权保护的权利也是免费的，所以免费不会与立法政策相抵触；法律对商业秘密、特有的包装装潢、企业名称等反不正当竞争保护的权利都是无期限保护，所以无期限不应作为否定本案权利的理由；知识产权除商业秘密外基本都具有独占性，所以独占性也不应作为否定本案权利的理由。

第二点理由认为，如果以原则条款禁止泰迪熊公司使用，其保护门槛将远低于商业秘密保护的要求，这是极不公平的，商业秘密保护制度从此将形同虚设，破坏原有的反不正当竞争法体系。该观点最大的问题在于没有法律依据和逻辑不成立，首先法律没有规定一个可以用商业秘密保护的权利在不符合商业秘密三性的要求时不能以原则性条款来保护；其次从逻辑上来讲，所有法律上的权利是否成立应该以该权利本身法律规定的条件来判断，而不应以是否满足其他权利的条件来判断。

第三点理由认为，不适用原则条款为小源公司提供保护也并非不公平，理由是小源公司可以通过采取保密措施获得相应的保护，并且智能短信识别模板已经为其带来了占先的交易机会。笔者认为，实践中有大量知识产权侵权行为具备法律竞合的情况，当权利人以一种法律权利维权时，法院就应当以是否满足该权利为唯一的考量因素，而且在另一权利明显已经不存在时，还称因能以另一权利维权所以法院不支持对该权利的保护是公平的，该逻辑不成立；另外，创造者一般都能够获得其创造的产品或服务所带来的占先的交易机会，知识产权恰恰是在此占先交易机会外要给创造者以独占权，认为不享有独占权而享有了占先的交易机会就是公平的观点违背了知识产权的根本制度和政策。

最后，笔者认为涉案的智能短信识别模板是否可以受《著作权法》保护也是值得思考的问题。从判决中可以看出该涉案的智能短信识别模板具有著作权的一些特征，比如是人用符号编写并表达的、每一条模板由数十个自然行组成等。因此，不排除将来可能从著作权角度主张权利获得保护。

重点关注

一、中央全面深化改革委员会第二十一次会议强调深入推进公平竞争政策实施[①]

事件回放

2021年8月30日下午，中共中央总书记、国家主席、中央军委主席、中央全面深化改革委员会主任习近平主持召开中央全面深化改革委员会第二十一次会议，审议通过了《关于强化反垄断深入推进公平竞争政策实施的意见》。[②]

习近平在主持会议时强调，强化反垄断、深入推进公平竞争政策实施，是完善社会主义市场经济体制的内在要求。要从构建新发展格局、推动高质量发展、促进共同富裕的战略高度出发，促进形成公平竞争的市场环境，为各类市场主体特别是中小企业创造广阔的发展空间，更好保护消费者权益。

会议强调：

要统筹发展和安全、效率和公平、活力和秩序、国内和国际，坚持监管规范和促进发展两手并重、两手都要硬，明确规则，划出底线，设置好“红绿灯”，引导督促企业服从党的领导，服从和服务于经济社会发展大局，鼓励支持企业在促进科技进步、繁荣市场经济、便利人民生活、参与国际竞争

---

① 汪明政律师、史茜律师，贵州贵达律师事务所。

② 新华社：《习近平主持召开中央全面深化改革委员会会议：加强反垄断反不正当竞争监管力度 完善物资储备体制机制 深入打好污染防治攻坚战》，载中国政府网，http://www.gov.cn/xinwen/2021-08/30/content_5634220.htm。

中发挥积极作用。

要加快健全市场准入制度、公平竞争审查机制、数字经济公平竞争监管制度、预防和制止滥用行政权力排除限制竞争制度等。

要坚持“两个毫不动摇”，推动形成大中小企业良性互动、协同发展良好格局。

要加强竞争法律制度和政策宣传培训，强化企业公平竞争意识，引导全社会形成崇尚、保护和促进公平竞争的市场环境。

要加快建立全方位、多层次、立体化监管体系，实现事前事中事后全链条全领域监管，堵塞监管漏洞，提高监管效能。

要加大监管执法力度，加强平台经济、科技创新、信息安全、民生保障等重点领域执法司法。要完善反垄断体制机制，充实反垄断监管力量。

律师评析

市场经济越发展，公平竞争的重要性就越凸显。近年来，随着经济全球化和数字经济的快速发展，各国特别是发达市场经济国家都高度重视公平竞争政策实施和竞争监管。

针对近期我国平台经济领域的部分头部企业实施的“二选一”“大数据杀熟”“掐尖式并购”等野蛮生长、无序扩张、限制竞争行为，国家相关部门积极作为，及时依法查处有关平台企业垄断和不正当竞争行为，表明了国家对构建公平竞争市场秩序的决心。

中央全面深化改革委员会第二十一次会议着重强调深入推进公平竞争政策实施并审议通过《关于强化反垄断深入推进公平竞争政策实施的意见》，体现了国家最高领导层对于构建公平竞争市场秩序的高度重视，该次会议所做出的部署必将导致以下领域的重大调整，包括：

一是必将进一步推动我国公平竞争领域相关法律法规的修改完善。不断健全市场准入制度、公平竞争审查机制、数字经济公平竞争监管制度、预防和制止滥用行政权力排除限制竞争制度等，健全公平、透明、可预期的公平竞争治理规则，为市场主体明确规则、划出底线、设置好“红绿灯”。

二是必将推动建立更加完善的全方位、多层次、立体化监管体系，进一步提升监管效能，增强监管前瞻性、针对性、有效性。

三是必将推动相关执法部门进一步加大反不正当竞争监管执法力度，加强对相关破坏公平竞争秩序行为的查处，构建更加良好的公平竞争市场环境。

二、高屋建瓴，聚焦《知识产权强国建设纲要（2021—2035年）》①

事件回放

2021年9月，中共中央、国务院印发了《知识产权强国建设纲要（2021—2035年）》（以下简称《纲要》）。《纲要》从战略背景出发，从宏观上提出了总体要求，并就建设面向社会主义现代化的知识产权制度、建设支撑国际一流营商环境的知识产权保护体系、建设激励创新发展的知识产权市场运行机制、建设便民利民的知识产权公共服务体系、深度参与全球知识产权治理、加强组织保障几个方面进行了宏观部署。

《纲要》明确提出要构建门类齐全、结构严密、内外协调的法律体系，制定修改强化商业秘密保护方面的法律法规，完善规制知识产权滥用行为的法律制度以及与知识产权相关的反垄断、反不正当竞争等领域立法。

律师评析

《纲要》将完善与知识产权相关的反不正当竞争立法，将其作为“构建门类齐全、结构严密、内外协调的法律体系”的一项重要内容，纳入“建设面向社会主义现代化的知识产权制度”的目标任务之中，并提出“做好专门法律法规之间的衔接，增强法律法规的适用性和统一性”等新要求。

反不正当竞争法与知识产权法（指知识产权专门法，如著作权法、专利法、商标法等，下同）之间的关系，尽管在学理中存在很多争议，但没有争

---

① 谢湘辉律师，国浩律师（深圳）事务所。

议的是在实践中，反不正当竞争法与知识产权法往往同出同进，关系密切，在案件管辖划分、案由划分方面就是典型的例证。

无论是知识产权法还是反不正当竞争法，都是为了促进创新发展、维护公平竞争的市场秩序和诚实信用的市场竞争原则。因此，加强反不正当竞争法治是完善公平竞争制度、推进高标准市场体系建设的重要内容。[①]《纲要》发布前夕，最高人民法院公布了《关于适用〈中华人民共和国反不正当竞争法〉若干问题的解释（征求意见稿）》，国家市场监管总局公布了《禁止网络不正当竞争行为规定（公开征求意见稿）》；《纲要》发布后不久，最高人民法院发布了人民法院反垄断和反不正当竞争十大典型案例。显然，司法机关和行政执法机关也在加快法规的制定节奏，积极响应《纲要》提出的要求。

《纲要》以国家顶层设计的角度，高屋建瓴地对不正当竞争领域立法提出新要求、新期待，也为整个社会公平竞争市场秩序的发展吹来又一股暖风。

三、市监总局开展重点领域反不正当竞争执法专项整治，严厉打击“刷单炒信”[②]

事件回放

2021年1月以来，国家市场监督管理总局在全国范围内开展重点领域反不正当竞争执法专项整治，加大网络不正当竞争行为监管力度，严厉打击组织专业团队、利用网络软文和网络红人以及知名博主，通过直播带货等方式进行“刷单炒信”、虚假宣传等不正当竞争行为。据报道，截至2021年上半年，全国各级市场监管部门共查办不正当竞争案件3128件，罚没金额达2.06亿元。[③]

---

① 孔祥俊：《知识产权强国建设下的反不正当竞争法适用完善——基于行政规章和司法解释征求意见稿的展开》，载《知识产权》2021年第10期。

② 谢湘辉律师、卢萍律师，国浩律师（深圳）事务所。

③ 《2021年度重点领域反不正当竞争执法典型案例——网络虚假宣传篇（第一批）》，https://www.samr.gov.cn/jjj/fbzdjz/202107/t20210716_332752.html，最后访问日期：2022年4月17日

6月以来市场监管总局发布多批典型案例，包括十大行政执法典型案例[①]；2021年度重点领域反不正当竞争执法典型案例——网络虚假宣传篇（第一批）[②]、2021年度重点领域反不正当竞争执法典型案例——网络虚假宣传篇（第二批）[③]、2021年度重点领域反不正当竞争执法典型案例——医美领域不正当竞争篇（第三批）。[④]

案例涉及食品、医药、外贸、物流、通讯、电子商务、网络自媒体、视频软件、医美等多个传统和新兴行业，涵盖了侵犯商业秘密、不正当有奖销售、仿冒混淆、商业诋毁、虚假宣传、刷单炒信、强制目标跳转等多种不正当竞争行为，尤其是对“直播带货”中虚构关注度、流量，雇佣专业团队、“刷手”，虚假交易拍A发B，“寄空包”等方式“刷单炒信”行为进行了曝光。[⑤]

律师评析

近年来，由于网络经济的不断发展，流量带来巨大的经济效益日益显现，于是涌现出大量通过作弊手段来刷流量和刷好评的“刷单炒信”的不正当竞争行为。这不仅严重地扭曲了公平的市场竞争秩序，还严重地欺骗了消费者，误导广大消费者做出不理智甚至是错误的消费行为，损害了公共利益。

市场监督管理局作为行政执法机关，针对这类严重扰乱市场秩序的不正

① 《创新普法方式　强化以案释法　反不正当竞争案例解析活动取得良好效果》，https://www.samr.gov.cn/jjj/fbzdjz/202107/t20210716_332752.html，最后访问日期：2022年4月17日。

② 《2021年度重点领域反不正当竞争执法典型案例——网络虚假宣传篇（第一批）》，https://www.samr.gov.cn/jjj/fbzdjz/202107/t20210716_332752.html，最后访问日期：2022年4月17日。

③ 《市场监管总局发布2021年度重点领域反不正当竞争执法典型案例》，https://www.samr.gov.cn/xw/mtjj/202107/t20210728_333124.html，最后访问日期：2022年4月17日。

④ 《2021年度重点领域反不正当竞争执法典型案例（第三批）——医美领域不正当竞争篇》，https://www.samr.gov.cn/xw/zj/202110/t20211025_336001.html，最后访问日期：2022年4月17日。

⑤ 《反不正当竞争论坛发布十大影响力事件》，https://www.samr.gov.cn/jjj/fbzdjz/202107/t20210716_332751.html，最后访问日期：2022年4月17日。

当竞争行为也在加大行政执法力度，并且在今年罕见的分批次、分行业发布典型案例，通过以案释法的方式，有效发挥典型案例的规则引领作用。

十大行政执法典型案例包括帆拓公司侵犯商业秘密案、某公司傍他人商品包装装潢标识案、上海某公司商业诋毁案、某药企商业贿赂案、杭州市查处新型“网评”刷单炒信系列案、优速物流等公司虚假宣传系列案、优酷公司利用网络强制进行目标跳转不正当竞争案、苏州某光通讯模块商业秘密侵权案、玛氏箭牌糖果（中国）有限公司不正当有奖销售案和成都蜀粹坊食品有限公司仿冒“张飞牛肉”包装、装潢案。这批行政执法典型案例为一批综合性执法案例，涉及行业多、侵权类型多，体现了市场监管部门主动适应新经济、新业态、新模式发展，强化平台经济监管力度，强音回应市场主体的消费需求，有力规范平台经济竞争秩序。

第一批和第二批重点领域反不正当竞争执法典型案例，均针对网络虚假宣传，共涉及六种不同类型的刷单方式，包括：（1）利用“网红效应”虚构评价；（2）组织员工亲友等熟人刷单；（3）雇佣专业团队或“刷手”进行刷单炒信；（4）直播带货中虚构关注度和流量；（5）虚假交易拍A发B；（6）“寄空包”刷单炒信。典型案例不仅曝光了各种类型和层出不穷的刷单行为，也对《反不正当竞争法》第8条第2款在网络虚假交易情景下的适用提供了大量翔实的借鉴指引。

第三批重点领域反不正当竞争典型案例则特意针对了医疗美容行业。医疗美容行业的发展，是人们生活质量提高的标志，有庞大的市场需求。但不可否认的是，这个行业在迅速发展的同时，也出现了许多乱象。一些经营者为了牟取不正当利益，对资质荣誉、产品功效、整形疗效等进行虚假宣传，欺骗、误导消费者。本批案例涉及虚假宣传医生资历、医疗机构资质荣誉，虚假宣传医美产品功效、服务疗效，通过“刷单炒信”、直播等方式虚假宣传等多种行为类型。通过案例曝光，加大以案释法力度，提醒广大消费者，要科学理性消费，切不可盲目跟风，冲动消费。

四、国家市场监管总局对唯品会（中国）有限公司不正当竞争行为处罚300万元[①]

事件回放

据市场监管总局官网消息，2021年1月，市场监管总局依法对唯品会（中国）有限公司不正当竞争行为立案调查，并最终作出了罚款300万元的行政处罚。

经查，2020年8月至12月，唯品会（中国）有限公司为获取竞争优势及交易机会，开发并使用巡检系统，获取同时在本公司和其他公司上架销售的品牌经营者信息，利用供应商平台系统、智能化组网引擎、运营中台等提供的技术手段，通过影响用户选择及限流、屏蔽、商品下架等方式，减少品牌经营者的消费注意、流量和交易机会，限制品牌经营者的销售渠道，妨碍、破坏了品牌经营者及其他经营者合法提供的网络产品和服务正常运行，违背了自愿、平等、公平、诚信原则，扰乱了公平竞争市场秩序，违反了《反不正当竞争法》第12条的规定。

2021年2月8日，市场监管总局依法对唯品会（中国）有限公司作出行政处罚决定，处罚金额300万元。

2021年2月8日，唯品会发布微博称，唯品会对行政处罚决定书载明的违法事实没有异议，接受行政处罚决定，并将进行全面整改。[②]

律师评析

随着互联网经济的发展，我国互联网经营者的野蛮生长、无序扩张现象愈演愈烈，各种不正当竞争行为集中爆发。平台经济领域的部分头部企业实施“二选一”“大数据杀熟”“掐尖式并购”等限制竞争，部分社区团

---

① 汪明政律师、史茜律师，贵州贵达律师事务所。

② 《市场监管总局对唯品会（中国）有限公司不正当竞争行为作出行政处罚》，https://www.samr.gov.cn/jjj/sjdt/gzdt/202102/t20210218_326124.html/，最后访问日期：2022年4月17日。

购企业利用资金优势，对以“米袋子”“菜篮子”为主的基本民生商品大量开展价格补贴，扰乱市场价格秩序。互联网平台经营者的这些违法行为已经引起市场监管部门的注意，并被市场监管部门及时给予了相应的行政处罚。

此次唯品会（中国）有限公司为获取竞争优势及交易机会，利用各种技术手段，减少某些品牌经营者的消费注意、流量和交易机会，限制某些品牌经营者的销售渠道，妨碍、破坏了某些品牌经营者及其他经营者合法提供的网络产品和服务正常运行。唯品会（中国）有限公司的上述行为，违反了《反不正当竞争法》第12条“经营者不得利用技术手段，通过影响用户选择或者其他方式，实施下列妨碍、破坏其他经营者合法提供的网络产品或者服务正常运行的行为”的规定。

市场监管总局依据《反不正当竞争法》第24条之规定，对唯品会（中国）有限公司作出300万元的行政处罚决定。该处罚金额是法律规定的行政机关可以给予的最高处罚金额，体现了此次市场监管总局处罚的严厉性，展示了市场监管总局对保障互联网经济在法治轨道上健康运行的决心。

互联网平台的不正当竞争和垄断行为已经引起国家最高决策层的高度注意，并在中央全面深化改革委员会第二十一次会议上就构建公平竞争市场秩序做出相关部署，这些部署必将进一步加强我国在公平竞争方面的立法、监管、执法力度。互联网平台经济野蛮生长、无序扩张的时代已经结束。

市场监管总局针对互联网平台的不正当竞争行为所作出的一系列行政处罚决定，无疑在不断提示互联网平台经营者，必须加强自身合规性建设，确保自身经营活动在法治轨道上运行，不得破坏公平有序的市场竞争环境。继续过去野蛮生长、无序扩张的经营方式不但会得到执法部门的否定评价，最终必然会损害自身商誉、失去消费者的信任。

五、全国首例智能手机截屏不正当竞争纠纷案[①]

事件回放

杭州互联网法院于2021年3月公开审理了原告OPPO公司、欢太公司与被告宁波某科技公司不正当竞争纠纷案，并当庭宣判，判决被告赔偿原告300万元。[②]

OPPO公司是OPPO品牌手机的制造商以及Color OS手机操作系统的著作权人和所有权人，欢太公司是OPPO品牌手机中移动互联网业务的经营者，宁波某科技公司是“嗨来电”移动应用程序的开发者和经营者。两原告认为宁波某科技公司开发“嗨来电”App，恶意利用技术手段，通过实施在OPPO手机锁屏功能前和锁屏功能后弹出仿信息流页面和广告干扰性弹窗，或在用户关闭移动应用程序后弹出干扰性广告弹窗等一系列行为，妨碍和破坏了两原告合法提供的网络产品和服务。同时，宁波某科技公司模仿OPPO手机的“锁屏”产品功能，以“右滑解锁”“关闭锁屏”等设计，使用户误以为这是OPPO手机提供的锁屏服务或者误以为该界面与OPPO手机存在特定联系，实施了混淆行为。

一审法院经审理认为：被诉行为涉及OPPO智能手机操作系统中的“锁屏”“桌面”“应用进程管理”“来电”和“wifi”五项功能，OPPO智能手机用户操作上述五项功能时，“嗨来电”App通过直接弹出“全屏广告信息流弹窗页面”或“半屏纯广告弹窗”。这不仅直接以弹屏广告的形式替代了OPPO智能手机上述五项功能界面，且导致该五项手机功能效果全部失效，致使用户需要更多更长的操作路径方能重新进入系统或者亟需关闭应用程序。上述烦琐步骤也极大占用用户的注意力，提升了操作难度，降低用户手机功能体验。因此，被诉行为构成对OPPO智能手机系统中的“锁屏”

---

① 史跃律师、卢萍律师，国浩律师（深圳）事务所。

② 一审案号：（2020）浙8601民初798号；二审案号：（2021）浙01民终4231号，已调解结案。

“桌面”“应用进程管理”“来电”和“wifi”五项功能的妨碍。从被诉行为的手段来看，宁波某科技公司存在利用技术手段妨碍OPPO手机正常运行的行为；从被诉行为目的来看，宁波某科技公司的目的在于通过OPPO手机功能获取商业利益；从被诉行为后果来看，宁波某科技公司在获得商业利益的同时损害了两原告的合法权益，且违背了公认的行业惯例及商业道德，实质性替代了OPPO手机操作系统所带来的竞争优势和商业利益，扰乱了正常的竞争秩序，属于典型的搭便车的损人利己行为，构成不正当竞争。

律师评析

该案系全国首例智能手机劫屏不正当竞争纠纷，也是《反不正当竞争法》第12条即互联网专条的适用上的一次突破，将该条文从文本变为现实。

智能手机已经成为大众生活必备，手机厂商投入大量成本开发有竞争力的手机终端硬件、操作系统及功能，并提供和运营基于手机的互联网增值服务平台，案涉“硬件+系统（功能）+平台”的产品模式已成为智能手机行业通用的商业模式。被告的行为确实实质性替代了OPPO手机操作系统的原有功能和功能所带来的竞争优势和商业利益，影响了用户体验，损害了原告的合法权益。

该案对《反不正当竞争法》第12条即互联网专条的适用，尤其是兜底条款的适用进行了详细分析说理。判决认为，首先，被诉行为系利用技术手段干扰他人网络产品或服务正常运行的行为，这种技术手段本身并不要求非法，只要是以技术手段实施的，均属于法律规定的“技术手段”的调整范围；其次，《反不正当竞争法》保护的法益因被诉行为受到实际损害；最后，被诉行为需具有不正当性，这种不正当性可以表现为违反公认的行业惯例及商业道德。该判决给今后类似手机劫屏不正当竞争案件的代理提供了很好的指导。

六、直播场控软件公司批量“刷粉”，虚造“金牌主播”①

事件回放

原告北京快手科技有限公司（以下简称快手公司）与被告某软件服务公司不正当竞争纠纷案经杭州互联网法院审理后作出判决。

被告系一款直播场控软件的服务提供者，其提供的直播场控软件服务能够集中控制大量手机，批量使用快手账号对指定直播间进行点赞、送礼物、评论、关注等操作。使用该软件的主播可以人为操纵直播间中的“粉丝”，从而制造出虚假的热度和人气。快手公司认为，被告行为侵害了消费者的知情权和选择权，危害公共利益，构成不正当竞争，故请求法院判令被告立即停止不正当竞争行为，立即注销其为实现增加虚假人气侵权行为所使用的全部相关快手账号，并赔偿损失400余万元。

杭州互联网法院经审理认为，快手公司通过运营快手软件获取用户访问量、点赞数、评论数等数据，形成用户对快手软件和产品的使用时间和黏性，聚集用户流量并通过流量变现获益等，均属于快手公司取得的竞争优势，此类商业利益应当受到法律保护。

被告利用被诉侵权软件帮助快手主播对其直播关注数、粉丝数、点赞量及评论次数等进行虚假宣传，使消费者受到明显误导，对虚构数据及用户评价产生错误认知，影响快手平台数据真实性，破坏快手平台直播间算法评价推荐体系以及快手软件所打造的真实、诚信的互动生态系统，损害其他经营者和消费者的合法权益，扰乱市场竞争秩序，其行为构成不正当竞争，判决责令其停止不正当竞争行为并赔偿原告经济损失100万元。②

律师评析

本案为近年新涌出的“利用群控软件刷流量”的新型互联网不正当竞争

---

① 张佳佳律师、闵睿律师，贵州贵达律师事务所。

② 《快手状告一直播场控软件公司批量“刷粉”虚造“金牌主播” 后者被判构成不正当竞争赔偿100万元》，https://baijiahao.baidu.com/s?id=1714849063174694007&wfr=spider&for=pc，最后访问日期：2022年4月17日。

行为。互联网的发展有赖于技术与商业模式的创新，但不是所有新出现的技术与商业模式都属于创新，任何人都不能以自由竞争和创新为名任意干涉他人的技术产品或者服务，实施丛林法则。依据技术中立原则，仅是无法认定涉案竞争行为使用的技术具有违法性，但却并不妨碍对使用该技术开发的相应功能行为是否违法予以认定。技术应当成为公平自由竞争的工具，而非干涉他人正当商业经营的借口，成为进行不正当竞争的工具。群控技术本身不具有违法性，但却并不妨碍对使用群控技术开发的直播场控软件的合法性予以认定。

本案被告通过制造虚假访问量、点赞数、评论数等获利，违背了诚实信用原则，其行为破坏了快手平台直播间算法评价推荐体系以及其打造的真实、诚信的互动生态系统，增加了平台治理难度和治理成本，误导了其他市场主体和消费者，扰乱了市场竞争秩序，具有不正当性和违法性，应当受到反不正当竞争法的规制。

七、沃尔玛山姆会员店App默认五星好评，被罚30万元①

事件回放

2020年10月13日至2021年5月17日，当事人利用山姆会员商店App线上销售商品，在“我的评价”中，用户未及时对真实交易的商品作出主动评价时，App后台系统则会自动默认五星好评，并将默认五星好评自动计算在好评率里进行展示。

广东省市场监管局认为，此举存在对商品的用户评价作虚假的商业宣传，欺骗、误导了消费者。当事人上述行为，违反了《反不正当竞争法》第8条第1款的规定，依据《反不正当竞争法》第20条第1款的规定，执法机关责令其停止违法行为，处罚款30万元。

广东省市场监管局解释称，“默认好评”并非真实用户评价，虚假的好

① 史跃律师、卢萍律师，国浩律师（深圳）事务所。

评率数据是对既有消费评价的曲解，并将对潜在消费者形成明显的误导，构成虚假宣传。

律师评析

这是全国首例因默认好评被认定为虚假宣传受处罚的案例。在广大消费者的日常网购经验中，购买商品后经常会被“默认好评”，这种广泛存在的默认行为是否合理合法，深圳市市场监督管理局首次给出了明确答案。

根据《反不正当竞争法》第8条第1款的规定：“经营者不得对其商品的性能、功能、质量、销售状况、用户评价、曾获荣誉等作虚假或者引人误解的商业宣传，欺骗、误导消费者。”山姆会员店默认好评的行为，本质是替代用户作出评价，并非用户的真实感受；同时，也会因默认好评提高好评率，使消费者对商品或服务质量的认知被严重误导。

不得不说，近些年，“注水好评”现象越发凸显，消费者在接收快递包裹或是外卖点单时，常收到“好评返现”“赢取红包”等小卡片，商家为了换取好评，以返利优惠等形式，企图让消费者刷取虚假评论。不仅如此，好评刷单甚至成为一门行业，一方面，导致商家不顾商品和服务本身的质量，而是花费大量财力物力人力营造好评形象，形成“网红”效应；另一方面，消费者对商品和服务的认知却遭到严重误导。深圳市市场监督管理局对沃尔玛山姆会员店的处罚，有利于督促各平台、商家将评价权真正地交还用户，营造良好的竞争环境。

八、市场监管总局对美团实施“二选一”等垄断行为行政处罚案[①]

事件回放

2021年10月8日，市场监管总局依法对美团作出行政处罚决定，责令其

① 朱彦臻律师，北京高文（西安）律师事务所。

停止“二选一”等违法行为，退还保证金12.89亿元，并处以34.42亿元罚款，同时发出行政指导书，要求美团全面整改。这是市场监管总局在阿里巴巴集团之后又一次重大反垄断执法行动，对于规范平台经济竞争秩序，促进高质量发展具有重要意义。

2021年4月26日，市场监管总局依法对美团实施“二选一”等涉嫌垄断行为立案调查。经查，自2018年以来，当事人滥用其在中国境内网络餐饮外卖平台服务市场的支配地位，阻碍平台内经营者在其他竞争性平台开展经营，排除、限制了相关市场竞争，损害了平台内经营者的合法权益和消费者利益，妨碍了平台经济创新发展，且不具有正当理由，构成《反垄断法》第17条第1款第4项禁止的“没有正当理由，限定交易相对人只能与其进行交易”的滥用市场支配地位行为。根据《反垄断法》第47条、第49条和《行政处罚法》第5条、第32条规定，综合考虑其他因素作出如下处理决定：

1.责令停止违法行为。

（1）不得限制平台内经营者与其他竞争性平台合作。

（2）全额退还违法收取的独家合作保证金1289598329元。

（3）自收到行政处罚决定书之日起十五日内，向决定机关提交改正违法行为情况的报告。

（4）根据《行政处罚法》坚持处罚与教育相结合的原则，决定机关结合本案调查过程中发现的问题，制作《行政指导书》，要求当事人全面整改，依法合规经营。

2.对当事人处以其2020年度中国境内销售额114747995546元3%的罚款，计3442439866元。

对美团的“国市监行指〔2021〕2号”《行政指导书》责令美团：1.全面规范自身竞争行为；2.保护平台各方主体合法权益；3.完善企业内部监督管理制度；4.切实维护平台良好竞争生态。[①]

---

① 《经济日报独家解读美团垄断案：避免平台经济陷入低水平竞争循环》，https://www.samr.gov.cn/xw/mtjj/202110/t20211008_335384.html，最后访问日期：2022年4月17日。

律师评析

我国经过四十多年的改革开放，使市场在资源配置中起决定性作用，市场竞争机制作用不断扩大，公平的市场竞争不断激发市场活力和创新动力。反垄断法旨在保护竞争这一市场机制的核心，提高经济运行效率，维护消费者利益和社会公共利益，促进社会主义市场经济健康发展。

近年来，我国加大互联网平台反垄断监管执法力度，成绩举世瞩目，例如，制定出台《国务院反垄断委员会关于平台经济领域的反垄断指南》、查处阿里巴巴集团“二选一”重大典型垄断案件、对40余起平台企业未依法申报案作出50万元的顶格处罚、强制纠正网络音乐独家版权、依法禁止虎牙斗鱼游戏企业并购案等。此次依法对美团“二选一”垄断案作出处理，是强化平台经济反垄断监管又一重大成就。

平台经济作为一种新的组织形式，以网络为载体，以数据为要素，连接贯通包括消费者在内的众多市场主体，形成生态系统。近年来，我国平台经济快速发展，大量的中小企业伴随平台共同发展。与此同时，平台垄断问题逐渐显现。中小企业相对平台处于弱势，平台企业实施“二选一”等垄断行为严重破坏了市场竞争秩序，破坏公平竞争，平台内中小企业的经营自由受到限制，不仅难以获得更好的发展，甚至可能危及生存。同时，限制竞争行为使平台企业从注重技术进步和商业模式创新转变为注重争夺有限的商家资源，削弱了平台经济自身的创新发展动力。我国平台经济国际竞争力仍有不足，“二选一”等垄断行为，使我国平台经济陷入低水平竞争的循环，而致力于技术创新和提升效率才能获得竞争优势，使不断涌现新的优质平台企业始终成为可能，我国平台经济发展才更有后劲。另外，垄断行为还严重影响消费者的利益，使其无法获得更优质的价格和服务。

我国已成为世界第二大经济体，高质量发展需要实现由“大”到“强”和创新驱动，强烈需求市场的公平竞争。2021年8月30日，中央深化改革委员会审议通过了《关于强化反垄断深入推进公平竞争政策实施的意见》，进一步表明了持续强化反垄断执法的决心和以公平竞争促进高质量发展的行动。

本案作为阿里巴巴集团垄断案后又一例平台经济领域“二选一”行为垄断案，行政处罚决定书分析缜密，说理透彻，在作出行政处罚的同时以行政指导的方式对美团提出依法合规经营的整改要求，体现出其促进平台经济更好更快发展的目的。

九、江苏发布《互联网刷单炒信不正当竞争案件办案指南》净化网络交易环境[①]

事件回放

新修订的《反不正当竞争法》专门增加了打击组织虚假交易行为的法律规定。该规定一经公布，全国市场监管系统及时采取雷霆行动，贯彻落实新法，严厉打击“刷单炒信”行为。

2021年2月5日，江苏省市场监管局制定出台了《江苏省互联网刷单炒信不正当竞争案件办案指南》，进一步加强业务指导，实现从理论到实践、再从实践到理论的飞跃，营造了全面打击“刷单炒信”良好氛围。其中，江苏仅苏州市就查办“刷单炒信”案件79件，无锡市查办一起总计流水约为6.29亿元的“刷单炒信”案件，并依法对当事人作出罚款80万元的行政处罚。强力执法有力震慑了违法分子，净化了网络交易环境。[②]

律师评析

“刷单炒信”是指经营者在利用互联网等信息网络开展经营活动时，通过虚构交易、杜撰用户评价等方式，进行虚假或者引人误解的商业宣传，欺骗、误导消费者。

---

① 陈东生律师、黎佩琪律师，北京天元（广州）律师事务所。

② 《反不正当竞争论坛发布十大影响力事件》，https://www.samr.gov.cn/jjj/fbzdjz/202107/t20210716_332751.html，最后访问日期：2022年4月17日。

近年来，市场上涌现大量刷单组织和为刷单提供虚假物流信息的组织，使得“刷单炒信”呈现出组织化、职业化、规模化、跨地域性等特点，甚至形成互联网“刷单炒信”黑灰产业。“刷单炒信”带来的不利后果是显而易见的，其构成对消费者的欺诈，消费者无法了解到真实的商品和卖家的声誉，直接损害了消费者的利益，扰乱了市场竞争秩序。

该指南立足实际，从案件的特征类型、法规适用等各方面，全过程详细地对查办“刷单炒信”类案件进行了指导，具有较强的针对性、可操作性，有效解决了基层市场监管部门打击“刷单炒信”违法行为缺乏操作规范的执法难题。此次指南的出台为国家规制网络不正当竞争行为，制定相关法律法规提供了重要素材，有力推动了各地查处“刷单炒信”不正当竞争案件，进一步净化了网络市场环境，对网络不法经营者起到了震慑作用。

十、深圳发布全国首例“知识产权行政禁令”①

事件回放

2021年7月，深圳市市场监督管理局龙岗局作出《知识产权行政禁令决定书》，这是全国首例“知识产权行政禁令”。

深圳市市场监管局接受案件后，委托中国（深圳）知识产权保护中心（以下简称深圳知保中心）就涉案产品是否涉嫌侵权出具侵权判定咨询意见。深圳知保中心接受委托后，第一时间组织维权专家分析案情，运用多元技术比对机制，迅速初拟专利侵权判定咨询意见。同时，为确保意见论证充分，深圳知保中心专家联合国家知识产权局专利局专利审查协作广东中心技术专家组成合议组，讨论并完善咨询意见。

深圳市市场监管局方面透露，知识产权行政禁令是为及时制止知识产权侵权行为，加强知识产权保护，打造“人民满意”营商环境，助力经济高质量发展“量身打造”的知识产权行政保护措施。《深圳经济特区知识产权保

① 谢湘辉律师、卢萍律师，国浩律师（深圳）事务所。

护条例》明确规定市场监管部门对有证据证明存在侵权事实的，可以“先行发布禁令”。禁令将在实体争议获解之前，有效防止侵害行为继续，及时维护权利人合法权益。[①]

律师评析

这是全国首例“知识产权行政禁令”，是《深圳经济特区知识产权保护条例》施行后行政禁令制度在实践中的初次探索，为此后行政机关发布禁令提供了操作指引，拓宽了知识产权权利人的维权路径，大大增强了对知识产权的保护力度。

“知识产权禁令”又称“知识产权行为保全措施”，在上述首例“知识产权行政禁令”作出之前，我们所说的“禁令”通常是指诉讼程序中法院采取的行为保全措施，包括诉前行为保全和诉中行为保全。《民事诉讼法》对行为保全作出了总体性的规定。但在知识产权案件中采取行为保全措施主要发生在《最高人民法院关于审查知识产权纠纷行为保全案件适用法律若干问题的规定》颁布之后，因此“知识产权行为禁令”作为一个新生事物在司法实践中经历的时间并不长，且法院在决定是否采取禁令时持较为谨慎的态度，导致成功申请“知识产权行为禁令”的案件凤毛麟角，尤其是诉前行为保全。

《深圳经济特区知识产权保护条例》在现行法律的基础上进行了大胆创新，引入了“知识产权行政禁令”。该条例第28条规定：“权利人或者利害关系人投诉知识产权侵权行为，市主管部门或者其他管理部门对有证据证明存在侵权事实的，可以先行发布禁令，责令涉嫌侵权人立即停止涉嫌侵权行为，并依法处理……涉嫌侵权人对禁令不服的，可以依法申请行政复议或者提请行政诉讼……”可以说，上述规定将权利人申请禁令的时间大大提前，为权利人节省了诉讼的时间及成本，维权效率极大提高。

---

① 参见光明网：《深圳发布全国首例“知识产权行政禁令”》，https://m.gmw.cn/baijia/2021-07/28/1302437229.html，最后访问日期：2022年4月17日。

首例“知识产权行政禁令”的发布，意味着《深圳经济特区知识产权保护条例》中的行政禁令制度真正落地，切实解决了知识产权维权难、维权成本高的问题。值得关注的是，上述行政禁令的发布是建立在深圳知保中心充分论证、多元比对、多方专家参与的基础之上的，既兼顾了对权利人的保护，又最大限度地避免对被投诉方造成不必要的损害，做到了有理有据、不偏不倚，值得点赞。深圳发布全国首例“知识产权行政禁令”，体现了深圳这座创新之城对于知识产权、创新成果保护的决心和力度，也体现了深圳在立法及执法上的先进性，这必将为城市的高质量发展和大湾区的建设注入更强大的力量。

CHAPTER 4

第 4 章
地理标志

地方政府推动地理标志运用及支撑区域品牌发展的建议①

一、新法观察：《地理标志保护和运用“十四五”规划》

为加强地理标志保护工作，贯彻国务院的一系列重要部署，《地理标志保护和运用“十四五”规划》在继承前期工作成果基础上，对“十四五”期间的地理标志工作，就法律制度、地理标志的统一认定、优化审查、标准化体系、理论研究、质量管控、专用标志管理、公共服务、保护与管理，以及品牌建设、特色产业发展推进及跨界融合、运用促进、对外交流，保障措施等方面均作出了任务要求与具体规划。《地理标志保护和运用“十四五”规划》体现了对地理标志制度的协调统一、保护能力、监督管理，以及品牌建设的逐步推进与长远考虑。

随着人类社会的不断发展，对可持续发展的需求显得更加重要，而可持续发展不仅只追求经济的增长，还涉及环境保护和社会公平地共协调共进步。从这一方面来说相互不相关的领域都融合并关联在了一起，例如农业法、质量法等法律包括知识产权法也都关联到了一起。从可持续发展的角度来看，地理标志作为新型知识产权，地理标志与产地的关联性，地理标志与农村农业的可持续发展密切相关，地理标志保护与管理制度对促进区域品牌发展提供了法律支撑与制度保障。

中国在“十三五”时期，对地理标志保护和运用实现了原产地地理标志的集中统一管理，地理标志制度不断完善，修订《商标法》《商标法实施条例》《集体商标、证明商标的注册和管理办法》《国外地理标志产品保护办

---

① 林琼律师，山东智宇律师事务所。

法》(2020年12月2日已废止)《商标审查审理指南》《地理标志专用标志使用管理办法(试行)》等法律法规和指南等。地理标志工作朝着有法可依、有章可循、严格保护的方向持续迈进，地理标志保护国际合作取得重要进展，《中华人民共和国政府与欧洲联盟地理标志保护与合作协定》签署生效。

但地理标志管理、保护和运用工作也面临许多挑战，国家知识产权局《地理标志保护和运用"十四五"规划》的发布，对促进我国现行的三种地理标志制度的进一步协调统一，推进地理标志运用与支撑区域品牌发展有着重要意义。

二、我国现行地理标志保护制度现状和问题

我国地理标志制度始于二十世纪末，最早以商标保护的方式开展，后逐渐形成了工商部门的证明商标和集体商标保护(《商标法》、1994年《集体商标、证明商标注册和管理办法》)、质检部门的地理标志产品保护(1999年《原产地域产品保护规定》)和农业部门的农产品地理标志保护(2008年《农产品地理标志管理办法》)，三种保护系统并行的地理标志保护体制。国家机构改革后，原国家工商总局和原国家质检总局两个渠道的地理标志保护，合并至国家知识产权局统一管理，就形成了当前的两个部门、三种系统的地理标志管理局面。

我国现行的两个部门、三种系统的地理标志保护体制，虽然各有侧重，看似有利于地理标志的保护，但由于相互间保护领域并不完全区别，亦不相互联动、配合、协调，形成有机统一体系，而是相互独立、各自为政，这就造成了我国地理标志管理的混乱及不同保护间的冲突，并引发权利纠纷。

1.重叠保护

由于三种保护制度依据、主体、客体、水平等各不相同，申请者主体为实现最大化保护，在对三种保护制度不尽了解，保护效果认识模糊的情况下，既向国家知识产权局既申请《商标法》保护，又向农业部门申请农产品地理标志产品保护，或者同时向国家知识产权局申请地理标志产品保护，不仅造成申请叠加、重复保护，造成资源浪费、管理混乱，更有甚者会引发保

护冲突与权利纠纷。比如，陕西省铜川市地理标志耀州瓷，2010年9月3日由国家质检总局公告为地理标志，申请人为铜川市耀州区人民政府；2013年8月14日在工商部门注册为证明商标，注册人为铜川市耀州陶瓷协会。又如，2008年7月1日，米脂小米在农业部获得地理标志，申请人为米脂县金颗粒小米专业合作社；2013年12月30日，米脂小米由国家质检总局公告为地理标志，申请人为靖边县人民政府。

2.权利主体冲突——权利冲突

三种保护制度交叉共存，在造成重叠保护的同时，也会造成保护的管理漏洞，致使不同申请主体就同一权利内容向不同的保护系统申请权利，造成权利冲突。同时，不同机构对于侵犯地理标志的救济也不相同，在地理标志保护上容易导致混乱。而实践中亦确实出现了此类典型案件。如“金华火腿”案中原产地保护的原产地名称与已注册的地名商标的冲突等。

3.标准不一

三种制度的各自独立使得其缺乏统一的审核标准，不只造成保护水平的高低，更重要的是难以保证达到地理标志产品应有的统一、特定的技术、质量指标，影响地理标志产品质量的标准化。同一个地理标志产品，不同的申请主体、不同的保护系统申请，就会产生不同的技术质量标准或产品规范，地理标志产品因自然、人文因素而专有的品质、荣誉等就得不到突显、保持与提升，达不到地理标志产品产业发展，促进品牌建设与支撑区域发展的目的。

4.分化保护效果，削弱品牌竞争力

三种制度的各自为政、互不通联，相互交叉、却不互补，加之一些地方政府的地方保护主义，使得地理标志产品的区域化品牌优势难以发挥，无法聚合区域资源，打造地理标志区域大品牌，不仅分化了地理标志产品的保护范围、保护水平与效果，更削弱了资源聚合后的品牌竞争力与影响力。

三、我国地理标志保护制度构建建议

1.建立地理标志专门立法保护模式

从前述地理标志产品保护模式来看，我国的情况与欧洲较为相似，有着较多的地理标志资源，传统知识更是数不胜数，可借鉴欧洲各国的专门立法模式，尝试出台《地理标志保护法》，以“高位阶”法律的形式提升保护力度，使得地理标志资源得到最大化的保护。专门立法模式将地理标志视为一种独立的知识产权，在对地理标志规定和保护时能够依照地理标志的独特属性，从而更好地发挥出地理标志的制度优势。

2. 整合地理标志保护机构，优化地理标志保护机制

以专门立法为基础，优化地理标志保护机制，将地理标志产品保护与农产品的地理标志产品保护作为《商标法》保护中集体商标、证明商标的前置条件，调整前二者的保护范畴；统一地理标志保护机构，设立专门的地理标志协作办公室，受理地理标志产品联动、协调、配合救济等事宜；同时，统一地理标志的认定标准，实现标准化。

如此，专门立法、统一的机构与标准，不仅会减少行政成本，提升地理标志产品品质，提升区域优势与品牌竞争力，也会大大提高地理标志保护的力度。传统知识需要借助地理标志制度获得永久保护、不可转让等优势，建立系统、标准化的地理标志保护制度应成为一种合理的选择。

CHAPTER 5

第5章 专利

新法观察

一、《专利法》

2020年，《专利法》完成第四次修正。修正后的《专利法》自2021年6月1日起施行。如去年对于该法的详细解析，本次修改的内容主要体现在四个方面：第一，加大损害赔偿力度，注重对于专利权的有效保护。此次修改增加了对故意侵权的惩罚性赔偿制度，大幅提高了法定赔偿上限。第二，明确举证责任制度，解决专利权人举证难问题。加入了举证责任转移、证据妨碍等规定。第三，鼓励发明创造，促进专利实施和运用。进一步完善了职务发明相关规定，新增专利开放许可制度。第四，完善专利授权制度，激发社会创新活力。加强对药品专利的保护，同时延长了外观设计专利保护期限。

除上述要点外，《专利法》中的其他亮点也值得关注。例如，引入“局部外观设计”这一概念，与美国、日本等国际知识产权保护体系相衔接；增加了专利申请及行使权利应当遵循的“诚实信用”原则，滥用专利权的行为不被允许，而滥用专利权排除或限制竞争的，更可能被认定为垄断行为；明确了重大专利侵权纠纷的行政处理途径，国务院专利行政部门可以根据专利权人或者利害关系人的请求处理在全国有重大影响的专利侵权纠纷等。

二、《专利法》相关司法解释和其他规范性文件

1. 司法解释发布情况

2021年7月4日，最高人民法院发布了《关于审理申请注册的药品相关

的专利权纠纷民事案件适用法律若干问题的规定》，并于次日生效。该规定与《专利法》新增的药品专利制度相配合，对申请注册药品相关的专利纠纷民事案件的管辖法院、起诉材料、诉权行使方式、行政与司法程序衔接、抗辩事由、诉中保密义务、诉中行为保全、药品上市许可申请人的诉权、送达方式等作了规定，细化了《专利法》中新增的药品专利相关保护制度，为药品专利衔接类案件的审理提供了指引。

2.其他规范性文件发布情况

2021年5月26日，国家知识产权局发布了《重大专利侵权纠纷行政裁决办法》（以下简称《裁决办法》），自2021年6月1日起施行。该办法对《专利法》中新增的第70条第1款[①]作出了具体规定，呼应了国家知识产权局加大专利侵权纠纷行政裁决工作力度的方针，为权利人提供了更加丰富和便捷的维权途径选择。在现有的《专利行政执法办法》有关专利侵权纠纷处理的基础上，《裁决办法》明确了重大专利侵权纠纷的范围，确立了国家知识产权局作为此类案件的受理部门，并规定了包括证据调查、技术鉴定以及技术调查官在内的相关制度，为行政机关落实重大专利侵权纠纷的行政裁决铺平了道路。

2021年7月4日，国家药品监督管理局、国家知识产权局发布了《药品专利纠纷早期解决机制实施办法（试行）》（以下简称《实施办法》），为当事人在相关药品上市评审审批环节提供了相关专利纠纷解决机制。《实施办法》确立了专利信息登记和公开、仿制药专利声明、专利异议与批准等待期、分类审批、市场独占期、上市后救济等制度，同时明确了专利权人或者利害关系人对四类专利声明有异议的，可通过司法途径和行政途径进行救济。

2021年7月5日，国家知识产权局发布《药品专利纠纷早期解决机制行政裁决办法》，共24条，对行政裁决的请求主体、可裁决的药品专利范围、

① 《专利法》第70条第1款规定，国务院专利行政部门可以应专利权人或者利害关系人的请求处理在全国有重大影响的专利侵权纠纷。

与司法途径的协调、行政裁决与无效程序的关系、行政裁决的执行与公开、行政裁决的司法救济以及其他办案程序等内容进行了规定。

2021年11月15日，国家知识产权局发布了修改后的《专利权质押登记办法》，该办法推行以承诺方式办理质押登记手续，减少不予办理登记的情形，压缩了登记审查期限，并优化了登记相关服务。[①]

此外，为积极回应经济科技快速发展对审查规则的诉求，提高专利审查质量和审查效率，国家知识产权局于2020年12月11日对《专利审查指南》进行了修改（见2021年报告），已于2021年1月15日生效。

2022年以来，国家知识产权局进一步发布了《外国专利代理机构在华设立常驻代表机构管理办法》，于2022年1月7日生效。该办法主要规范外国专利代理机构在华常驻代表机构的设立及其业务活动，明确了国家知识产权局和省级人民政府知识产权管理部门对代表机构行使管理权，细化了对外国专利代理机构常驻代表机构的审批、备案等管理制度。该办法的出台为保障外国专利代理机构在华常驻代表机构及其代表的合法权益，优化营商环境，促进专利代理行业高质量发展提供了保障。[②]

典型案例

一、西门子（深圳）磁共振有限公司与国家知识产权局、上海联影医疗科技有限公司专利权无效行政纠纷案[③④]

案情聚焦

上海联影医疗科技有限公司（以下简称联影公司）是专利号ZL201310072

① 国家知识产权局：《专利权质押登记办法》解读，https://www.cnipa.gov.cn/art/2021/11/17/art_66_171450.html，最后访问日期：2022年2月11日。

② 谢冠斌律师，北京市立方律师事务所。

③ 李维朝律师，江苏瑞途律师事务所。

④ 二审案号：（2019）最高法知行终61号。

198X、名称为“平面回波成像序列图像的重建方法”（以下简称涉案专利）的发明专利的专利权人。涉案专利权利要求1记载：一种平面回波成像序列的图像重建方法，其特征在于，包括如下步骤：获取平面回波成像数据Si，并同时采集三条没有经过相位编码的参考回波信号R1、R2、R3，所述三条参考回波信号分别为偶信号、奇信号以及偶信号；通过所述参考回波信号计算出需要对所述平面回波成像数据进行校正的参数；将所述平面回波成像数据沿读出方向进行一维傅里叶变换得变换结果FSi，并用所述校正参数校正FSi，计算出校正后的平面回波成像数据；对校正后的平面回波成像数据沿相位编码方向做一维傅里叶变换得到图像。

西门子（深圳）磁共振有限公司（以下简称西门子公司）向国家知识产权局提起无效宣告请求，国家知识产权局作出维持专利权有效的决定。西门子公司向北京知识产权法院提起行政诉讼，一审判决撤销无效宣告决定，西门子公司、国家知识产权局、联影公司均不服一审判决而提起上诉。

二审法院总结的其中一个争议焦点为：涉案专利权利要求1、2是否具备新颖性，具体为如何解释本专利权利要求1中的“计算”。

关于“计算”一词的解释，西门子公司主张，根据最大合理解释原则，涉案专利权利要求1中的“计算”应解释为本领域技术人员所理解的通常含义，即由已知量算出未知量，而不应限制其具体中间过程。国家知识产权局和联影公司主张，涉案专利权利要求1中的“计算”应解释为不损失相位以及其他信息的直接计算方式。

《最高人民法院关于审理专利授权确权行政案件适用法律若干问题的规定（一）》第2条规定，“人民法院应当以所属技术领域的技术人员在阅读权利要求书、说明书及附图后所理解的通常含义，界定权利要求的用语。权利要求的用语在说明书及附图中有明确定义或者说明的，按照其界定”，二审法院认定，“本案中本专利权利要求1中‘计算’一词的解释，不应当简单以其字面含义为准，而应当以本领域技术人员阅读权利要求书和说明书及附图后的理解为准。即便在适用所谓的最大合理原则解释权利要求时，亦应当在权利要求用语最大含义范围内，以‘合理’解释为出发点和落脚点。结合本专利发明目的、说明书及附图对‘计算’的解释与说明可知，本专利中的‘计算’并不包括所有可能的计算方式，而是有其特定含义”。二审法院从涉案专利说明书出发，首先，认定涉案专利是为克服现有技术的缺陷而提出的，即通过第一个和第二回波信号计算出相位差异，把这些相位差作为校正量来校正采集到的图像数据，并不能有效消除N/2伪影，二维相位校正法消除N/2伪影的效果虽然比较好，但序列采集时间延长，失去了快速成像的优点。也就是说，涉案专利明确排除了两个回波信号计算相位差异因而损失相位信息的计算方法。其次，本领域技术人员通过阅读说明书及附图能够理解，涉案专利的“计算”是不损失相位以及其他信息情况下的直接计算，不应当将“计算”一词根据字面含义进行解释。而对比文件1中的“计算”与涉案专利不同，二审法院据此认定涉案专利权利要求1、2具备新颖性。

二审法院撤销了一审判决，维持了国家知识产权局作出的无效宣告决定。

律师评析

专利权利要求书是对发明人的技术方案的提炼，通过文字圈定保护范围。但是，并非所有的技术方案都能通过语言文字精准地表达，由此导致需要对权利要求进行解释从而确定一个准确的保护范围。

最大合理解释原则是最高人民法院在（2014）行提字第17号案件中确立的，“通常情况下，在专利授权确权程序中，对权利要求的解释采取‘最大合理解释’原则，即基于权利要求的文字记载，结合对说明书的理解，对权利要求作出最广义的合理解释。如果说明书未对权利要求用语的含义作出特别界定，原则上应采取本领域普通技术人员在阅读权利要求书、说明书和附图之后对该术语所能理解的通常含义，尽量避免利用说明书或者审查档案对该术语作不适当的限制，以便对权利要求是否符合授权条件和效力问题作出更清晰的结论，从而促使申请人修改和完善专利申请档案，提高专利授权确权质量”。

无论是（2014）行提字第17号案，还是本案，最大合理解释原则从本意上来说，既突出“大”，又强调“合理”，正如本案所强调的，“在适用所谓的最大合理原则解释权利要求时，亦应当在权利要求用语最大含义范围内，以'合理'解释为出发点和落脚点"。而究竟能解释出多大的范围以及判断如何才是合理的范围，根据内部证据优于外部证据的原则，以本领域技术人员阅读权利要求书和说明书及附图后的理解为准。

本案对专利文本的撰写具有很好的启示，在撰写专利权利要求时，通常考虑获得一个尽可能大的保护范围，为避免专利被宣告无效，要着重考虑权利要求的布局以及说明书是否能够起到足够的支撑作用。

二、徐州中森智能装备有限公司与常州格瑞德园林机械有限公司、宁波昂霖智能装备有限公司侵害发明专利权纠纷案①②

案情聚焦

徐州中森智能装备有限公司（以下简称中森公司）是"电动绿篱机"发明专利（专利号201610201500.0）的专利权人。中森公司认为常州格瑞德园林机械有限公司（以下简称格瑞德公司）未经其许可，擅自生产、销售侵害其发明专利权利要求1的被诉侵权产品"宽带修剪机"构成侵权；宁波昂霖智能装备有限公司（以下简称昂霖公司）为格瑞德公司生产、销售的被诉侵权产品提供零部件，同样侵害其发明专利权。一审法院经审理认定被诉侵权产品落入中森公司涉案专利权利要求1的保护范围，判令格瑞德公司、昂霖公司停止侵害、赔偿损失。

格瑞德公司、昂霖公司均不服，向最高人民法院提起上诉。格瑞德公司、昂霖公司均主张被诉侵权产品未落入涉案专利权利要求保护范围：（1）一审判决在判断本案被诉侵权产品是否构成等同侵权时，未考虑涉案专利要达到的"环保无污染"的技术效果，故错误认定本案被诉侵权产品构成等同侵权；（2）专利权人在专利申请时通过其用语进行了明确排除，不应当再将涉

① 蒋海军律师，江苏瑞途律师事务所。

② 二审案号：（2021）最高法知民终192号。

案专利的驱动方式扩张到“燃油驱动”予以保护；（3）一审法院错误认定被诉侵权产品相关技术特征与涉案专利驱动方式构成等同。

最高人民法院知识产权法庭归纳了二审的争议焦点：被诉侵权产品以燃油发动机作为动力源驱动，是否和权利要求中的驱动方式构成等同。最高人民法院知识产权法庭查明：专利权人在撰写涉案专利权利要求书和说明书时，即已明确知晓现有技术中存在电机驱动和燃油发动机驱动两种方式，且“环保无污染”是本专利相较于现有技术新增的一个技术效果，但专利权人在涉案专利权利要求中仅强调电机驱动，即明确表示涉案专利的驱动方式仅限于电机驱动，而非燃油发动机驱动。从说明书的相关内容可以看出，专利申请人在撰写涉案专利权利要求时，基于对环保效果的追求，专利申请人并不寻求保护以燃油发动机作为动力源的绿篱机技术方案。在判断被诉侵权产品是否落入涉案专利权保护范围时，将燃油发动机驱动与电机驱动认定构成技术特征等同，则不利于专利权利要求公示作用的发挥和社会公众信赖利益的保护。

最终，最高人民法院知识产权法庭认为一审判决对于被诉侵权产品和涉案专利的驱动方式技术特征构成等同的认定结论不当，依法予以纠正。被诉侵权产品不具备涉案专利权利要求1中的“电机”技术特征，故未落入涉案专利权的保护范围，不构成侵权。

律师评析

本案在如何平衡专利权人与社会公众利益方面给出了明确的意见：既要严格保护专利权人的利益，又要维护权利要求书的公示作用和社会公众对专利文件的信赖。

如果专利权人在撰写专利申请文件时已明确地知晓相关技术方案，但并未将其纳入权利要求保护范围之内的，则在侵权诉讼中不得再主张适用等同理论将该技术方案纳入保护范围。确定专利权人在专利申请时是否明确知晓并将特定技术方案纳入专利权保护范围，可结合说明书及附图内容予以认定，并应将说明书及附图作为整体看待，判断的标准是本领域普通技术人员阅读权利要求书与说明书及附图之后的理解。

本案还分析了专利主题名称对于保护范围是否具有限定作用，明确了主体名称限定了技术方案所适用的技术领域。本案涉案专利主题名称为“一种电动绿篱机”，权利要求前序部分亦有关于“电机”驱动的明确记载，“环保无污染”是本专利相较于现有技术新增的一个技术效果，但专利权人在涉案专利权利要求中仅记载电机驱动，即明确表示涉案专利技术方案中的驱动方式仅限于电机驱动，而不包括燃油发动机驱动。

本案进一步揭示了背景技术在确定权利要求保护范围中的作用，本领域普通技术人员正是基于说明书背景技术部分对绿篱机存在电机驱动和燃油发动机驱动两种驱动方式的介绍，来完整理解技术方案。

本案对于指导如何撰写专利文件给出了明确的指引，对于专利撰写质量的提高具有深刻影响。

三、南京圣和药业股份有限公司、国家知识产权局与长沙市华美医药科技有限公司发明专利权无效行政纠纷案①②

案情聚焦

长沙市华美医药科技有限公司（以下简称长沙华美公司）就“左旋奥硝唑在制备抗寄生虫感染的药物中的应用”发明专利〔专利权人为南京圣和药业股份有限公司（以下简称南京圣和公司），专利号为200510083517.2〕提出无效宣告请求，国家知识产权局作出第38074号无效宣告请求审查决定（以下简称被诉决定），维持该专利权有效。长沙华美公司不服，向北京知识产权法院提起诉讼。北京知识产权法院一审行政判决：（1）撤销国家知识产权局作出的被诉决定；（2）国家知识产权局针对长沙华美公司就本专利提出的无效宣告请求重新作出审查决定。南京圣和公司、国家知识产权局均不

① 蒋海军律师，江苏瑞途律师事务所。

② 二审案号：（2020）最高法知行终475号。

服，向最高人民法院提起上诉。

本案的独立权利要求1为："1.左旋奥硝唑在制备抗寄生虫感染的药物中的用途。"在无效程序中，长沙华美公司提交的证据1公开了奥硝唑的外消旋体，权利要求1与证据1的区别技术特征在于：权利要求1中使用的是左旋奥硝唑，而证据1中是奥硝唑的外消旋体。无效决定认为：本领域技术人员在证据1的基础上即使结合本领域的常规知识，也无法预期奥硝唑的中枢毒性与光学异构相关，因而没有动机想到通过选择其中奥硝唑的一个异构体来降低中枢毒性。即使本领域技术人员通过已知技术能够选择奥硝唑的异构体，也不会预期获得的异构体能够解决中枢毒性的问题，认定了权利要求1具备创造性。

一审法院认为在本专利申请日之前，本领域技术人员已知证据1所述奥硝唑具有治疗具体寄生虫的作用，亦知奥硝唑是外消旋体且其只有一个手性中心，包括可方便拆分的具有光学纯的对映体，证据2已经给出了使用奥硝唑的对映体替代奥硝唑应用于抗寄生虫感染的技术启示，而拆分的单一对映体作为一种药物，必然要确证其安全性和有效性，权利要求1所述左旋奥硝唑在抗寄生虫感染的应用并不属于预料不到的技术效果。据此，被诉决定认定权利要求1具备创造性，结论错误，依法应予纠正。

该案上诉到最高人民法院，最高人民法院明确，本案二审争议焦点是：本专利是否具备《专利法》第22条第3款规定的创造性。具体来说，主要包括以下几方面问题：（1）被诉决定确定的本专利实际解决的技术问题是否正确，（2）现有技术是否整体上给出了技术启示；并在最终的判决书中明确："在本专利申请日前，本领域技术人员在证据1、证据2和本领域公知常识的教导下，并没有动机去研究左旋奥硝唑的毒性，并将其单独制药，本专利技术方案对本领域技术人员并非显而易见。国家知识产权局、南京圣和公司关于现有技术并未给出使用左旋奥硝唑降低消旋奥硝唑毒性技术启示的上诉请求具有事实和法律依据，本院予以支持。一审法院未遵守三步法的审查原则，没有从现有技术的整体上判断是否给出技术启示，该项认定有误，本院予以纠正。本专利权利要求1的技术方案相对于证据1、证据2及本领域公知常识的结合具备创造性。”

律师评析

本案一波三折，先是无效决定，而后一审阶段的行政诉讼判决撤销了无效决定，最高人民法院的二审又改正了一审法院的观点，核心就是创造性的判断方法。

本案重申了创造性判断的三步法，首先要确定最接近的现有技术；其次分析要求保护的发明与最接近的现有技术之间存在的区别技术特征，根据该区别技术特征在要求保护的发明中所能达到的技术效果确定发明实际解决的技术问题；最后从上述实际解决的技术问题出发，判断要求保护的发明对本领域技术人员来说是否显而易见。发明实际解决的技术问题，是指为获得更好的技术效果而需对现有技术进行改进的技术任务。在具体确定发明实际解决的技术问题时，应当以本专利与最接近现有技术之间的区别技术特征为基础。

对于手性药物的创造性的具体判定方法，判决书中予以了详细的阐述，基于硝基咪唑类药物已知的构效关系，本领域技术人员为了降低奥硝唑的毒性，通常的研发思路是对其进行咪唑环结构进行改造，尤其侧链上的改造，对手性化合物来说，仅是立体构象不同，其理化性质并没有差别。对于本案而言，奥硝唑的左旋体与右旋体相比，其活性基团都是硝基咪唑，活性基团并不包括手性中心，因此左旋体和右旋体仅仅是化合物的构象不同。将二者拆分后，由于活性基团硝基和侧链的结构均相同，结合硝基咪唑类药物已知的构效关系，本领域技术人员会预期其化学性质和理化性质都相似，而不会想到其活性和/或毒性会有较大的差别，从而确定其创造性。

本案中对于发明解决的技术问题采用了通过专利说明书记载并得到证据支持的技术效果可以作为确定发明实际解决技术问题的参考的观点。这也是回归了发明创造的本质含义，将技术问题—技术方案—技术效果一体化，可以透过文件形式的表象探析本质。本案对于未来药物尤其手性药物创造性的判定给出了明确的启示。

四、天津鸿滨禾盛农业技术开发有限公司、天津绿圣蓬源农业科技开发有限公司与上海丰科生物科技股份有限公司侵害发明专利权纠纷案①②

案情聚焦

上海丰科生物科技股份有限公司（以下简称丰科公司）是专利号为201310030601.2、名称为“纯白色真姬菇菌株”的专利权人。天津鸿滨禾盛农业技术开发有限公司（以下简称鸿滨禾盛公司）、天津绿圣蓬源农业科技开发有限公司（以下简称绿圣蓬源公司）未经许可生产并在北京新发地农产品批发市场销售涉案专利产品，严重侵害了丰科公司的涉案专利权，丰科公司由此向法院提起诉讼。

涉案专利授权公告的权利要求书如下：

1.一种纯白色真姬菇菌株Finc-W-247，其保藏编号是CCTCCNO：M2012378。

丰科公司向申请对被诉侵权产品是否落入涉案专利权利要求的保护范围进行司法鉴定。各方当事人均同意进行鉴定，并确定了鉴定机构。

鉴定机构将鉴定材料，即中国典型培养物保藏中心寄出的涉案专利所要求保护的纯白色真姬菇（保藏编号：CCTCCNO：M2012378）菌丝以及原审法院组织各方当事人一起购买并封存的鸿滨牌白玉菇送往中国工业微生物菌种保藏管理中心，进行基因序列检测。中国工业微生物菌种保藏管理中心出具了一系列检测报告。

将专利要求保护的纯白色真姬菇和被诉侵权产品的对比分析：（1）根据ITSrDNA序列检测结果，二者的ITSrDNA序列均与斑玉蕈Hypsizygusmarmoreus HMB1（HM561968）的ITSrDNA序列相似度达到99.9%；（2）根据特异性975bpDNA片段序列比对，二者特异性975bpDNA片段第1位至第975位序列

① 蒋海军律师，江苏瑞途律师事务所。

② 二审案号：（2020）最高法知民终1602号。

完全相同；（3）根据形态学比对，二者菌盖、菌褶和菌柄的颜色、形状、排列等形态特征基本相同。鉴定组认为，二者属于同种菌株。

一审法院依据该鉴定意见的结论，认定被诉侵权产品与涉案专利保藏的样本属于同一种菌株，故被诉侵权产品已经落入涉案专利权的保护范围。考虑到涉案专利的类型、被诉侵权产品的单价以及绿圣蓬源公司、鸿滨禾盛公司实施侵权行为的情节等因素，一审法院判令绿圣蓬源公司、鸿滨禾盛公司各赔偿丰科公司损失100万元。

鸿滨禾盛公司和绿圣蓬源公司不服一审判决，除认为不侵权外，还认为原审法院确定的赔偿额超出了法定赔偿限额，属于适用法律错误，提出上诉。最高人民法院知识产权法庭就被诉侵权产品是否落入涉案专利权的保护范围这个争议焦点明确了关键问题：（1）被诉侵权产品与专利权利要求1的菌株是否为同一种真姬菇；（2）通过检测975bp片段判断被诉侵权产品是否落入权利要求范围的鉴定方法是否合理。

经过新的质证和辩论，最高人民法院知识产权法庭支持了一审法院的判决，并进行了详细的说明，确定被诉侵权产品落入涉案专利权的保护范围。同时认为一审法院在法定赔偿最高限额以上合理确定赔偿数额，适用法律有误，但确定赔偿总额为200万元基本适当，法院予以确认。

律师评析

本案是关于保藏微生物专利侵权的案件，非常具有典型意义。本案判决厘清了用微生物保藏编号进行限定的权利要求保护范围的认定及侵权判定规则。

首先，本案中对于如何确定专利侵权比对基础进行了分析探讨。本案的一审被告提出鉴定方法应采用全基因测序检测方法，只检测特定基因片段就认定为“同种”实质上扩大了涉案专利权的保护范围。鉴定意见最终鉴定结论表述为被诉侵权产品与涉案专利属于“同种菌株”，鉴定意见除进行形态学的比对外，还对二者进行了ITSrDNA序列检测和特异性片段序列比对，显然这样的检测比对已经大大超出判断二者是否属于“同种”微生物的要求。

本案中，法院意见认为虽然涉案专利权利要求书并没有对所涉菌株作出明确限定，但是微生物领域只需要有保藏号，通过保藏号保持菌株都能获得DNA指令即可。由于另有分支标记专利对鉴定方法进行保护，涉案专利说明书记载的鉴定方法没有必要写入权利要求书中。因此，用涉案专利说明书记载的鉴定方法对被诉侵权产品是否落入涉案专利权的保护范围进行鉴定，并未超出对涉案专利权利要求保护的微生物品种的解释范围。

说明书详细记载了该菌株的形态特征、生物学特性和遗传学特性，还记载了该菌株的ITS序列结构，通过ITS序列结构构建菌株的系统发育树，所述保藏菌株为玉蕈属真姬菇。结合RAPD技术和SCAR分子标记技术，确认了975bp片段为专利菌株的SCAR分子标记。

其次，在关于法定赔偿额之上的数额认定是否予以更正这个问题上，最高人民法院知识产权法庭也予以了明确，适用法律有误，但确定赔偿总额基本适当，不得不说这也是一种进步。本案根据当事人的诉讼请求，结合案件具体情况，综合考虑专利权人的实际损失，侵权人的主观过错、侵权情节等因素，在法定赔偿最高限额以上合理确定赔偿数额。知识产权案件的一个难点就是如何举证证明损失数额，举证难，计算难，这也是导致知产侵权案件频发的原因之一，本案的判决跳出了传统的裁判思维，创造性地适用了法定赔偿数额。

五、国家知识产权局、卡西欧计算机株式会社与深圳光峰科技股份有限公司发明专利权无效行政纠纷案①②

案情聚焦

卡西欧计算机株式会社（以下简称卡西欧会社）是专利号为ZL201010293730.7、名称为“光源装置、投影装置及投影方法”（以下简称涉案专利）的发明专利的专利权人，涉案专利权利要求1记载：一种光源装置，其特征在

① 李维朝律师，江苏瑞途律师事务所。

② 二审案号：（2020）最高法知行终155号。

于具备：光源，在规定的波段发光；光源光发生部件，利用上述光源的发光，以分时的方式发生发光效率不同的多种颜色的光源光；以及光源控制部件，其控制上述光源和上述光源光发生部件的驱动定时，使得由上述光源光发生部件发生的多种颜色的光源光中，将发光效率较高的至少1种颜色的光源光的发光期间设定得比其他颜色的光源光的发光期间短，并且将已把该发光期间设定得较短的颜色的光源光发生时的上述光源的驱动电力设定得比其他颜色的光源光发生时的上述光源的驱动电力大，由上述光源光发生部件发生的多种颜色的光源光循环发生，上述光源光发生部件是具备涂覆了发出规定波段光的荧光体的区域的色轮。

深圳光峰科技股份有限公司（以下简称光峰公司）针对涉案专利向国家知识产权局提起无效宣告请求，国家知识产权局作出了维持专利权有效的决定，光峰公司不服，向北京知识产权法院提起行政诉讼，一审法院判决撤销了无效宣告决定。国家知识产权局、卡西欧会社不服一审判决而提起上诉。

二审法院审理认为，本专利与最接近现有技术之间的区别技术特征的认定，应当建立在充分理解发明和现有技术的技术方案基础上。在此过程中，应该综合考虑权利要求中记载的各部分内容与其在技术方案中所起的作用、解决的技术问题、产生的技术效果的关系，注意技术特征之间的协调配合关系及其与整体技术方案之间的关联性，通过准确把握发明构思，准确界定技术方案各部分内容与发明为解决技术问题采用的发明构思以及产生的技术效果之间的关系，不应机械地将构成整个技术手段中的不同技术特征割裂评述。当技术方案中特定技术手段之间存在紧密联系、通过协同作用共同解决同一技术问题、产生关联技术效果，则在发明与最接近现有技术进行比对时，应当将其作为一个或一组技术特征来整体考虑，才能保证这种通过技术方案中相关部分之间的相互配合作出的技术贡献不会被忽视。

涉案专利权利要求1针对“当激发光照射荧光体的每单位面积的输出超过某一值时，荧光体会处于饱和状态。由此，存在荧光体的发光效率急剧恶化的情况。进而，当为使荧光体不饱和而照射低输出的激发光时，绝对光量会不足，相反地为了充分得到绝对光量而照射高输出的激发光时，荧光体的发光效率会下降”的技术问题，在发明构思上考虑将光源和荧光体组合来共同提高各种颜色光的发光效率，在考虑避免荧光体饱和的同时，也保证绝对光量充足，使得图像尽可能明亮且颜色再现性高。在技术手段上采取“光源控制部件，其控制上述光源和上述光源光发生部件的驱动定时，将发光效率较高的至少1种颜色的光源光的发光期间设定得比其他颜色的光源光的发光期间短”的同时，设定“将已把该发光期间设定得较短的颜色的光源光发生时的上述光源的驱动电力设定得比其他颜色的光源光发生时的上述光源的驱动电力大”，二者在技术方案中通过协调配合、协同发挥作用，共同解决上述荧光体饱和及绝对光量不足的技术问题，产生图像尽可能明亮且颜色再现性高的关联技术效果，应当作为一个或一组技术特征整体予以考虑。

由于相关证据没有公开这一应整体考虑的技术特征，二审法院撤销了一审判决，维持了国家知识产权局作出的无效宣告决定。

律师评析

对于创造性判断，通常采用“三步法”，即首先确定最接近的现有技术；其次将最接近的现有技术与发明的技术方案进行比较，确定发明的区别特征，并根据区别特征来总结发明实际解决的技术问题；最后再判断发明对本领域技术人员来说是否显而易见，即现有技术中是否给出将上述区别特征应用到该最接近的现有技术以解决其存在的技术问题的启示，这种启示会使本领域的技术人员在面对所述技术问题时，有动机改进该最接近的现有技术并获得要求保护的发明。

虽然“三步法”看上去简单易操作，但在个案中经常出现比较大的争议，主要表现在将整个技术方案拆散，将每个技术特征分别与现有技术进行比较，各个击破，从而得出发明的全部技术特征已经分别被现有技术公开，最终认定没有创造性。“三步法”一旦操作不当，则会割裂整个技术方案中各个技术特征之间的联系，忽略了技术方案中相关部分之间的相互配合而作出的技术贡献。正如最高人民法院在本案中所论述的，对于技术方案中存在紧密联系、相互依存、通过协同作用共同解决同一技术问题、产生关联技术效果的技术特征，应当将其作为一个或一组技术特征予以整体考虑，不应机械地将构成整体技术方案中的技术特征割裂评价。

本案纠正了对整体技术特征进行割裂评价的错误，保证这种通过技术方案中相关部分之间的相互配合作出的技术贡献不会被忽视，对于准确认定专利的创造性，有效保护并激励创新具有积极意义。

六、上海环莘电子科技有限公司诉江苏水乡周庄旅游股份有限公司、广东法瑞纳科技有限公司、北京镇边网络科技股份有限公司侵害实用新型专利权纠纷案①②

案情聚焦

2018年2月5日，上海环莘电子科技有限公司（以下简称环莘公司）向国家知识产权局申请了名称为“一种应用于自动租售终端系统的连接手柄”（以下简称涉案专利）的实用新型专利，涉案专利的专利号为ZL201820194071.3，授权公告日为2018年9月4日。环莘公司发现江苏水乡周庄旅游股份有限公司使用的产品涉嫌侵权，被诉侵权产品系北京镇边网络科技股份有限公司向广东法瑞纳科技有限公司（以下简称法瑞纳公司）采购，遂诉至法院。

在涉案专利申请日之前（2017年10月27日），环莘公司与法瑞纳公司签订了《采购合同》，约定了保密协议条款和知识产权归属条款，即甲乙双方应对在讨论、签订、执行本合同过程中所获悉的属于对方的且无法自公开渠道获得的文件及资料（包括公司计划、运营活动、技术信息及其他商业秘密）予以保密；相关知识产权归环莘公司所有。在合同履行过程中，双方就采购产品的设计进行了商讨。

2018年2月4日，法瑞纳公司通过物流公司向环莘公司交付了采购产品，该采购产品的结构与涉案专利相同。

① 李维朝律师，江苏瑞途律师事务所。

② 二审案号：（2020）最高法知民终1568号。

在一审过程中，法瑞纳公司基于2018年2月4日交付的采购产品使用了被诉侵权技术方案的事实，主张现有技术抗辩。一审法院认定，在环莘公司无证据表明其要求法瑞纳公司针对运输中产品采取保密措施的情况下，可以推定被诉侵权技术方案于2018年2月4日相关产品交付承运人运输后即因投入市场而被公开，法瑞纳公司的现有技术抗辩成立。

环莘公司不服一审判决而上诉，在二审过程中，法瑞纳公司提交了须知网网页打印件，证明法瑞纳公司于2017年12月5日在须知网公开了被诉侵权技术方案，并据此主张现有技术抗辩。

二审法院归纳核心争议焦点为：法瑞纳公司主张的现有技术抗辩能否成立，具体为：（1）法瑞纳公司将涉案儿童推车租赁设备交付承运是否导致被诉侵权技术方案为公众所知。（2）法瑞纳公司在须知网公开的文章及图片是否导致被诉侵权技术方案为公众所知。关于第一方面，二审法院认为，一般而言，产品只有进入市场销售环节，才可以推定为公众所知。运输、仓储等过程一般相对封闭，在运输、仓储等过程中，产品并不处于公众可以自由接触或观察的状态，并非公众想获知就能够获知。法瑞纳公司没有证据证明其交付承运的产品处于公众想获知就能够获知其技术内容的状态。关于第二方面，二审法院认为，民事主体从事民事活动，应当遵循诚信原则，同时不得违反法律和公序良俗，这是民法的基本原则。作为一项民事诉讼中的侵权抗辩事由，现有技术抗辩的行使也应遵循上述民法基本原则，被诉侵权人在有关抗辩事由中应当是善意或者无过错的一方，任何人不能因自身违法或不当行为而获得利益。法瑞纳公司在须知网公开被诉侵权技术方案的行为，违反了环莘公司与法瑞纳公司之间的《采购合同》中约定的保密义务，其行为具有违法性和可责难性，基于前述有关民法基本原则，其不能依据该项现有技术主张现有技术抗辩。

二审法院撤销了一审判决，认定法瑞纳公司侵权成立。

律师评析

本案立足民法基本原理，从现有技术抗辩制度的立法本意出发，确立了明确的价值导向，任何人不能基于其违法行为而获益，弘扬了诚实守信的法治精神，与社会主义法治理念相契合。

本案对环莘公司、法瑞纳公司，以及广大企业都有很强的警示作用，为企业合规经营指明了方向。

对于权利人一方来说，应及时申请专利。本案中，从环莘公司与法瑞纳公司的沟通记录可以看到，涉案专利保护的技术方案在2017年11月7日已经完成，并在2017年11月10日就已经完成了产品打样。但是，环莘公司2018年2月5日才申请专利，正是环莘公司没有及时申请专利，导致法瑞纳公司有了可乘之机。二审法院虽然认定法瑞纳公司不能主张现有技术抗辩，构成侵权，但是对于案外人来说，仍然可以基于法瑞纳公司发布在须知网上的信息主张现有技术抗辩，或者将须知网信息作为证据申请宣告涉案专利权无效。也就是说，环莘公司的专利权不稳定，虽然赢得了本案，但依然造成了无法弥补的损失。

对于合同相对方来说，应做好合规经营，遵守合同约定，认真全面地履行合同。很显然，法瑞纳公司没有认真领悟保密义务和知识产权归属条款的深意，相关人员甚至没有认真读过合同条款。

七、台州朗进缝纫机电有限公司诉浙江南邦科技有限公司义乌市华富缝纫机配件商行专利侵权纠纷案①②

案情聚焦

台州安卓缝纫机有限公司是专利号为201620180916.4“一种自动橡筋机”实用新型专利的专利权人，台州安卓缝纫机有限公司将该专利排他许可台州朗进缝纫机电有限公司（以下简称朗进公司）使用，并约定朗进公司在许可期限内有权以其名义对相应的专利侵权行为提起诉讼并获得全部赔偿。朗进

① 蒋海军律师，江苏瑞途律师事务所。

② 二审案号：（2019）最高法知民终369号。

公司诉称浙江南邦科技有限公司（以下简称南邦公司）制造、销售，原审被告义乌市华富缝纫机配件商行（以下简称华富商行）销售的自动橡筋机，落入涉案专利权利要求1、2、7的保护范围，侵害了涉案专利权。一审法院经审理认定被诉侵权产品落入涉案专利的权利要求1、2、7的保护范围。一审判决后，涉案专利的权利人在案外人就涉案专利所提无效宣告程序中，以对“权利要求的进一步限定”的方式修改了原权利要求，将原从属权利要求7的部分技术特征以及原从属权利要求9的全部附加技术特征增加到原独立权利要求1中，形成新的独立权利要求1。该新的权利要求1所限定的技术方案，在涉案专利原权利要求书及说明书之中均无完整记载，且不落入原各从属权利要求的保护范围，但仍落入原独立权利要求1的保护范围。国家知识产权局基于该修改后的权利要求维持涉案专利权有效。

南邦公司向最高人民法院提出上诉，主张在涉案专利的无效宣告程序中，朗进公司主动放弃民事侵权案件中据以主张权利的权利要求（修改前的权利要求1、2、7）且被国家知识产权局所接受的，朗进公司不得在侵害专利权纠纷中再将之纳入专利权保护范围。

最高人民法院经审理认为，专利权人在专利确权程序中，以对“权利要求的进一步限定”的方式修改原权利要求，修改后的权利要求所限定的技术方案不落入原各从属权利要求的保护范围，但仍落入原独立权利要求的保护范围，国家知识产权局基于该修改后的权利要求维持专利权有效的，未经许可实施该修改后权利要求技术方案的行为，亦构成对涉案专利权的侵害，有关侵权实施者应当承担赔偿责任。但是，由于修改后权利要求的技术方案在原专利权利要求书中并未出现过，基于专利权保护与公众信赖利益平衡的考量，对发生在上述维持专利权有效的行政决定的决定日之前的侵权行为，可以酌减赔偿数额。

律师评析

本案涉及行政程序中以进一步限定方式修改权利要求后，修改后的权利要求所限定的技术方案不落入原各从属权利要求的保护范围，对于权利要求修改前的专利侵权行为的认定。

《专利法》将修改权利要求书的具体方式从“一般限于权利要求的删除、合并和技术方案的删除”调整为“一般限于权利要求的删除、技术方案的删除、权利要求的进一步限定、明显错误的修正”。“权利要求的进一步限定”这种修改方式存在，就会出现经过确权程序所确认的修改后的权利要求，在涉案专利原始的专利文本之中并不存在之情形。这样就会出现一种矛盾：社会公众对涉案专利权的保护范围的理解，就不仅是以涉案专利修改前权利要求所确定的保护范围为基础。还要考虑按新的修改原则及方式，合理预期通过修改涉案专利可能获得确认的权利要求所能确定的保护范围，以避免自己实施某一技术方案之时落入涉案专利权的保护范围而侵害涉案专利权。往往就会出现了在专利确权程序中权利人对专利权利要求书的修改在后续专利侵权程序中可能产生对社会公众不公平的情形。

无论是从专利制度之中的“专利公开换保护原则”，还是从“权利人与社会公众之间的利益平衡原则”出发，专利权人充分公开专利信息，社会公众充分信任专利权人公开的该信息，通过对专利信息的公示公信实现专利权人与社会公众之间利益的衡平，从而达到从公开到公信的效果。随着对现有技术和发明创造等理解程度的提高，特别是在侵权纠纷或确权程序中，申请人往往需要根据对发明创造和现有技术的新的理解对权利要求书和说明书进行修正。也正因如此，在专利确权程序之中对专利权的修改方式增加“对权利要求的进一步限定”的这一修改方式，无论是从理论逻辑上还是从实践需求上讲，都有其必然性和必要性。

按照对权利要求作进一步限定的修改方式，在权利要求中补入其他权利要求中记载的一个或者多个技术特征，既可补入从属于同一个独立权利要求的技术特征，也可补入从属于不同的独立权利要求的技术特征。按照“权利要求的进一步限定”的修改方式，在一定程度上是牺牲了专利信息公开的稳定性以图保障其有效性，对专利信息公开的既往公信力有一定程度的减损进而需要弥补。

本案判决正是针对出现的该种情形，考虑到有必要减低或消除“权利要求的进一步限定”的修改方式对专利在先申请制度的价值的贬损以及对专利信息公开的既往公信力的减损。最高人民法院知识产权法庭考虑到专利权人利益和公众利益的平衡，作出了这样的认定：国家知识产权局基于该修改后的权利要求维持专利权有效的，未经许可实施该修改后权利要求技术方案的行为，亦构成对涉案专利权的侵害，有关侵权实施者应当承担赔偿责任，但基于专利权保护与公众信赖利益平衡的考量，对发生在上述维持专利权有效的行政决定的决定日之前的侵权行为，可以酌减赔偿数额。这就解决了现实中的矛盾冲突，给出了明确指引。

八、浙江正邦电子股份有限公司与黄山芯微电子股份有限公司侵害发明专利权纠纷案①②

案情聚焦

黄山芯微电子股份有限公司（以下简称芯微公司）是专利号为ZL201410446710.7、名称为“一种晶闸管芯片的结终端结构”（以下简称涉案专利）的发明专利的专利权人，涉案专利权利要求1记载：一种晶闸管芯片的结终端结构，包括长基区N，短基区P1、P2，隔离墙，扩磷区N+，浓硼扩散区P+，电压槽，所述的电压槽成环形结构；其特征在于：所述的电压槽是耐高压、表面电场弱的电压槽结构；所述电压槽两侧壁的上沿均设置有台阶结构；所述电压槽侧壁的上沿设置有二级台阶结构。芯微公司认为浙江正邦电子股份有限公司（以下简称正邦公司）生产的产品侵权，遂诉至法院。

正邦公司抗辩称，被诉侵权产品斜面只有一级台阶结构，没有二级台阶结构，不构成侵权。一审法院认为，将芯微公司针对正邦公司确认系其公司生产的产品所作的检测报告与涉案专利权利要求1进行比对，可以认定两者具有等同特征。从权利要求的文义可看出，设置台阶结构有“均”字，而二

---

① 李维朝律师，江苏瑞途律师事务所。

② 二审案号：（2021）最高法知民终1753号。

级台阶结构没有要求“均”设置。因此，所述电压槽两侧壁的上沿设置有台阶结构即其创新点，并不强求一定要有二级台阶结构。一审法院认定侵权成立。

正邦公司上诉并提交了涉案专利的审查档案。二审法院查明，涉案专利在申请授权阶段，为了克服权利要求不具备创造性以及保护范围不清楚的缺陷，专利申请人修改权利要求书，将原权利要求2、3、4的附加技术特征合并入原权利要求1之后，又删除了“所述电压槽侧壁的上沿至少设置有一级台阶”的技术特征，从而形成了授权公告的权利要求1。

二审法院归纳争议焦点为：（1）被诉侵权技术方案是否缺少涉案专利权利要求1中“所述电压槽侧壁的上沿设置有二级台阶结构”这一技术特征；（2）被诉侵权技术方案的相应技术特征与权利要求中1记载的技术特征“所述电压槽两侧壁的上沿均设置有台阶结构”和“所述电压槽侧壁的上沿设置有二级台阶结构”是否相同或者等同。

关于第一个争议焦点：二审法院认定，权利要求1中“所述电压槽侧壁的上沿设置有二级台阶结构”是对“所述电压槽两侧壁的上沿均设置有台阶结构”的进一步限定，两技术特征共同限定的技术方案应当理解为“所述电压槽两侧壁的上沿均设置有二级台阶结构”。故在本案技术比对时，应将涉案专利中“所述电压槽两侧壁的上沿均设置有台阶结构”与“所述电压槽侧壁的上沿设置有二级台阶结构”划分为一个技术特征单元进行比对。进而，在本部分应当解决的问题应为被诉侵权技术方案的相应特征与权利要求1中记载的技术特征“所述电压槽两侧壁的上沿均设置有台阶结构；所述电压槽侧壁的上沿设置有二级台阶结构”是否相同或者等同这一问题，而非被诉侵权技术方案是否缺少涉案专利权利要求1中“所述电压槽侧壁的上沿设置有二级台阶结构”这一技术特征的问题。

关于第二个争议焦点：二审法院首先认定被诉侵权产品电压槽两侧壁的上沿均设置有一级台阶结构，并非二级台阶结构，两者技术特征不同。对于两者的技术特征是否等同，涉案专利因“电压槽两侧壁的上沿均设置有一级台阶结构”的技术方案（对应涉案专利的第一个实施例）不具备创造性而在申请授权阶段通过对权利要求书的修改，放弃该技术方案，仅保留“电压槽两侧壁的上沿均设置有二级台阶结构”（对应涉案专利的第二个实施例）的技术方案而获得授权。对于专利权人在申请授权阶段明确放弃的技术方案，在侵权诉讼中不应当再通过等同理论将该技术方案纳入保护范围。

二审法院撤销了一审判决，驳回了芯微公司的全部诉讼请求。

律师评析

等同侵权的认定是专利侵权判断的难点，首要难点在于如何划分技术特征。本案中，正邦公司认为，涉案专利保护的是包括一级台阶结构、二级台阶结构的结终端结构，而被诉侵权产品没有二级台阶结构，缺少“所述电压槽侧壁的上沿设置有二级台阶结构”这一技术特征。在专利侵权判定中，如果缺少技术特征，则认定不构成侵权，不需要进行等同侵权判断。二审法院从审查档案出发，在涉案专利授权过程中，芯微公司基于创造性的考虑，对权利要求进行了修改，将原权利要求2、4附加的技术特征合并到权利要求1中，而原权利要求3中限定的技术特征“所述电压槽侧壁的上沿至少设置有一级台阶结构”在授权公告文本中被删除了，也就是说，芯微公司不再寻求对设置一级台阶结构的技术方案的保护，权利要求1中“所述电压槽侧壁的上沿设置有二级台阶结构”是对“所述电压槽两侧壁的上沿均设置有台阶结构”的进一步限定。因此，涉案专利权利要求1保护的是仅设置二级台阶结构的技术方案，从而确定了“所述电压槽两侧壁的上沿均设置有台阶结构”与“所述电压槽侧壁的上沿设置有二级台阶结构”应划分为一个技术特征单元。

当技术特征单元划分完成后，就面临技术特征是否等同的判断。从涉案专利说明书记载的有益效果来看，设置台阶结构可以增大电压槽的表面积，降低P层表面浓度，有利于空间电荷区的展宽，达到降低表面电场强度的效果，提高了工作电压和晶闸管芯片电参数的稳定性，减小了正反向耐压的差距。从说明书中还可以看到，无论是设置一级台阶结构还是设置二级台阶结构都能达到该效果。如果仅看涉案专利说明书，似乎能够得出仅设置一级台阶结构与仅设置二级台阶结构构成等同。本案中，二审法院通过对审查档案的认定，确定仅设置一级台阶结构的技术方案已经被芯微公司放弃，不能再通过等同理论将其纳入保护范围。

二审法院通过本案再次重申了相关司法解释的精神，即专利申请人、专利权人在专利授权或者无效宣告程序中，通过对权利要求、说明书的修改或者意见陈述而放弃的技术方案，不得再纳入专利权保护范围，为相关案件中对审查档案的审查提供了指导。

九、楚雄彝族自治州彝族医药研究所与杨某某专利权权属纠纷案[①][②]

案情聚焦

杨某某于2017年3月16日向国家知识产权局提交了诉争专利申请，并于2018年5月29日获得授权，专利号为ZL201710156677.8、名称为“一种治疗×××的药物组合物及其制备方法、制剂与应用”。彝族医药研究所（以下简称彝族医药）于2020年6月29日向云南省昆明市中级人民法院提起诉讼称，诉争专利的专利权应当归属于彝族医药所有，同时请求判令杨某某将留存的有关诉争专利的全部技术资料交还彝族医药，并要求杨某某承担本案诉讼费用及律师费。云南省昆明市中级人民法院经审理认为，案件的争议焦点在于诉争专利是否是杨某某在彝族医药工作期间完成的职务发明，即彝族医药是否是诉争专利的专利权人。云南省昆明市中级人民法院进一步认为，杨某某作为医生的本职工作不同于诉争专利的研发工作，且彝族医药未提供证据证明研发诉争专利的设施不具备家庭研发条件，因此驳回了彝族医药的全部诉讼请求。彝族医药不服上述判决，向最高人民法院提起上诉。

① 陈颖律师，北京金诚同达律师事务所。

② 参见（2021）最高法知民终339、344、398、403、686号民事判决书。

最高人民法院将本案的争议焦点归纳为：诉争专利是否为职务发明创造及彝族医药研究所是否应为诉争专利的专利权人。最高人民法院经审理认为，杨某某对患者临床用药进行观察的行为既是其履行本职工作的行为，也是完成诉争专利的中药复方产品研发的中药环节。因此，杨某某在彝族医药工作期间所完成的彝族医药领域的发明创造，与其本职工作具有高度关联性，诉争专利应认定为杨某某在本职工作中作出的发明创造。另外，杨某某利用了彝族医药的临床数据，且诉争专利的研发需要基于对某些原料药的试验，而杨某某并未证明其为专利的研发支出过任何资金。因此，亦可以“主要是利用本单位的物质技术条件”来认定诉争专利是职务发明创造。据此，最高人民法院作出终审判决，判定确认诉争专利属于彝族医药所有。

律师评析

本案涉及职务发明中专利权权属认定的标准。在专利权权属认定中，职务发明案件作为其中一个大类具有典型代表性。职务发明的认定原则非常清晰，即《专利法》第6条第1款规定，执行本单位的任务或者主要是利用本单位的物质技术条件所完成的发明创造为职务发明创造。职务发明创造申请专利的权利属于该单位。《专利法实施细则》第12条第1款规定：“专利法第六条所称执行本单位的任务所完成的职务发明创造，是指：（一）在本职工作中作出的发明创造；（二）履行本单位交付的本职工作之外的任务所作出的发明创造；（三）退休、调离原单位后或者劳动、人事关系终止后1年内作出的，与其在原单位承担的本职工作或者原单位分配的任务有关的发明创造。”

但在实践中，如何认定“本职工作”以及“主要是利用本单位的物质技术条件”是两大难题。最高人民法院在纠正本案的一审判决过程中对上述问题给出了具体适用标准，值得借鉴。

首先，在认定“本职工作”的过程中，应当同时考虑所安排职务的全部职责，既包括职务直接要求其负责的工作，也包括员工在该职位上自然应当承担的工作。不能因为职员承担了管理职责就否定其研究人员的身份。

其次，在认定“主要是利用本单位的物质技术条件”的过程中，应当根据该发明创造所属技术领域的研发特点，具体分析形成该发明创造所需利用的物质技术条件的类型、范围及特点，进而对发明创造所利用的物质技术条件的来源以及是否构成职务发明创造作出准确认定。举例而言，对于中药复方产品的发明创造，由于中药的配伍关系比较复杂，获得临床数据等药效数据通常是完成中药复方产品发明创造过程中的重要环节。如果专利申请人以临床数据作为证实中药复方产品技术效果的主要依据，则是否依赖于本单位而获得发明创造所需的临床数据，是判断中药复方产品的发明创造是否为“主要是利用本单位的物质技术条件”完成的发明创造的重要考量因素。

十、广州华欣电子科技有限公司与广州诚科商贸有限公司等侵害发明专利权纠纷案①②

案情聚焦

广州华欣电子科技有限公司（以下简称华欣公司）于2018年12月11日向广州知识产权法院提起诉讼，认为广州诚科商贸有限公司（以下简称诚科公司）等多家公司侵犯了其专利号为ZL201010235151.7的权利，进而要求诚科公司等停止侵害专利权的行为，销毁库存，并赔偿经济损失1000万元及合理开支20万元。广州知识产权法院经审理认为，被诉侵权产品因缺少权利要求中的某个技术特征，没有落入涉案专利权的保护范围，因此侵权行为不成立，驳回了华欣公司的全部诉讼请求。华欣公司不服上述判决，向最高人民法院提起上诉。

最高人民法院于2020年6月9日开庭审理此案，并将本案的争议焦点归纳为：被诉侵权产品是否落入涉案专利权保护范围；如果被诉侵权产品落入涉案专利权保护范围，侵权责任如何承担。对于前者，最高人民法院认为，

① 陈颖律师，北京金诚同达律师事务所。

② 二审案号：（2020）最高法知民终560号。

被诉侵权产品是否落入涉案专利权的保护范围的核心之一在于权利要求的解释。在本案中，结合常识及说明书的记载，权利要求的关键术语“触摸屏”应当解释为“既包括带有实体屏结构的接触式触摸屏，也包括不带有实体屏结构的非接触式触摸屏”，其他关键术语也依此标准进行解释。因而，最高人民法院认为被诉侵权产品实施了相关全部技术特征，落入涉案专利权保护范围，构成侵权。在此基础上，最高人民法院根据各被告实施侵权的具体行为分别确立了相关责任，在此不赘述。

律师评析

本案涉及专利侵权案件中的权利要求解释。权利要求解释是任何一个专利侵权案件都不可避免要涉及的问题。权利要求的解释若进行限缩，可能使得被诉侵权产品不落入专利权保护范围内；反之，权利要求的解释若不进行限缩，甚至进行适当等同，则可能使得被诉侵权产品落入专利权保护范围内。本案的一审判决和二审判决之所以作出不同的裁判原因正在于此。对比两次审理过程中法院对于权利要求解释的适用，有利于掌握进行权利要求解释的尺度。总结下来，本案带给我们的思考包括：

第一，权利要求解释应当基于本领域技术人员的认知能力，并在本领域的技术背景和知识体系下进行合理解释。在说明书对于权利要求中的技术术语没有作出特别界定的情况下，应当按照本领域技术人员对于该技术术语的通常理解进行解释，而不是诉诸于该技术术语在日常生活中的通常含义进行解释。可见，在权利要求解释的过程中强调的是特定人员（本领域技术人员）对其的理解，而不是普通人员（无技术背景的一般人）在日常生活中的理解。

第二，在说明书中没有明显的提示性语句，无法仅从形式上判断说明书记载的相关内容属于对权利要求相关用语的特别界定还是具体实施方式的情况下，应当结合发明目的、发明构思以及发明要求保护的技术方案，从整体上予以考量。除非说明书是对权利要求中的出现的、本领域没有确切含义的自造词作出的专门定义，或者是对权利要求中的相关用语作出的有别于本领域通常含义的特别说明，否则一般应认定为属于具体实施方式，而不是对权利要求术语的限定。

第三，在解释在先权利要求的含义时，一般不宜将在后权利要求的含义读入在先权利要求。在后权利要求与其所引用的在先权利要求之间存在从属关系或者满足单一性要求下的并列关系。从属关系中，从属权利要求的附加技术特征是对其所引用权利要求的进一步限定，但该限定作用仅是及于该从属权利要求本身，一般情况下不应将该限定作用附加于其所引用的权利要求。

第四，实践中，为了便于说明某术语在本领域中的含义，可以借助于技术词典、手册、工具书、教科书、国家或者行业技术标准等常识证据。本案中，华欣公司在二审中向法院补充提交了多份常识证据用于说明某术语的含义，根据案件审理结果，这些证据的提交应当对于扭转案件的结局起到重要作用。

十一、吉林市荣兴生态农业发展有限公司与吉林市东北生态农业发展有限责任公司专利纠纷案①②

案情聚焦

吉林市东北生态农业发展有限责任公司（以下简称东北公司）因与吉林市荣兴生态农业发展有限公司（以下简称荣兴公司）产生专利权纠纷（专利号为ZL20141062××××.9，发明名称为“具有蓄热保温墙体的日光温室及其搭建方法”），于2018年3月27日向吉林省长春市中级人民法院提起诉讼，要求判令荣兴公司立即停止侵害专利权的行为，并赔偿东北公司经济损失1995438.9元，合理费用30000元，同时登报消除相关影响，承担诉讼费用。吉林省长春市中级人民法院经过审理后认为，被诉侵权产品具备涉案专利权

① 陈颖律师，北京金诚同达律师事务所。

② 二审案号：（2021）最高法知民终1115号。

利要求的每个技术特征或与之等同，因此落入涉案专利权的保护范围。同时因荣兴公司无法证明所称现有技术系公开内容，因此荣兴公司所主张的现有技术抗辩不成立。最终，吉林省长春市中级人民法院判决荣兴公司立即停止制造、销售相关产品并赔偿东北公司的经济损失。荣兴公司不服上述判决，向最高人民法院提起上诉。

最高人民法院将本案的争议焦点归纳为：荣兴公司主张的现有技术抗辩是否成立。进一步，该争议焦点又被归纳为：荣兴公司所主张的产品宣传册是否公开，是否构成现有技术，以及被诉侵权产品是否与宣传册的内容一致。最高人民法院经审理认为，荣兴公司所主张的产品宣传册真实，且其派发性质构成专利法意义上的公开，被诉侵权产品与宣传册的内容一致，故荣兴公司主张的现有技术抗辩成立。

律师评析

本案涉及专利侵权判定中的现有技术抗辩。现有技术抗辩是在被诉侵权产品被认为落入涉案专利的保护范围之后，为免予承担侵权责任而进行的一种主张。想要成立现有技术抗辩一方面要求用于进行现有技术抗辩的技术资料为公开内容，符合《专利法》对于“现有技术”的规定；另一方面也要求被诉侵权产品与该技术资料的描述完全一致。本案中对于如何判定所称现有技术的公开性给了一定指引，具有指导意义。

首先，在确认技术资料真实性的前提下，只要其派发的方式属于对不特定的公众发放，或者发放现场具有旨在进行技术推广的目的、与会人员不负有保密义务，加之媒体公开报道，均属于专利法意义上的出版物，构成涉案专利的现有技术。

其次，在对比被诉侵权产品和技术资料的过程中，并不要求技术资料完全明文记载相关技术特征。如果根据本领域的通用技术，本领域技术人员能够在技术资料公开内容的基础上直接地、毫无疑义地确认相关技术内容，被诉侵权产品就与技术资料（现有技术）无实质性差异。

最后，现有技术抗辩并不要求被诉侵权产品与技术资料（现有技术）完全一致，只需在权利要求限定的特征方面二者一致。举例而言，在本案中，虽然技术资料至公开了前端地基保温板，而被诉侵权产品前后都有保温板，由于权利要求没有要求必须具有后端地基保温板，因此被诉侵权产品与技术资料（现有技术）无实质性差异。

重点关注

一、药品专利的链接制度①

事件回放

2020年10月17日，《专利法》第四次修改，于第76条明确了药品专利的链接制度，该法于2021年6月1日正式生效。新修改的《专利法》第76条规定："药品上市审评审批过程中，药品上市许可申请人与有关专利权人或者利害关系人，因申请注册的药品相关的专利权产生纠纷的，相关当事人可以向人民法院起诉，请求就申请注册的药品相关技术方案是否落入他人药品专利权保护范围作出判决。国务院药品监督管理部门在规定的期限内，可以根据人民法院生效裁判作出是否暂停批准相关药品上市的决定。药品上市许可申请人与有关专利权人或者利害关系人也可以就申请注册的药品相关的专利权纠纷，向国务院专利行政部门请求行政裁决。国务院药品监督管理部门会同国务院专利行政部门制定药品上市许可审批与药品上市许可申请阶段专利权纠纷解决的具体衔接办法，报国务院同意后实施。"

新法生效后与该制度配套的法律法规相继出台，2021年7月4日国家知识产权局发布《药品专利纠纷早期解决机制行政裁决办法》，同日最高人民法院发布《关于审理申请注册的药品相关的专利权纠纷民事案件适用法律若干问题的规定》，2021年7月5日国家药品监督管理局、国家知识产权局发布《药品专利纠纷早期解决机制实施办法（试行）》。

---

① 汪妍瑜律师，锦天城律师事务所。

2021年11月北京知识产权法院受理了新专利法实施后首例“药品专利链接”诉讼案件。截至10月27日，国家知识产权局已收到专利权人或药品上市许可持有人提起的药品专利纠纷行政裁决请求23件。对于其中符合受理条件的12件请求发出受理通知书，予以正式立案，并开展审理。

律师评析

药品专利链接制度的讨论在业界由来已久，中共中央办公厅、国务院办公厅最早于2017年10月发布《关于深化审评审批制度改革鼓励药品医疗器械创新的意见》，意见第16条正式提出：“探索建立药品专利链接制度。为保护专利权人合法权益，降低仿制药专利侵权风险，鼓励仿制药发展，探索建立药品审评审批与药品专利链接制度。药品注册申请人提交注册申请时，应说明涉及的相关专利及其权属状态，并在规定期限内告知相关药品专利权人。专利权存在纠纷的，当事人可以向法院起诉，期间不停止药品技术审评。对通过技术审评的药品，食品药品监管部门根据法院生效判决、裁定或调解书作出是否批准上市的决定；超过一定期限未取得生效判决、裁定或调解书的，食品药品监管部门可批准上市。”

而后，在2020年1月15日签订的《中华人民共和国政府和美利坚合众国政府经济贸易协议》中，我国政府正式承诺将药品专利链接制度纳入我国法律体系。

我国的药品专利链接制度与美日韩等国家都有所不同，吸纳了各种制度共性的优势的部分，同时根据我国的国情作了一些个性的设置，目前制度已经较为完善，但实施中仍然存在一些不确定之处，例如首仿挑战成功的定义等，相信将来这些制度会继续完善并优化。

1984年美国国会通过Hatch-Waxman法案，2003年美国国会通过了医疗保险处方药与现代化法案和更易获得可支付药品法案，对Hatch-Waxman法案进行了修正，旨在完善药品专利链接制度。①这一制度的建立面临着原研

---

① 程永顺、吴莉娟：《探索药品专利链接制度》，知识产权出版社2019年版，第15页。

药厂、仿制药厂双方的利益平衡问题，最终影响的却是公众的健康安全利益。现代社会的发展对于药品的安全性和有效性要求越来越高，疾病的种类与人类也是共同发展，另一边是一个又一个的疾病被人类攻克，一边却是一个又一个新的疾病的产生，正如此次影响全世界的新冠肺炎疫情，就是摆在人类面前的新问题。攻克疾病不能仅靠情怀和政府资助，这样的效率会非常低，毕竟我们是用生命在和疾病赛跑，耽误不得。但药品研发的特点为长周期、高成本、高风险，前期投入过大后期的利润产出如果不够大，逐利的资本们就可能将资本从这一领域撤出，整体上延缓疾病的攻克，对公众而言反而不利。在我国，原研药除提高技术壁垒延缓仿制跟随者外，就是通过药品专利来确立其市场独占地位，独占期由于缺乏竞争所以利润最高。但现实中新药注册审批的时间很长，会进一步蚕食药品上市后的专利独占期，并且由于Bolar例外的存在，原研药厂还不能禁止在专利有效期内仿制药厂对仿制药上市申请行政审批，原研药厂颇有怨言。但过度保护原研药厂又会阻碍仿制药的研发上市脚步，仿制药的上市意味着药价的降低能实打实地惠及公众。因此平衡双方的利益就尤为重要。药品专利链接制度至少在某些方面平衡了双方的利益，能促进双方共同发展，惠及公众的健康利益。这一制度使得原研药厂在仿制药行政审批过程中就得以让行政司法资源介入决定/判决仿制药是否侵犯专利权，能阻止侵权仿制药的上市。而仿制药如果不侵权也有居中裁判的渠道得到及早确认。尽早有确定的结论，原研药和仿制药才能尽早地确立下一步的策略，不必在一些可能性的防患于未然的地方牵扯精力，从而节约双方的资源。

当然，这一制度建立后，对行业服务能力提出了更高的要求，需要更多全面了解行业、技术的律师提供更加高质和精准的服务。例如原研药一方应该有更加广阔视野的律师为其提供专利布局建议，建议中应考虑时间因素即如何实质上让药品独占期最长，深度和广度因素即如何尽可能地囊括对核心活性成分的改进。能够准确掌握专利无效能力、专利侵权判断和诉讼能力的律师也将成为这一市场的“香饽饽”。

二、浙江探索实施专利开放许可制度[①]

事件回放

2021年3月19日，国家财政部、国家知识产权局发布《关于实施专利转化专项计划助力中小企业创新发展的通知》（财办建〔2021〕23号）推出专利转化专项计划，决定通过三年的时间，使专利转化运用的激励机制更加有效、供需对接更加顺畅、转化实施更加充分、工作体系更加完善，专利技术转移转化服务的便利性和可及性显著提高，高校院所创新资源惠及中小企业的渠道更加畅通，中小企业创新能力得到大幅度提升，有力支撑知识产权密集型产业创新发展。2021年6月1日，修正后的《专利法》开始施行，引入专利开放许可制度，并明确规定“开放许可实施期间，对专利权人缴纳专利年费相应给予减免”。按照国家知识产权局与浙江省政府签订的双方合作会商议定书，浙江先行试点推进实施专利开放许可制度。

2021年10月18日，浙江省专利转化专项计划推进会暨首批免费开放许可专利发布会在浙江杭州举行。会上发布了12个浙江省专利转化专项计划重点支持方向以及41个首批重点项目。浙江发布的全国首批379件免费开放许可专利已精准匹配推送至6365家中小微企业。据统计，此次免费开放的379件专利均为发明专利和实用新型专利，其中发明专利266件，占70.2%；方法专利（包括制造加工、作业和使用方法）有170件，占63.9%。此外，免费开放的379件专利中，单次许可期限一年起步，最长的达五年，且均承诺在许可期限内不收取企业任何许可费用。

律师评析

国家对知识产权的重视逐年攀升，近年来专利的申请、授权量都在逐年攀升。我国的高校、科研机构一直都是技术的高地，其产出的专利无一不耗费人力物力的投入。根据统计数据，2021年我国高校专利申请量为319466

---

① 汪妍瑜律师，锦天城律师事务所。

件，科研院所专利申请量为92803件。2021年高校专利授权量为392599件，其中发明专利201376件；科研院所专利授权量112545件，其中发明专利55149件；高校发明专利许可数量为2107件，科研院所发明专利许可数量为204件。①从以上数据可以看出我国高校及科研院所的专利许可量仅为授权发明专利的9.6%，这一比例远低于英美欧等发达国家的数字。大量不能转化的沉睡专利是对社会资源的浪费。

对于中小企业而言，其发展阶段决定了能够投入研发的财力人力有限，从自主研发的角度来看站在技术的最前沿难度很高，而今他们可以站在免费许可专利的肩上大步地往前迈进。对企业而言可以迅速提高自己的技术水平，也可以迅速定位有研发能力的高校和科研院所。对高校和科研院所而言是为将来的收费许可奠定了基础，其一这些既有专利未必永久免费；其二高校和科研院所很可能会继续产出改进专利，改进专利未必免费；其三如果企业在免费专利技术上得到很好发展，将来想根据市场端购买外部服务改进技术既有专利的权利人将是最优选择。因而一旦这个企业和高校科研机构之间的桥梁打通，双方优势互补，就能够在研发和市场端形成互相促进的良性循环，保障中小微企业知识产权安全，助力中小微企业创新发展，促进中小微企业产品质量和核心竞争力提升，最后使大众享受到科技红利同时促进经济的活力。

但我们可以想象，仅有免费许可的专利还是不够的，技术的实施除专利外还有know how，从专利到产品的实施路径中一般还是需要研发，如果高校、科研院所将提供这一类进一步研发服务的通道打通，将会更加有益于企业的技术外包发展。

通过浙江省的试点，相信将来还有更多的省市、更多的高校加入这个行列，与之相关的市场将会逐渐活跃，在渠道对接、法律支持、资本参与方面会有增长的服务机会。比如浙江省市场监管局相关领导就提到“接下来，我们还将推动产业知识产权联盟、行业协会等服务机构组建公共专利池，承接

① 数据源自《2021年高校和科研院所专利分析报告》，知产方舟团队发布。

免费开放许可的专利，促成专利在中小微企业聚集的产业园区内广泛推广、深化运用，最大程度惠及广大中小微企业”。这一政策的放开对我们律师业务的拓展为重大利好。

三、元宇宙专利储备竞赛①

事件回放

日前，PRdaily发布文章《元宇宙热点技术之VR&AR全球发明专利排行榜（TOP100）》，分析了VR/AR发明专利公开情况。文章中根据2020年1月至2021年12月公开的VR/AR相关的发明专利申请，发布了2020年以来的VR/AR全球发明专利排行榜TOP100。根据榜单显示：VR/AR市场初步形成互联网企业、高校科研院所、高新科技企业三大阵营；其中，中国企业腾讯、百度、OPPO、平安集团、商汤科技、华为位居前十。位居第一位的三星专利申请数量为4094件。

律师评析

元宇宙可以说是2021年最热门的词汇之一，除了高大上的互联网圈、创投圈开口闭口元宇宙，小区里的商家都在打元宇宙的旗号，说明其国民度之广泛。

元宇宙（Metaverse）是利用科技手段进行链接与创造的，与现实世界映射与交互的虚拟世界，具备新型社会体系的数字生活空间。元宇宙一词诞生于1992年的科幻小说《雪崩》，小说描绘了一个庞大的虚拟现实世界，在这里，人们用数字化身来控制，并相互竞争以提高自己的地位，现在看来，描述的还是超前的未来世界。关于“元宇宙”，比较认可的思想源头是美国数学家和计算机专家弗诺·文奇教授在其1981年出版的小说《真名实姓》中，创造性地构思了一个通过脑机接口进入并获得感官体验的虚拟

---

① 汪妍瑜律师，锦天城律师事务所。

世界。

2021年3月，被称为“元宇宙第一股”的Roblox正式在纽交所上市；2021年10月，社交媒体巨头Facebook宣布将公司改名为Meta，计划在五年至十年内转型成为元宇宙公司；2021年11月，微软在Ignite大会上也明确宣布了发展元宇宙的具体举措。2021年12月9日，中国元宇宙产业委员会正式发布《元宇宙产业宣言》，表示力争在未来三年内实现元宇宙产业领域的全面落地，推动数字经济高质量发展。

从上文提及的专利可以看出，其实很多中国的互联网、人工智能企业早在“元宇宙”概念爆棚之前就已经布局了元宇宙的技术版图。元宇宙背后的核心及热点技术包括：数据处理、区块链、服务器、人工智能、图像处理、虚拟场景、可穿戴设备、VR/AR等诸多前沿技术。IPdaily只基于VR/AR进行统计，但实际元宇宙包含的技术范围远不止于此。专利的申请只能说明技术的布局情况，这些技术如何落地形成产品和服务，如何为公司赢得利润我们将拭目以待。

在将虚拟和现实进行交互的探索中，我们想象的极限将进一步扩展，里面一定会带来一些新的问题、思考、矛盾。比如，2021年爱马仕集团的一位代表向英国《金融时报》表示，“MetaBirkins”系列剽窃了爱马仕铂金包的设计，Mason Rothschild正在元宇宙中侵犯品牌的商标权。这涉及商标在虚拟世界的使用时权利的边界在哪里？如果只是起装饰作用是否侵权？虚拟世界将来也会存在隐私权、肖像权、财产权、人权等方方面面类比于真实世界但又有别于真实世界的问题，有很多的空白，是挑战也是机会。

四、重大专利侵权纠纷的行政处理途径[①]

事件回放

《专利法》第四次修正中新增了关于重大专利侵权纠纷行政处理的规定，

① 李纯律师，北京市立方律师事务所。

国务院专利行政部门可以应专利权人或者利害关系人的请求处理在全国有重大影响的专利侵权纠纷。为使上述规定顺利落地，国家知识产权局于2021年5月26日发布了《重大专利侵权纠纷行政裁决办法》（以下简称《裁决办法》），自2021年6月1日起施行。《裁决办法》对于重大专利侵权纠纷的界定、立案条件和材料、证据调查权限、检验鉴定规则、技术调查官规定、相关期限、执行与公开以及裁决其他程序等内容进行了规定，呼应了国家知识产权局加大专利侵权纠纷行政裁决工作力度的方针，为权利人提供了更加丰富和便捷的维权途径选择。

律师评析

在专利侵权纠纷的救济上，我国秉承的是司法与行政并存的“双轨制”模式，将重大专利侵权纠纷纳入国家层面的专利管理部门职责，体现出我国对于行政救济途径的重视与完善。但是，早在《专利法》第四次修正前，专利侵权纠纷的行政处理路径是否真正存在优势、是否应被取消，曾在业界引发讨论。

有研究者认为，专利侵权纠纷行政处理存在诸多弊端，如所谓的处理“低成本”“高效率”并未考虑到该制度的建设与运行成本，且当事人对于行政决定不服的还会诉诸行政或民事诉讼，成本显著增高。[①]还有一些反对的声音，理由在于行政力量不应过多干预专利私权、行政处理不具有终局性以及可能给我国带来更多的国际压力等。[②]虽然前述问题可能存在，但行政处理途径确实在一定程度上为我国保护知识产权保护提供了有效助力。因此，笔者认为发现实践中的问题并努力克服，才能不断完善现有的司法替代救济方式，为纠纷解决提供多种便利路径。

---

① 刘银良：《论专利侵权纠纷行政处理的弊端：历史的选择与再选择》，载《知识产权》2016年第3期，第34—36页。

② 邓建志：《中国知识产权行政保护特色制度的发展趋势研究》，载《中国软科学》2008年第6期，第64页。

目前，实践中专利侵权纠纷的行政处理与司法救济之间的衔接存在较为明显的障碍。一方面，当事人选择管辖的依据有待完善。国家知识产权局《专利行政执法办法》中虽然规定了当事人在没有就专利侵权纠纷向人民法院起诉的情况下，可请求管理专利工作的部门处理，但相应的司法救济途径中并未就行政和司法衔接的管辖问题作出规定。[①]如司法机关能就该管辖问题进行明确并达成统一，可避免管辖冲突的发生。另一方面，行政部门针对专利侵权与否的认定无法直接为法院认可。根据《最高人民法院关于审理专利纠纷案件适用法律问题的若干规定》第19条，人民法院受理的侵犯专利权纠纷案件，已经过管理专利工作的部门作出侵权或者不侵权认定的，人民法院仍应当就当事人的诉讼请求进行全面审查。在这一规定下，行政机关的前期审查和投入并不能为案件带来实质帮助，反而有可能造成资源的重复投入和浪费。因此，如当事人对于行政决定本身没有异议，司法机关在相关专利侵权民事损害赔偿程序中承认和尊重行政处理过程中对于侵权的认定，可切实提高当事人解决纠纷的效率，降低维权成本。

在审视行政处理可能存在的问题之外，不可忽视的是该路径特有的优势，重大专利侵权纠纷在该路径下的处理值得期待。例如，《裁决办法》中规定国家知识产权局的行政处理程序一般在立案后三个月内结案，相较动辄数年的复杂专利侵权诉讼案件而言，为当事人提供了更为便捷的选择；又如，国家知识产权局作为专利授权、确权部门，拥有大量相关技术领域的专业人才，这部分专业力量如能妥善利用，将为复杂技术案件的解决提供很大帮助。自《裁决办法》发布以来，截至2021年11月，从可以获悉的信息来看，国家知识产权局已经受理了首批两起重大专利侵权纠纷行政裁决案件，后续笔者也将继续关注案件进展，期待《专利法》修正后的有效落实。

---

① 张飞虎：《专利侵权纠纷救济“双轨制”下行政裁决与司法裁判程序衔接相关问题的探讨》，载《电子知识产权》2020年第12期，第80页。

五、最高人民法院发布《最高人民法院关于审理侵害知识产权民事案件适用惩罚性赔偿的解释》及《侵害知识产权民事案件适用惩罚性赔偿典型案例》①

事件回放

2021年3月3日，最高人民法院发布了《最高人民法院关于审理侵害知识产权民事案件适用惩罚性赔偿的解释》（以下简称《解释》）。《解释》对知识产权民事案件中惩罚性赔偿的适用范围，故意、情节严重的认定，计算基数、倍数的确定等作出了具体规定。《解释》旨在通过明晰裁判标准，指导各级法院准确适用惩罚性赔偿，惩处严重侵害知识产权行为。《解释》的发布是落实惩罚性赔偿制度的重要举措，彰显了人民法院全面加强知识产权司法保护的决心，对于进一步优化科技创新法治环境具有重要意义。

为准确理解和适用《解释》，正确实施惩罚性赔偿制度，最高人民法院于2021年3月15日发布了侵害知识产权民事案件适用惩罚性赔偿典型案例，其中五件围绕商标权纠纷，另有一件为商业秘密纠纷案件。在这些案件中，被告都具有侵害他人知识产权的“故意”且“情节严重”，造成了较高的实际损失。尤其是在这些案例中，原告均具有长期以来积累的较高的商誉且被告主观恶意十分明显，如不施以惩罚性赔偿，不加大司法惩处力度，将不足以惩罚恶意，遏制类似的不法行为，更不足以发挥法律的规范性作用。惩罚性赔偿的适用反映了法律对侵权人恶意侵权的关注与惩罚。

律师评析

近年来，从党中央的决策部署到法律法规的立改废释，都在不断建构、完善我国知识产权惩罚性赔偿制度。各知识产权专门法、反不正当竞争法相继引入惩罚性赔偿的规定，而2020年颁布的《民法典》更是规定了知识产权惩罚性赔偿制度，标志着惩罚性赔偿在知识产权领域实现“全覆盖”。2021

---

① 杨璞律师，上海市方达律师事务所。

年《解释》的发布，以及最高人民法院和全国各地法院相继发布民事司法案件中适用惩罚性赔偿的指导意见和典型案例，进一步细化了惩罚性赔偿在知识产权民事案件中的适用规则和具体情形，为未来全面实施惩罚性赔偿制度提供了指引。

惩罚性赔偿通常是指对侵权行为性质严重的恶意侵权者处以超出实际损害数额的赔偿，具有填补损害、惩罚和阻却不法行为等多重功能。《解释》首先要求被告需具有“故意”。根据最高人民法院相关负责人对《解释》的阐释，“故意”和“恶意”的含义应当是一致的，也就是说，被告主观上明知侵权行为会产生损害结果，但却“明知不可为而为之”。如在小米科技公司等与中山奔腾公司等侵害商标权及不正当竞争纠纷案中，法院认定被告两公司在其注册商标已被宣告无效的情况下，仍在持续宣传、销售被控侵权商品，具有明显的侵权恶意。

一方面，《解释》要求侵权人的主观状态需出于“故意”或“恶意”，另一方面，为防止惩罚性赔偿适用的过度或滥用，还要求侵权行为需“情节严重”。“情节严重”的构成要件是我国惩罚性赔偿制度在主观要件之外，从客观方面设置的另一要求，与主观要件并列适用。《解释》第4条规定，“对于侵害知识产权情节严重的认定，人民法院应当综合考虑侵权手段、次数，侵权行为的持续时间、地域范围、规模、后果，侵权人在诉讼中的行为等因素”，并规定了具体的认定标准。如在欧普公司与华升公司侵害商标权纠纷案中，法院认定被告通过多渠道、多途径销售被诉侵权产品，侵权持续时间长，从案件起诉至再审期间均未停止侵权，且侵权产品种类多，销售数量巨大；还在网站以“官方旗舰店”的名称经营，并且不断扩大生产规模；侵权产品还因生产质量不合格被行政处罚，给原告通过长久努力积累起来的商业信誉带来负面评价，进而认定被告侵权行为属于情节严重情形。

实际上，对于惩罚性赔偿的使用范围来说，“故意”或“恶意”与“情节严重”往往为并列关系，需要结合来认定是否需要施加惩罚性赔偿，原告所受损失的大小或侵权行为所造成的恶劣影响往往占据主要的考虑因素。只有在恶意极为严重的情形下，如重复侵权或已经构成刑事违法的前提下，才会缩小对侵权行为造成后果的考量。

惩罚性赔偿的启动条件也是非常关键的核心问题。在启动主体方面，惩罚性赔偿应依据权利人申请而适用，而不宜由法院依职权适用。这一规则更符合民事诉讼“不告不理”的基本原则，亦与法院作为中立裁判者的地位相符；关于启动时间，权利人应当在起诉时就明确提出适用惩罚性赔偿，明确赔偿数额、计算方式，如果在起诉时未提出，最迟应在一审法庭辩论终结前提出。这与《民事诉讼法》关于增加、变更诉讼请求的时间规定保持一致。如果当事人在一审中未主张适用惩罚性赔偿，而在二审中提出，如果调解不成则应告知当事人另行起诉。这也是为了避免惩罚性赔偿的裁判结果出现“一审终审”的问题，有利于双方当事人诉讼权利的保障。关于提出方式，《解释》中并未明确提出惩罚性赔偿是以口头方式还是书面方式提出。但一般而言，相关主张均以落实书面为宜。

而关于赔偿数额的具体计算方式，《解释》中规定，惩罚性赔偿的基数，以原告实际损失数额、被告违法所得数额或者因侵权所获得的利益作为计算基数。该基数不包括原告为制止侵权所支付的合理开支。《解释》中也明确，不同案件类型，部门法另有规定的，应分别适用所对应的部门法。一方面，这明确了惩罚性赔偿的计算方法，另一方面，此基数也需要是“可计算的”。换句话说，如果惩罚性赔偿的“基数”无法确定，即使主客观要件均符合要求，依然会因“基数”无法确定从而无法适用惩罚性赔偿。因此，惩罚性赔偿“基数”的计算对于惩罚性赔偿的适用至关重要。从实际出发，《解释》将参考原告的主张和提供的证据所确定的赔偿数额也作为基数的一种。同时规定，对于提供虚假账簿、资料的，将依据《民事诉讼法》相关规定追究其妨害举证的责任。

惩罚性赔偿制度在司法实践中适用的不断明确化，表明了我国严惩知识产权恶意侵权、维护知识产权权利人合法权益、为良好营商环境提供坚实的司法保护的决心，对于进一步优化科技创新法治环境具有重要意义。相信惩罚性赔偿制度未来还将在更多知识产权案件中得到适用。

六、NPE诉讼[①]

事件回放

近年来，随着我国不断加强知识产权保护，在越来越多的科技企业将专利诉讼作为主要维权手段的同时，境内外非专利实施主体（Non-Practicing Entity，NPE）也开始在我国频繁发起专利侵权诉讼，将临时或永久禁令作为威胁手段，以索取专利许可费用或者谋求高额赔偿。

通常来说，NPE是指那些拥有专利权但是其本身并不实施专利技术的主体，其主要的盈利模式是通过购买相关专利或者获得相关专利许可，利用自身掌握的专利来发起诉讼，从而获得高额赔偿来获取利益。目前来看，我国及美欧各国发起诉讼的NPE主要包含两类，一是专利主张实体（Patent Assertion Entity，PAE），二是非竞争实体（Non-Competition Entity，NCE）。前者PAE基本以专利池的方式开展专利许可业务（如Sisvel、IP Bridge、MPEG LA等），或者通过从其他公司低价购买专利以诉讼的方式牟利（如WSOU、Uniloc、IPCcom等）。后者NCE是指在非经营业务领域开展专利许可业务（如夏普、飞利浦和诺基亚等）。

整体来看，NPE的诉讼策略较为明确清楚。首先，在诉讼请求上，NPE以禁令，包括临时禁令或者永久禁令（停止侵权），为首要救济目标，部分NPE宁愿选择极低或者舍弃经济赔偿，也要求法院在认定侵权后责令被诉方立即停止侵权；其次，被诉主体多，NPE往往选择多家企业同时起诉，分别在不同的法院（如北京知识产权法院、深圳市中级人民法院、广州知识产权法院、福州市中级人民法院等）针对不同的被告立案，以期待其中一家法院能作出有利判决；最后，在诉讼时机上，NPE往往会选择在被诉企业的新品上市前后、IPO前后等特定时机发起诉讼，以谋取给被诉企业更大的压力。

值得一提的是，国内外NPE充分利用了我国知识产权保护体系的特点，

---

① 杨璞律师，上海市方达律师事务所。

不仅试图通过法院谋取利益，而且也开始利用各地知识产权局的行政程序。例如，部分NPE会挑选一个或者多个地方知识产权局，提交专利权纠纷处理请求，并利用该行政程序进度快、只能责令停止侵权的特点，进一步给被诉企业施压。同时，在被请求人的选择上，部分NPE也不会直接将目标企业列为被请求人，而可能仅将当地的销售者列为被请求人。销售者往往没有足够的能力和动力应对专利权纠纷，因而NPE更容易获取有利裁决。

此外，部分NPE也呈现出了与金融机构结合的发展趋势，其资金充沛，具有更强的专业性和进攻性。例如，Fortress Investment Group是一家资产接近500亿美元的"全球投资管理公司"，通过其所有或控制的众多专利主张实体聚集汇总了大量专利。Fortress和其控制的众多NPE在中国及世界各地对多家全球领先的实体企业（华为、中兴、苹果、HTC、三星、戴尔、思科、谷歌、英特尔等）发起诉讼。这些NPE与金融机构结合，解决了困扰NPE的诉讼资金问题，具有更强的专业性，攻击实体企业的意愿更为充足。

NPE诉讼所针对的产品往往是手机、车辆等聚合了海量技术和专利的高科技产品，而NPE通过诉讼所要求的经济利益通常极高，超过了该专利本身的贡献，从而攫取了被诉企业通过研发经营所获得的经济利益。NPE诉讼不仅给被诉企业的产品研发和生产经营造成了巨大的干扰，也扰乱了市场经济秩序、严重浪费了司法资源。

律师评析

NPE诉讼需要引起我国法院的重视，有效地规制NPE的诉讼行为，从而减轻其带来的负面影响。一个较为有效的方法是，法院在认定侵权以后，应当充分考虑公共利益和原、被告之间利益平衡等因素，慎重决定是否责令被诉企业停止侵权。

《最高人民法院关于审理侵犯专利权利纠纷案件应用法律若干问题的解释（二）》第26条规定，"被告构成对专利权的侵犯，权利人请求判令其停止侵权行为的，人民法院应予支持，但基于国家利益、公共利益的考量，人民法院可以不判令被告停止被诉行为，而判令其支付相应的合理费用"。

《最高人民法院关于当前经济形势下知识产权审判服务大局若干问题的意见》第15条也指出："……权利人长期放任侵权、怠于维权，在其请求停止侵害时，倘若责令停止有关行为会在当事人之间造成较大的利益不平衡，可以审慎地考虑不再责令停止行为，但不影响依法给予合理的赔偿。"

目前，我国也有不少在先判例以平衡当事人利益和社会公共利益为由，认定了被告构成侵权，但是未责令被告停止侵权行为。例如（2008）民三终字第8号案件、（2004）穗中法民三知初字第581号案件、（2016）闽民终1483号案件、（2016）闽民终103号案件、（2017）云民终9号案件、（2019）黔民终757号案件。值得一提的是，河南省高级人民法院和郑州市中级人民法院在（2015）豫法知民终字第00356号案件中，也引用了《最高人民法院关于当前经济形势下知识产权审判服务大局若干问题的意见》第15条，充分考虑了被告所投入的巨大的人力物力，如果禁止则造成巨大的经济损失，进而判令被告向原告支付一定的赔偿费，而未要求停止侵权行为。

但是目前我国的在先案例在考虑公共利益和当事人利益平衡问题上，还是主要将"公共利益"较多考虑在民生领域（如民生工程、排水安全、消防安全等），法院对于产业链、就业和社会经济影响的考虑较少，同时也较少考虑原、被告本身的情况，忽视了平衡双方当事人的利益，也未考虑比例原则的适用。

尤其是在我国要实现产业结构升级的过程中，势必有更多的科技产品会聚合极高的专利，如果忽视了比例原则的适用以及原、被告利益平衡，极易造成新产品的经营时时受到专利诉讼的困扰。可以参考的是，美国在著名的eBay案中，适用了新的"四要件检验标准"来决定申请人是否能够获得永久禁令救济。据统计，通过eBay案前后六年的比较，美国地方法院在专利侵权案中发布禁令的比例从1.24%下降到0.2%，有效地保护了美国实体企业。此做法值得我国法院借鉴。

综上，在NPE诉讼中，法院在是否判决停止侵权的问题上，应当尤其慎重，需要充分考虑分析原、被告利益，妥善处理针对聚合极多专利的高科技产品的临时禁令和停止侵权、防止行为禁令和停止侵权对社会公共利益造成冲击，从而影响我国产业发展。

七、中国法院具有标准必要专利全球费率管辖权①

事件回放

2020年，OPPO公司、OPPO深圳公司向深圳市中级人民法院提起诉讼，法院于2020年3月25日立案受理。OPPO公司、OPPO深圳公司起诉请求：（1）确认夏普株式会社、赛恩倍吉日本株式会社在许可谈判中的相关行为违反FRAND义务或者违反诚实信用原则；（2）就夏普株式会社拥有并有权作出许可的WiFi标准、3G标准以及4G标准相关标准必要专利在全球范围内针对OPPO公司、OPPO深圳公司的智能终端产品的许可条件作出判决，包括但不限于许可使用费率；（3）判令夏普株式会社、赛恩倍吉日本株式会社赔偿OPPO公司、OPPO深圳公司因违反FRAND义务给OPPO公司、OPPO深圳公司造成的经济损失共计人民币300万元。

夏普对案件提出管辖权异议，请求：（1）驳回起诉；（2）如果上述请求不能全部满足，则依法裁定驳回该案中侵权纠纷起诉，裁定将涉及中国专利在中国大陆范围的许可条件纠纷移送广州知识产权法院管辖，驳回涉及其他国家或地区的专利许可条件的起诉。赛恩倍吉日本株式会社亦提出管辖权异议，同意夏普株式会社意见，并认为其与本案侵权纠纷及专利许可纠纷均无关系，不应成为本案被告。深圳市中级人民法院驳回被告管辖权异议申请，后二被告向最高人民法院提起上诉，请求驳回原审裁定。

2021年8月19日，最高人民法院知识产权法庭作出终审裁定：二被告上诉请求均不能成立，应予驳回；原审裁定认定事实清楚，适用法律正确，应予维持。经查明，法院认为，本案系标准必要专利许可纠纷管辖权异议案件。根据当事人的诉辩情况及初步查明的事实，本案二审期间的争议焦点有：中国法院对本案是否具有管辖权；如果中国法院对本案具有管辖权，原审法

① 杨璞律师，上海市方达律师事务所。

院对本案行使管辖权是否适当；如果原审法院具有管辖权，其在本案中是否适宜对涉案标准必要专利在全球范围内的许可条件作出裁决；赛恩倍吉日本株式会社是否可以作为本案被告。

律师评析

这是我国最高司法机关首次明确对标准必要专利全球许可条件的管辖。针对中国法院是否适宜对涉案标准必要专利的全球许可条件进行裁决，该裁定中明确了以“当事人之间具有达成全球许可的意愿”为事实基础，“最密切联系”原则和方便法院为依据的管辖权判断标准。最高人民法院知识产权法庭也明确指出，在当事人具备达成全球许可的意愿且案件与中国法院具有更密切联系的情况下，中国法院适宜对涉案标准必要专利在全球范围内的许可条件作出裁决。

OPPO诉夏普案也标志着中国法院开始在全球标准必要专利许可纠纷中采取更加主动的管辖规则，是我国探索知识产权案件域外管辖的开端。近年来，知识产权领域的国际平行诉讼频发。随着全球化的发展，跨国公司多进行全球化知识产权布局。全球平行化的知识产权布局也导致在跨国公司之间的知识产权纠纷在全球多个地区同时进行。知识产权国际平行诉讼也对我国法院行使知识产权专属管辖以及对当事人合法权益的保护提出了挑战。当事人在中国法院寻求知识产权保护时，另一方当事人往往利用域外知识产权诉讼对当事人在中国法院寻求正当权益的保护形成制衡，但这种手段可能对中国法院保护中国知识产权以及当事人合法权益产生不良影响。当一方当事人在域外平行诉讼中寻求司法救济时（如在其他国家范围内禁令、确定中国或全球许可条件等），这种司法救济的范围可能会与中国法院的审理范围直接或间接重合。此外，如果外国法院在域外平行诉讼中率先作出生效裁判，会对双方当事人的谈判地位产生实质影响，导致中国关联诉讼的终断，或导致中国法院将不得不在审理途中重新考虑相关因素，造成司法资源的极大浪费。

值得注意的是，英国法院在无线星球诉华为的标准必要专利许可纠纷中，已经率先建立了对当事人全球标准必要专利许可费的裁定权，这无疑让英国法院在标准必要专利全球纠纷的裁判中建立了优势地位。我国法院通过在OPPO诉夏普一案中建立对全球标准必要专利许可费的管辖权，有利于保障我国法院行使知识产权专属管辖，保护当事人合法权益，防止司法资源的浪费。中共中央办公厅和国务院办公厅于2018年2月27日发布《关于加强知识产权审判领域改革创新若干问题的意见》中，把加快知识产权审判体系和审判能力现代化作为改革的主要目标，并坚定了要大力提高知识产权审判的质效，进一步提高知识产权法官队伍的能力和素质的目标。最高人民法院知识产权审判庭也曾介绍，在近五年来全国法院系统受理的知识产权案件中，涉外案件比例达到20%左右，这从一个侧面说明境外的当事人权利人比以往更加愿意选择到中国，尤其是到知识产权法院进行诉讼。通过探索和建立对标准必要专利许可纠纷的域外管辖制度，也有利于我国打造全球知识产权纠纷诉讼“优选地”，提高我国知识产权审判的效率和权威性。

八、标准必要专利纠纷热点观察[①]

事件回放

随着5G时代的到来，标准必要专利纠纷也进一步升级进入白热化。以OPPO诉诺基亚、苹果诉爱立信为代表的5G标准必要专利纠纷已经全面展开，相关诉讼遍及全球各大法域，包括中国、欧洲、美国等。

相应地，各个司法辖区对于标准必要专利纠纷的审理都发布了一些新的指导性政策，也向相关领域的利益相关方，包括专利权人、技术实施者、律师、经济学家、学者、消费者团体提供了提出意见的渠道。

比如，2021年12月6日，美国司法部（Department of Justice，DOJ）、美国专利商标局（U.S. Patent & Trademark Office，USPTO）和国家标准与技术研究所（National Institute of Standards and Technology，NIST）发布了“F/RAND承诺的标准基本专利许可谈判和补救措施政策声明草案”（Draft

① 杨璞律师，上海市方达律师事务所。

Policy Statement on Licensing Negotiations and Remedies for Standards-Essential Patents Subject to F/RAND Commitments），并鼓励公众就此草稿发表意见。

2019年，特朗普政府指导下的三部门也曾经出台过一版许可谈判和补救措施政策声明。而本次的2021版本，则是在拜登政府的指导下作出的。相较2019年版本，本次草案最大的修改亮点是更为强调专利权人和实施者之间的“平衡”以及整个标准必要专利制度的“透明度”。可以说，“平衡”和“透明度”是拜登政府2021版草案的核心。而其中的“平衡”实则是通过限缩对标准必要专利的司法禁令救济实现的。

具体而言，该草案第八页明确声明，标准必要专利的司法禁令作出标准也应当依据eBay案所确立的一般禁令标准进行分析。而依据eBay标准，标准必要专利权人恐难以证明自身将受有难以弥补的损害。并且，金钱救济完全足以补偿标准必要专利权人的损失。因此，草案认为，在标准必要专利权人自愿作出FRAND声明的前提下，结合eBay标准，标准必要专利权人几乎难以再寻求司法禁令救济。但是，草案也规定，如果实施者拒绝支付法院或其他中立决策者认定为F/RAND许可使用费，则实施者将被认为是不愿意接受许可，此时作出禁令是合理的。

前述2021版草案出台后，相关利益相关方纷纷就草案提出意见，且不同利益相关方之间的矛盾极为激烈，主要矛盾点就在于对禁令救济的限缩是否正当和必要。

德国汽车工业协会、美国汽车创新联盟、日本汽车制造商协会所代表的汽车行业认为，越来越多的设备开始采用蜂窝无线通讯，相关组件供应商越来越面临侵权赔偿的风险，而赔偿数额往往超过了相关组件的利润率。而2019年的声明却错误地广泛支持针对FRAND担保SEP的司法禁令和ITC排除令，无形中推迟或减少了针对标准化产品的投资，进而最终伤害了美国消费者。而新草案通过限制SEP持有人对自愿被许可人寻求禁令的能力，在SEP持有人和被许可人的权利之间取得了良好的平衡。因为，对于是否授予司法禁令而言，金钱赔偿是否足以作为充分的赔偿，远比双方的谈判行为更为重要。并且，FRAND承诺本身就隐含地承认，在某些情况下，金钱赔偿才是SEP侵权的适当补救措施。

以爱立信、InterDigital为代表的专利权人，则纷纷表示应当继续保持2019年声明的内容。其中，爱立信从产业生态和竞争秩序两个角度强调了2021版草案可能带来的不利后果。具体而言，爱立信认为从产业生态的角度，FRAND制度所创造的许可生态能够保障创新者收获足够的许可使用费，并将其重新投资于未来的发展。这从长远来看，可以将前期的研究成果重新贡献给整个产业生态，并形成一个促进竞争和促进消费者福利的良性循环；而从竞争秩序的角度，采用有利于大型实施者的政策不但不会带来更多竞争或创新。反而会加快单边、封闭的专有标准的发展。正如Android开始是一个“开放”的移动平台，后来却逐渐被谷歌“关闭”，对大型实施者有利的政策，只会换来更少的创新以及难以撼动的市场力量。

InterDigital则从自身许可谈判的经验角度，论证了司法禁令规制标准必要专利许可纠纷的必要性。InterDigital认为，其是以许可费作为现金流进行运转的公司，进行反向劫持行为的实施者非常了解拖延谈判能够给InterDigital带来的巨大经济压力和财务困境。因此，一旦实施者知道其不会受到司法禁令的惩罚，诉讼后最坏的结果不过是支付与诉讼之前的相同许可使用费，那么在能够逃避支付全部许可费的经济激励下，实施者必然会选择进行反向劫持，拖延谈判并拒绝付费，此时实施者和权利人之间的平衡才真正被打破了。而2021版草案显然忽略了“反向劫持”的现实性和严重性，未能反映SEP许可和诉讼的实际情况，严重缺乏平衡性。事实上，InterDigital经历了无数机会主义实施者的拖延战术，包括要求无休止的技术澄清、拒绝引入高级决策者、聘请政府官员威胁制裁SEP持有人等，而2021版草案仅规定了“如果实施者拒绝支付法院或其他中立决策者认定为F/RAND许可使用费”这一种授予禁令的情况，显然是极为不合理的。

美国的二十六个产权组织则联合从中美关系的角度提出意见，并敦促撤回2021版草案。2021版草案将标准必要专利问题看作一种传统反垄断和知识产权层面的问题进行规制，这是一种极为短视的想法。事实上，针对标准必要专利执法不力的直接受益者绝对不是美国的初创企业或消费者，中国是世界上最大的标准必要专利技术消费国，削弱美国对其专利的保护将直接有利于中国制造商，他们将会集中力量将大量资源用于AI、5G和量子计算等技术开发，从而超越美国成为技术引领者。

在欧洲，2021年12月7日，英国知识产权局也发布了“标准必要专利与创新：征求意见”的通知和方案，给出了相关利益方可能关心的二十七个问题，供公众提出意见和建议。欧盟委员会则在2022年2月14日发布了最新的标准必要专利SEP工作的最新动态，并基于此发起了征集活动。

律师评析

从整个事件回放可以看出，标准必要专利纠纷具备全球性、复杂性，又涉及重大经济利益，专利权人和实施者分别组成两个产业阵营，激烈交锋。其中所涉及的问题，不但包括基础的专利等知识产权规则的适用、反垄断等竞争规则的适用，甚至因为相关主体的国别，进一步延伸至大国间的技术竞赛的政治问题。

近年来，以华为、OPPO为代表的中国本土企业基于务实的技术研发，均在逐渐从单纯的实施者过渡为兼具专利权人的身份。但是，整体而言，中国企业仍然以实施人的身份为主。中国企业在以杜塞尔多夫法院为代表的欧洲法院，获得了大量针对标准必要专利的禁令。中国企业被迫缴纳大量不合理的许可使用费，给相关企业的研发和发展带来了极为沉重的负担。实施者和专利权人之间的地位严重失衡。

“禁令”无疑已经成为标准必要专利纠纷中最为重要的话题之一。标准必要专利纠纷中司法禁令相关规则的摇摆，会大幅影响两个阵营之间的对抗优势。美国2021版草案所谓的“平衡”就是通过对司法禁令的限制实现的。因此必然遭到了相关专利权人阵营的强烈反对和抗议。美国的部分产业协会甚至通过积极宣扬“中国威胁论”，主张将“禁令”作为限制中国科技发展的理论工具，实则只是为少数专利权人攫取垄断利益谋求政治合理化。

笔者认为，2021版本和2019版草案在面对禁令的态度上发生如此大的转折，一方面，是由于美国两党制的政治制度，不同政党背后的企业支持者分属于不同的产业阵营，执政党的政策必然受到一定的影响；另一方面，司法禁令对“平衡”所带来的真正影响的确已经引起了整个产业界、司法界以及学界的反思。限制针对标准必要专利的禁令，让禁令回归“冷静”，则是最为合理的发展趋势。

事实上，就中国司法实践而言，在华为和三星之间的标准必要专利侵权纠纷中，中国法院依据双方在许可谈判中的相关行为，通过分析双方是否就无法协商达成一致具备的过错，综合裁定是否针对侵害标准必要专利作出司法禁令。这足以体现出中国司法界对于标准必要专利的禁令一贯持十分审慎的态度。

而美国的2021版草案反映出的趋势也是就标准必要专利慎用司法禁令，将禁令的应用场景尽量限缩至绝对“unwilling”的谈判主体。可见，美国相关政策制定者也意识到了实施者长期在禁令威胁下被迫缴纳过高的许可使用费的事实。

再看欧洲，德国联邦议院（Bundestag）在2021年6月10日通过了“专利法简化和现代化法案二审稿”。其中对《德国专利法》第139条的措辞进行了修改。修改后的条文规定：“在个别特殊情况下，如果严格实施禁令对侵权人或第三方造成不相称的困难，且专有权的行使不合乎情理，禁令主张应被排除。”相关修改的说明备忘录则阐释，“不相称的困难”指的是司法禁令所带来的经济损失超过了发挥充分威慑作用所必需的程度。可见，德国对专利禁令相关规则的趋势也是对禁令进行限缩。

综上，笔者认为，不同法域对于标准必要专利的司法禁令都逐渐趋于审慎和冷静。这无疑能够一定程度上缓解相关实施者的生存压力，促进相关产业的健康循环，营造良好的创新环境。相信在未来的标准必要专利领域，实施者和专利权人能够共建高效、创新的发展路径，造福社会公众。

CHAPTER 6

第6章 商业秘密

新法观察

《最高人民法院关于审理侵害知识产权民事案件适用惩罚性赔偿的解释》[①]

2021年2月7日，最高人民法院审判委员会讨论通过了《关于审理侵害知识产权民事案件适用惩罚性赔偿的解释》（以下简称《解释》），自2021年3月3日起施行。《解释》很好地落实了2020年11月30日习近平总书记在主持中央政治局第二十五次集体学习时强调“抓紧落实知识产权惩罚性赔偿制度”的讲话精神。[②]

2013年《商标法》首次引入了惩罚性赔偿制度，后在《种子法》《反不正当竞争法》《专利法》和《著作权法》中也陆续增加了惩罚性赔偿条款。2020年颁布的《民法典》对知识产权惩罚性赔偿制度作了专条规定，这标志着惩罚性赔偿在知识产权领域实现了全覆盖，为知识产权侵权案件适用惩罚性赔偿提供了全方位的法律支持。

《解释》共7条，对知识产权民事案件中适用惩罚性赔偿的范围、请求内容和时间、主客观要件、基数计算和倍数确定等作了明确规定，为各级法院适用惩罚性赔偿提供了明确的指引和裁判标准。《解释》主要内容包括：

---

① 李德成律师，北京金诚同达律师事务所；白露律师，北京金诚同达（深圳）律师事务所。

② 新华社：《习近平主持中央政治局第二十五次集体学习并讲话》，载中国政府网，http://www.gov.cn/xinwen/2020-12/01/content_5566183.htm。

一是在第1条第2款中规定了“故意”即“恶意”，统一了惩罚性赔偿适用的主观要件，便于审判工作的开展；

二是在第3条中明确了“故意”这种主观状态的认定标准；

三是在第4条中对“情节严重”的客观标准作了规定，强调应当综合考虑侵权手段、次数，持续时间、地域范围、规模、后果等因素来认定情节是否严重，并明确这是惩罚性赔偿制度中客观方面的要件，是确定惩罚倍数的重要考量因素；

四是明确了惩罚性赔偿中基数和倍数的确定方式。《解释》的出台为审判实践提供了一定的裁判依据，但如何在具体案件中找到惩戒侵权行为和防止滥用惩戒的平衡点，还任重而道远。

典型案例

一、广州天赐高新材料股份有限公司、九江天赐高新材料有限公司诉华某、刘某、安徽纽曼精细化工有限公司等侵害技术秘密纠纷案①②

案情聚焦

广州天赐高新材料股份有限公司（以下简称广州天赐公司）、九江天赐高新材料有限公司（以下简称九江天赐公司）主张华某、刘某、安徽纽曼精细化工有限公司（以下简称安徽纽曼公司）等七被告侵害其“卡波”制造工艺技术秘密，请求判令七被告停止侵权、共同赔偿经济损失7000万元及维权费用98万元并赔礼道歉以消除影响。广州天赐公司、九江天赐公司（以下简称两天赐公司）认为，安徽纽曼公司未经许可使用其技术秘密；华某作为广州天赐公司卡波研发负责人，将其掌握的卡波配方及通过不正当手段获取的

① 李德成律师，北京金诚同达律师事务所；白露律师，北京金诚同达（深圳）律师事务所。

② 一审案号：（2017）粤73民初2163号；二审案号：（2019）最高法知民终562号。

工业、流程、设备的技术秘密披露给安徽纽曼公司使用；刘某作为安徽纽曼公司股东和法定代表人，与华某合谋窃取技术秘密；吴某等四人为上述侵权行为提供帮助，共同侵害了两天赐公司的技术秘密。

广州知识产权法院于2019年7月19日作出一审判决，认定两天赐公司主张的卡波工艺、流程、设备的技术信息构成技术秘密，而卡波配方不构成技术秘密；认定华某、刘某、安徽纽曼公司、胡某和朱某构成共同侵权，承担赔偿责任；认定安徽纽曼公司以侵权为业，按照其销售利润（毛利润）[①]计算赔偿数额；认定安徽纽曼公司及华某、刘某等人恶意侵权且情节严重，确定2.5倍惩罚性赔偿，判决安徽纽曼公司赔偿两天赐公司经济损失3000万元及合理开支40万元，华某、刘某、胡某、朱某对前述赔偿数额分别在500万元、500万元、100万元、100万元范围内承担连带责任。

两天赐公司、华某、刘某和安徽纽曼公司均不服，向最高人民法院提起上诉。安徽纽曼公司辩称其并非以侵权为业，并提交了营业执照等证据佐证其经营范围不只是卡波产品的生产。最高人民法院于2020年11月24日作出二审判决，改判认为，安徽纽曼公司的侵权获利按照涉案技术秘密的贡献程度50%进行调整，依据安徽纽曼公司恶意侵权、侵权情节严重且妨碍举证的事实认定侵权获利的5倍确定损害赔偿数额。虽然经济损失赔偿总数额仍为3000万元，但改判华某、刘某、胡某、朱某对前述赔偿数额分别在500万元、3000万元、100万元、100万元范围内承担连带责任。

在本案一审诉讼立案后判决作出之前，江西省湖口县人民法院于2018年1月19日作出（2017）赣0429刑初49号刑事判决，认定华某、刘某等人的行为构成侵犯商业秘密罪。后江西省九江市中级人民法院作出（2018）赣04刑终90号刑事判决，确认原审判决认定的事实，除改判其中一人的刑事处罚外，其余维持原判。前述刑事案件审理期间及判决作出后，安徽纽曼公司仍未停止生产销售涉案产品。

---

① 本案无法查明安徽纽曼公司的毛利率，故以九江天赐公司的毛利润来计算安徽纽曼公司的侵权获利金额。

律师评析

本案是最高人民法院判决的首例适用惩罚性赔偿的知识产权案件，对落实知识产权侵权惩罚性赔偿制度具有示范作用。

本案明确了以下问题的裁判规则，为各级法院正确理解和适用商业秘密侵权案件的惩罚性赔偿制度起到了积极的指导作用：（1）关于惩罚性赔偿损失基数的确定。商业秘密侵权案件适用惩罚性赔偿时，即使无法确定全部损失数额，仍可以已查明的部分损失数额为基数计算惩罚性赔偿金额。（2）关于惩罚性赔偿倍数的确认。本案一审法院综合考虑安徽纽曼公司侵权持续时间、生产规模和举证妨碍等因素，确定了2.5倍的惩罚倍数。最高人民法院在认定侵权人存在恶意侵权、情节极其严重、举证妨碍的基础上，确定顶格5倍的惩罚倍数。（3）关于以侵权为业的认定。是否以侵权为业，可从主客观两方面进行考量。就客观方面而言，行为人已实际实施侵害行为，并且系其公司的主营业务、构成主要利润来源；从主观方面看，行为人包括公司实际控制人及管理层等，明知其行为构成侵权而仍予以实施。本案中，安徽纽曼公司未举证证明其除卡波产品外生产其他产品的事实，结合华某被诉披露技术秘密的侵权行为发生时间及安徽纽曼公司利用相关技术秘密生产相关产品并向国内外销售时间，一、二审法院均确认安徽纽曼公司系以侵权为业。（4）以侵权为业公司的法定代表人、实际控制人全程参与生产经营活动，在侵权活动中起主要作用的，应对公司的全部赔偿数额承担连带责任。最高人民法院在二审中将安徽纽曼公司法定代表人刘某的连带赔偿金额由500万元改判为3000万元。

除以上值得总结学习的裁判规则外，笔者认为二审法院关于涉案技术秘密贡献程度为50%的认定以及以此为基础所作的改判，应当引起必要的关注、讨论和反思。一审法院未认定两天赐公司的卡波配方构成技术秘密，只认定了卡波工艺、流程、设备的技术信息构成技术秘密。二审以涉案技术秘密在卡波产品生产过程中所起的作用酌情确定涉案技术秘密的贡献程度为50%，进而根据原审法院确定的获利数额确定损失数额基数为600万元，笔者认为值得商榷。本案中，安徽纽曼公司侵害的两天赐公司技术秘密涉及产品生产工艺、流程和设备，这些技术秘密对生产涉案合格产品起到关键作用，非法使用涉案技术秘密行为与生产销售侵权产品获利之间的因果关系已经确立，且安徽纽曼公司在一、二审过程中并未提出证据证明生产涉案产品还用到了涉案技术秘密之外的其他技术并产生实质性的贡献，因此二审酌定贡献率的必要性必然受到质疑。研读二审判决的理由，似乎是因为两天赐公司主张的卡波配方不构成技术秘密就酌定扣除50%，很显然这没有说服力，且与计算关键技术在生产产品中的贡献率占50%存在逻辑上的错误。因此，将技术贡献因果关系的事实查证量化为“贡献率”审判思路值得反思，而且可能将对权利人在寻求技术秘密侵权（犯罪）司法救济的证据准备时带来非常大的困惑，因为一旦所主张的部分技术秘密（点）不成立则可能导致损失数额基数被机械地用减法甚至是除法来计算的结果。由此可见，上述结果和导向值得进一步商榷和反思。

二、嘉兴市中华化工有限责任公司、上海欣晨新技术有限公司诉王龙集团有限公司、宁波王龙科技股份有限公司、喜孚狮王龙香料（宁波）有限公司、傅某某和王某某等侵害技术秘密纠纷案①②

案情聚焦

嘉兴市中华化工有限责任公司（以下简称嘉兴中华化工公司）与上海欣晨新技术有限公司（以下简称上海欣晨公司）共同研发了乙醛酸法生产香兰素工艺，并将之作为技术秘密保护。该工艺相比传统工艺优越性显著，嘉兴中华化工公司基于这一工艺一跃成为全球最大的香兰素制造商，占据了香兰素全球市场约60%的份额。2010年，嘉兴中华化工公司的前员工傅某某将其获知的与香兰素有关的技术秘密披露给了王龙集团有限公司（以下简称王龙集团）的董事长王某某，后从嘉兴中华化工公司离职，进入宁波王龙科技股

① 李德成律师，北京金诚同达律师事务所；白露律师，北京金诚同达（深圳）律师事务所。

② 一审案号：（2018）浙民初25号；二审案号：（2020）最高法知民终1667号。

份有限公司（以下简称王龙科技公司）香兰素车间工作。王龙科技公司还陆续从嘉兴中华化工公司挖走多名精通香兰素生产工艺的员工，在短时间内成为全球第三大香兰素制造商，占据了全球香兰素市场约10%的份额，抢走了嘉兴中华化工公司的大量客户。

2018年，嘉兴中华化工公司、上海欣晨公司向浙江省高级人民法院以王龙集团公司、傅某某、王某某等为被告提起了侵犯商业秘密之诉，请求判令各被告停止侵权，赔偿经济损失及合理开支5.02亿元。一审法院认定王龙集团公司等侵犯了涉案部分技术秘密，判令其停止侵权、赔偿经济损失300万元及合理维权费用50万元。一审法院同时作出行为保全裁定，责令王龙科技公司、喜孚狮王龙香料（宁波）有限公司（以下简称喜孚狮王龙公司）立即停止使用涉案技术秘密。王龙科技公司、喜孚狮王龙公司并未停止使用行为。后各方当事人均不服一审判决，向最高人民法院提起上诉。二审中，嘉兴中华化工公司、上海欣晨公司将上诉请求的赔偿额降低为1.77亿元。2021年2月，二审判决认定王龙集团等侵犯涉案全部技术秘密，并根据权利人提供的经济损失相关数据，综合考虑侵权行为情节严重、涉案技术秘密商业价值极大以及王龙科技公司等侵权人拒不执行生效行为保全裁定等因素，改判各侵权人连带赔偿经济损失1.59亿元。鉴于该案被诉侵权行为已涉嫌侵犯商业秘密犯罪，二审判决书中载明最高人民法院将依法将相关线索移送公安机关处理。

律师评析

本案是截至目前判决赔偿额最高的侵害商业秘密案件，但本案并未适用惩罚性赔偿。笔者认为，本案有六个方面值得关注。

第一，本案本可以适用惩罚性赔偿，但因为诉讼请求及新旧法律适用衔接的原因，惩罚性赔偿的请求未被支持。2019年《反不正当竞争法》明确规定侵害商业秘密案件可以主张惩罚性赔偿，该法于2019年4月23日起施行。《民法典》明确规定侵害知识产权案件可以主张惩罚性赔偿，该法于2021年1月1日起施行。嘉兴中华化工公司与上海欣晨公司于2018年5月提起诉讼，其主张的损失赔偿数额仅计算至2017年年底，并未包括自2018年持续至二审期间被诉侵权行为给其造成的损失，且在前述主张计算赔偿数额的侵权行为期间之后，我国上述相关法律才明确规定符合特定条件的侵害技术秘密行为可以适用惩罚性赔偿，最高人民法院认为本案不宜适用惩罚性损害赔偿，对于2018年以来仍持续存在的侵害涉案技术秘密的行为，嘉兴中华化工公司与上海欣晨公司可以依法另行寻求救济。

第二，本案高额赔偿额的计算及认定方式值得借鉴。本案二审判决采纳了以销售利润计算的赔偿额作为实际损失的认定依据，纠正了一审判决因原告提交的证据不足以证明其因侵权行为受到的实际损失，适用法定赔偿方式计算赔偿数额的错误观点。最高人民法院综合考虑嘉兴中华化工公司与上海欣晨公司提出的按营业利润计算、按销售利润计算和按价格侵蚀计算的三种赔偿计算方式和相关证据，特别是王龙集团等被诉集团公司及被诉侵权人侵权恶意较深、侵权情节恶劣、在诉讼中存在妨碍举证和不诚信诉讼情节，以及王龙科技公司、喜孚狮王龙公司实际上系以侵权为业的公司等因素，最高人民法院依法决定按照香兰素产品的销售利润计算本案侵权损害赔偿数额。本案彰显了最高人民法院严厉惩处恶意侵害技术秘密的行为，充分保护技术秘密权利人的合法利益的司法态度。

第三，认定王龙科技公司的法定代表人王某某构成共同侵权，并判决与其他被告承担连带责任。王某某自身积极参与本案被诉侵权行为，既体现了王龙科技公司的意志，也体现了王某某的个人意志。同时，鉴于王某某专门为实施被诉侵害涉案技术秘密行为成立王龙科技公司，该公司已成为王某某实施被诉侵害涉案技术秘密行为的工具，且王某某与王龙集团、王龙科技公司、喜孚狮王龙公司、傅某某存在密切的分工、协作等关系，从而认定王某某个人实施了侵权行为，具体包括以不正当手段获取、披露、使用及允许他人使用该商业秘密，并与王龙集团、王龙科技公司、喜孚狮王龙公司、傅某某构成共同侵权应承担连带责任。

第四，二审在评价证据的真实性、合法性和关联性时，强调了超出举证期限提交证据的情况，但没有给予足够和必要的重视。王龙集团、王龙科技公司、喜孚狮王龙公司、傅某某与王某某均未在二审法院指定的举证期限内提交新证据。虽然如此，最高人民法院还是接受了证据并组织质证和审查：有些证据无法核对真实性，且与香兰素的生产无关；有些证据存在原件与复印件不一致的情形，且无法实现其证明目的；有些证据公开的技术与涉案工艺不同；有些证据原件与复印件不一致但委托诉讼代理人的解释尚属合理，对其真实性予以确认，但与香兰素生产无关；有些证据无原件故不能确认其真实性；某证据没有原件，且与公安机关调取的2015年环境影响报告书不一致，无法确认其真实性；某证据无法完整展示涉案香兰素生产工艺；某证据编制时间为2019年9月，缺乏足够关联性。法院是基于上述事实和理由对二审提交的新证据才均不予采信的，很显然对没有合理理由超出举证期限提交证据行为，未作否定性的评价和谴责，未责令承担相应的法律责任，也没有在证据的证明力上作出对其不利的法律后果。笔者认为这种导向是不对的，期望能够及时作出调整。

第五，针对技术秘密案件当事人举证能力有限的现实状况，结合与其他证据相互印证的事实，综合评判后采纳了当事人单方制作的证据。本案中提交了嘉兴中华化工公司2008—2017年产品销售毛利数据、香兰素销售明细账，系为补强其原审销售数量和销售单价以证明销售数量的真实性；还提交了“关于中华化工等诉王龙集团等侵害商业秘密案的损害赔偿的经济分析报告”等。上述证据均系用以证明因涉案技术秘密被侵害受到的损失或者侵权人因侵害涉案技术秘密所获利益。为了进一步补强，二审提交了新证据即2009—2017年嘉兴中华化工公司香兰素产品每月两笔销售转账凭证及其所附发票、平均单价等，进一步证明原审证据中销售单价的真实性。为证明单位成本的真实性，提交了2009—2017年香兰素数量金额明细表、随机抽取的每月一笔转账凭证及其生产成本结算表、原材料分配表。最高人民法院认为，虽然原审证据中包含有嘉兴中华化工公司自制的证据，但二审已经提交了新证据补充证明原审证据的真实性，且该新证据具有真实性、合法性、关联性，该新证据可以采信。同时，考虑侵害技术秘密类案件中普遍存在的当事人举证能力有限的现实状况、嘉兴中华化工公司与上海欣晨公司的实际举证能力和具体举证情况、本案其他证据相互印证情况等因素，对上述原审证据予以采纳，对原审证据所记载的价格侵蚀情况也客观展示。这是非常值得肯定的，希望能够起到好的示范和引导作用。

第六，最高人民法院认为技术秘密权利人在依法行使民事救济后，对于可能构成商业秘密刑事犯罪的案件，应移送公安机关处理。这一观点进一步明确了技术秘密民事救济与刑事打击不是替代关系，对于确定涉嫌侵犯商业秘密犯罪的行为，权利人在拿到民事生效判决后，依据情况可以向公安机关进行刑事控告，以有效打击侵权行为，维护市场竞争秩序。

三、北京零极中盛科技有限公司诉北京鼎源力诺科技有限公司、鼎源力诺科技（廊坊）有限公司、周某、李某等侵害技术秘密纠纷案①②

案情聚焦

北京零极中盛科技有限公司（以下简称零极公司）主张北京鼎源力诺科技有限公司（以下简称鼎源公司）、鼎源力诺科技（廊坊）有限公司（以下简称鼎源廊坊公司）、周某和李某等六被告侵害其电源电路板设计方案的技术秘密并提起诉讼，请求判令停止侵权，回收并销毁已经生产的侵权产品，共同赔偿经济损失100万元及维权费用7716元。北京知识产权法院于2018年9月19日立案受理，2021年3月29日作出判决驳回其诉讼请求，理由是零极公司所主张的涉案技术信息在被诉侵权行为发生时为所属领域的相关人员容易获得，不能满足法律规定的要件不构成商业秘密。零极公司不服一审判决，以原审判决认定零极公司产品型号为ZCC100-2D380模块电源的电路板设计（以下简称涉案技术信息）为公众所知悉属于事实认定错误和被诉侵权行为事实清楚被诉侵权人应承担相应赔偿责任为由提出上诉。最高人民法院认为原审判决认定事实清楚，适用法律虽有瑕疵，但裁判结果正确应予维

① 李德成律师，北京金诚同达律师事务所；白露律师，北京金诚同达（深圳）律师事务所。

② 一审案号：（2018）京73民初1065号；二审案号：（2021）最高法知民终1440号。

持，判决驳回上诉请求。

律师评析

涉案技术秘密是否被市场流通产品公开，或者通过权利人公开销售的产品是否容易获得，就此问题的证明方法与证明标准在理论与司法实践中均有较大争议，本案判决在如下方面值得关注：

一是针对市场流通产品所采取的保密措施与容易获得的关系问题。公开销售的产品可能载负涉案部分或者全部技术秘密的，先要判断权利人是否采取了针对性的保密措施，或者为实现保密目的而采取了何种技术措施，这与判断不特定第三人是否容易获得涉案技术秘密直接相关。本案中，最高人民法院指出，应能达到对抗不特定第三人通过反向工程获取其技术秘密程度。比如根据技术秘密本身的性质，即使拆解载有技术秘密产品，亦无法通过分析获知该技术秘密；采取物理保密措施对抗反向工程，采取一体化结构如拆解将破坏技术秘密等。这在处理路径上给出了提示，值得业界关注。

二是聚焦需查证的技术事实以及本案的查证方法值得借鉴。研读本案不难发现，既要查明被诉侵权产品所涉技术信息，又要查明权利人公开销售产品所载负的技术信息，还要查明在其他载体中体现而通过公开销售产品能够获得和不能获得技术信息等。本案中的勘验方案、步骤与方法，统筹与兼顾了所需要查证的技术事实，比如在勘验被诉产品所涉及技术信息的同时与权利人主张的秘密点进行比对，并在此过程中查证所用的方法和工具等。①

三是为判断是否容易获得，选择恰当的勘验流程与方法查证相关的技术

① 比如原审法院现场拆封了公证封存的被诉侵权产品，拆开被诉侵权产品外壳，显示内部电路板上有覆胶保护。为将被诉侵权产品与涉案技术信息进行比对，原审法院组织各方当事人进行现场勘验，对被诉侵权产品电路板进行了去胶，以便观察到电路结构。经去胶后直接观察，各方当事人均认可零极公司主张的密点中如元件布局、参数、连接关系等大部分信息可以直接从去胶后的电路板上直接观察得到，六被诉侵权人还认可除存在个别元件参数及元件数量、位置差异外，其余直接观察得到的技术信息与零极公司主张的相应秘密点内容相同。针对零极公司主张的，部分无法通过直接观察被诉侵权产品得出，需要进一步拆解、测量的技术信息，对相应元件进行了拆解、测量，确认其元件构成、参数等信息。上述过程中，使用了恒温烙铁、数字电桥、数显卡尺、万用表等工具。

事实。本案中，权利人并未主张其对自身公开销售的产品采取了特殊的保护措施。从行业的一般知识来看，所属领域的相关人员如果要通过已经被公开销售的电源产品获取涉案技术信息，其过程应基本与勘验被诉侵权产品的过程一样，即去胶、拆解、观察和测量等，除非有合理的理由，或者其他特殊的原因。这样合理高效且节省成本，值得借鉴。

四是基于勘验与查证的过程以查明的事实为基础，结合所用的是不是常规仪器和工具、拆解测量的过程是否复杂以及所用的技艺和成本是否过高等因素综合判断是否容易获得。[①]值得注意的是，一、二审法院就本案给出的指导，其意义体现在判断的方法与要考虑的因素上，笔者认为并非也不应该是判断的标准。比如将合法公开购买的集成电路芯片，委托专业公司进行分析并出具报告以获得所需要的技术信息。专业公司在磨片、拍摄、绘制、分析的过程中，所使用的显然不是一般的常用的工业测量器具等，要用到非常专业的技艺和昂贵的设备，如以本案的方法为判断标准的话，其结论应是大相径庭。而对于委托方来讲，却是非常容易且合法的，因为其成本仅是支付公开市场上合理的费用而已。

五是区分公开销售产品与图纸所载负的技术秘密信息的不同并确定范围，在查明是否使用该类不同技术信息的基础上判断侵权与否。现结合一、二审诉请的情况分别评述。在一审中，零极公司主张涉案技术信息中存在许多技术细节无法直观得到，所属领域技术人员无法根据已公开销售产品完整获取涉案技术信息，其获取的有差异的技术信息亦无法达到原本应有效果的观点，原审法院认为无充分的技术依据，无法从在案证据中确认哪些内容或技术细节属于所属领域技术人员无法容易得到的，该技术细节也并未充分体

---

① 针对该过程是否能容易得到涉案技术信息，原审法院查证：去胶、拆解所用到的仪器主要是恒温烙铁，测量仪器是数字电桥、数显卡尺、万用表，上述仪器均属于常规仪器，具体的拆解测量过程较为简单，不需要特殊的技艺或过高的成本，因此，获取过程是容易的。关于是否能切实得到涉案技术信息问题，原审法院查证：涉案技术信息的电路布局和元件位置属于可以直接观察得到，部分元件参数、封装等信息可以通过观察到的型号结合供应商的相应产品参数文档介绍进行确认。部分元件需要进行简单拆解，但所属领域技术人员亦可以结合行业一般知识对部分元件所使用工艺及构件进行确认，如磁芯、骨架型号，绝缘胶带宽度，导线规格和绕线圈数，磁芯中心是否开气隙等。

现在秘密点的描述中。可见一审原告在权利主张与证据组织上均存在问题。就此问题，二审法院认为零极公司主张的未充分描述的技术细节，基本体现为被诉侵权产品与零极公司主张产品秘密点有差异的部分，零极公司产品中该部分是否存在技术秘密与本案并无关联。二审法院通过技术比对查证是否使用的角度给予了回应，逻辑是清楚的。

在二审中上诉的具体理由有二：首先，利用涉案技术信息生产的产品为针对电网企业的高压控制产品，销售对象为国家电网等相关电力设备生产企业，安装在相关电网设备上，并非公众或本领域技术人员所公知或能够轻易获得。其次，涉案技术信息为对应的产品图纸，其设计均由零极公司独自完成，最终产品包含大量的自创组件，如无相关图纸无法确定技术参数，也无法达到技术指标。很显然第一个理由明显偏题，二审法院未予明确回应，在此不做点评。第二个理由虽然直接目的不明确，但内在逻辑可以理解。对此二审法院认为一审勘验的事实，一方面表明通过市场流通产品获得的技术信息达不到技术图纸的标准，另一方面可以印证被诉侵权产品并非以零极公司技术图纸制造。很显然这是从事实的角度予以否定的，逻辑也是清楚的。可遗憾的是，二审判决的如下内容将其归于容易获得的事实判决，这在表述上值得商榷："据此，原审判决认定，涉案技术信息通过去除覆胶、拆解后，使用常规仪器测量可以获得的技术信息，构成所属领域的相关人员容易获得并无不当，本院予以确认。"

四、优铠（上海）机械有限公司诉李某、周某、曹某、上海路启机械有限公司和寿光市鲁丽木业股份有限公司侵害技术秘密纠纷案①②

案情聚焦

优铠（上海）机械有限公司（以下简称优铠公司）是一家制造、销售优

---

① 李德成律师，北京金诚同达律师事务所；白露律师，北京金诚同达（深圳）律师事务所。

② 一审案号：（2017）沪73民初716号；二审案号：（2019）最高法知民终7号。

选锯产品的公司，拥有“边测量边锯切的设计”的技术秘密。李某、周某和曹某系优铠公司前员工，知悉涉案技术秘密并签有保密协议。三人在优铠公司任职期间共同成立了上海路启机械有限公司（以下简称路启公司），并将优铠公司的技术秘密披露给路启公司使用。后三人陆续从优铠公司离职加入路启公司。寿光市鲁丽木业股份有限公司（以下简称鲁丽公司）明知被诉侵权产品是使用优铠公司涉案技术秘密生产的，但仍然购买使用。优铠公司于2017年11月向上海知识产权法院提起技术秘密侵权诉讼，请求判令李某、周某、曹某、路启公司停止侵权，要求前述被告共同赔偿损失及合理开支1100万元，并就其侵权行为刊登声明、消除影响；判令鲁丽公司停止使用自路启公司处购买的利用涉案技术秘密制造的优选锯。在提起本诉之前，上海知识产权法院曾就优铠公司诉曹某、周某、李某和路启公司技术秘密侵权纠纷案作出（2015）沪知民初字第275号民事判决，判令曹某、周某、李某和路启公司立即停止侵犯优铠公司“边测量边锯切的设计”的技术秘密，并不得披露、使用和允许他人使用涉案技术秘密。上海市高级人民法院就该案作出第470号判决维持原判后，优铠公司发现曹某、李某、周某仍未经许可向路启公司披露涉案技术秘密，并且在2013年10月至2017年4月，共同使用涉案技术秘密，制造被诉侵权产品V200、Q80和S200优选锯，在2017年5月至2017年年底，制造、销售被诉侵权产品F308、H18优选锯。优铠公司依据1993年《反不正当竞争法》就新的侵权行为提起本案诉讼。为查明案件需要，一审法院依据优铠公司的申请就路启公司制造的V200、Q80、S200、F308和H18优选锯产品是否具有同一性委托北京国创鼎城司法鉴定所（以下简称国创司鉴所）进行鉴定。鉴定结论为路启公司生产的前述型号优选锯所体现的技术信息与优铠公司“边测量边锯切的设计”的技术信息不相同且实质不同。一审法院认为第470号判决已就优铠公司针对曹某等未经许可非法披露涉案技术信息的主张作出了生效判决并进行了处理，本案中没有证据表明被诉侵权产品使用了涉案技术秘密，判决驳回优铠公司的全部诉讼请求。

优铠公司不服，向最高人民法院提起上诉。二审期间，合议庭根据当事人的申请，前往山东省临沂市、寿光市两地工厂对公证封存的机器进行现场勘验，通过现场操作机器，将设计的十余组锯切实验方案一一锯切，细致比对锯切结果。根据二审勘验结果，被诉侵权产品的锯切方式和结果遵循了涉案技术秘密的工艺流程，实现了涉案技术秘密的技术效果，且路启公司一、二审中均未提交证据证明其制造的优选锯使用的锯切工艺不同于涉案技术秘密的锯切工艺，故撤销一审判决，判决路启公司停止侵权，赔偿优铠公司500万元经济损失及100万元合理开支。最高人民法院针对鲁丽公司无正当理由毁损人民法院查封证据的行为，依法给予10万元的罚款处罚。

律师评析

针对本案涉及的复杂技术事实，最高人民法院在二审中设定验证方案并对封存设备现场勘验，在查明案件关键事实的基础上依法改判。笔者认为，本案在如下方面值得关注：一是针对一审中鉴定程序存在的瑕疵不做重新鉴定，而是请技术调查官对被诉侵权产品进行勘验以查明涉案技术事实，节省司法资源。二是进一步明确了技术秘密内容和范围的确定原则。优铠公司上诉称一审法院对其所主张的技术秘密理解错误，导致认定结论错误。而李某、周某和路启公司则主张优铠公司在一审鉴定、二审提交上诉状时，多次变更涉案技术秘密，违反诚信原则。最高人民法院认为技术秘密不具有法定的权利外观，由权利人秘密持有，需要通过法院审理，将技术秘密的权利外观固定下来，然后才能具体审查是否侵权、承担民事责任。侵害技术秘密之诉体现了诉讼的博弈性。本案涉及抽象的公式算法和锯切工艺流程，案情比较复杂，法院通过多次庭审才逐步明确技术秘密的实质内涵。对于密点的描述，一般应在一审法庭辩论结束前完成，但权利人有证据证明其在一审法庭辩论结束后提出的内容仅是对主张的技术秘密具体内容的解释和说明，并未超出其主张的技术秘密的内容，也没有改变其所主张的技术秘密内容，有利于法院查明案件事实的，亦可予以采纳。三是关于被诉侵权产品是否使用了涉案技术秘密的判断逻辑与证明标准。一审鉴定机构仅以优铠公司不能证明被诉侵权产品存在长度模式，直接认定V200优选锯不具备长度锯切功能。最高人民法院认为，在优铠公司的相关主张具有合理性的前提下，一审鉴定机构可以要求路启公司就其制造的优选锯产品提供说明书或者要求其进行解锁，以此查明技术事实。一审鉴定的程序处理存在不当之处，应予以纠正。最高人民法院在二审勘验中，通过对另一台V200优选锯输入密码即解锁了长度锯切模式，并结合勘验情况认为，由于本案优铠公司所主张的技术秘密系特定条件下锯切方式的选择及其结果，在此情况下，如果被诉侵权产品在该特定条件下所选择的具体锯切方式及其锯切结果与其请求保护的技术信息不具有实质性差异，则可以认定被诉侵权产品使用的技术信息与涉案技术秘密构成实质相同。四是关于损失证据的调取及赔偿数额的认定。本案中，由于相关侵权证据由被告控制，优铠公司举证有困难，故最高人民法院在二审中依据权利人的申请向海关、税务部门调取了路启公司2014年至2017年销售被诉侵权产品的报关单据和2014年至2017年销售优选锯的税务票据。二审法院结合日常经验法则、证据之间的关联性和证据来源等进行了综合审查，同时考虑了涉案技术秘密的性质和创新程度、研究开发成本、商业价值及带来的竞争优势、贡献度和侵权人的主观过错和侵权情节酌情确定了赔偿数额500万元。五是再次重申销售侵犯商业秘密所制造的侵权产品不属于《反不正当竞争法》[①]所列明的侵犯商业秘密的行为。使用商业秘密的过程，通常是制造侵权产品的过程，当侵权产品制造完成时，使用商业秘密的侵权结果即同时发生。既然销售侵犯技术秘密所制造的侵权产品不属于侵犯技术秘密的行为，那么购买者使用侵犯技术秘密所制造的侵权产品亦不应属于《反不正当竞争法》所禁止的侵犯商业秘密的行为。

① 1993年《反不正当竞争法》第10条第2款规定："第三人明知或者应知前款所列违法行为，获取、使用或者披露他人的商业秘密，视为侵犯商业秘密。"

五、洛阳瑞昌环境工程有限公司诉洛阳明远石化技术有限公司、程某、李某和武某等侵害技术秘密纠纷案[①②]

案情聚焦

洛阳瑞昌环境工程有限公司（以下简称瑞昌公司）于2018年起诉洛阳明远石化技术有限公司（以下简称明远公司）、程某、李某和武某等，请求判令各被告立即停止侵害瑞昌公司的技术秘密和经营秘密，并赔偿经济损失及维权合理开支1000万元。程某、李某和武某等十人为瑞昌公司前员工，在职期间均与公司签订有保密协议。明远公司为程某设立的公司。2013年至2016年，程某等十人陆续从瑞昌公司离职入职明远公司。瑞昌公司认为，程某等人违反与其签订的保密协议，持续利用工作便利将接触到的客户信息披露给明远公司进行交易、使用。明远公司明知程某等人系瑞昌公司前员工，仍使用上述客户信息进行交易并获利，故明远公司和程某等人共同侵犯了瑞昌公司的经营秘密。瑞昌公司还主张明远公司于2014年11月21日申请的名称为“一种燃烧器”的实用新型专利披露了瑞昌公司的燃烧器技术方案，使瑞昌公司失去了竞争优势，侵犯了瑞昌公司的技术秘密。一审法院认为明远公司等共同侵害了瑞昌公司的经营秘密，但因瑞昌公司提交的证据不能证明其主张的燃烧器技术方案属于“不为公众所知悉”的技术秘密，判决明远公司、程某等人立即停止侵害瑞昌公司经营秘密的行为，明远公司赔偿瑞昌公司经济损失及合理开支共计150万元；程某等三人各对其中的10万元承担连带赔偿责任，李某等七人各对其中的5万元承担连带赔偿责任的判决。

瑞昌公司、明远公司和程某等人均不服一审判决，向最高人民法院提起上诉。二审撤销一审判决，改判明远公司、程某、李某立即停止侵害瑞昌

---

① 李德成律师，北京金诚同达律师事务所；白露律师，北京金诚同达（深圳）律师事务所。

② 一审案号：（2018）豫01民初2272号；二审案号：（2020）最高法知民终726号。

公司技术秘密的行为，在专利有效期内不得自行或许可他人实施涉案专利；明远公司赔偿经济损失300万元及合理开支10万元，程某对其中的100万元承担连带责任，王某、程某锋分别对其中的50万元承担连带责任，李某对其中的20万元承担连带责任，武某、蔡某、田某分别对其中的10万元承担连带责任。

律师评析

本案同时涉及技术秘密与经营秘密侵权，有如下几方面值得关注：（1）将原公司技术秘密申请专利构成侵权的民事责任与后续法律救济问题。二审判决构成技术秘密侵权应承担赔偿责任的同时，还对后续法律救济给出指引，即明确基于他人技术秘密形成的专利属于他人财产，侵权方应依据诚信原则将该专利转移至技术秘密所有人名下，并不得自行或许可他人实施涉案专利。如果侵权方不主动履行前述义务，瑞昌公司可以根据本案查明的事实另行起诉，请求确认涉案专利权的权属。笔者认为，本案的权利人在提起技术秘密侵权诉讼时，将涉案的专利权或专利申请权判决归原告所有作为诉讼请求，其法律救济更为有效也节省了宝贵的司法资源。（2）员工违反约定利用原单位经营秘密进行（或帮助）交易违法事实认定的方法以及侵权行为发生时员工离职与否所产生的影响。二审法院明确区分员工被指控侵权行为是离职前还是离职后实施的。在查明程某、李某等六名员工离职之前参与明远公司项目并取得销售业绩的基础上，从如下三个方面论证其违法性并认定构成侵权的：①均承担有竞业限制和保密义务且违反这些义务；②达成交易所销售的部分产品重合，足以导致交易机会丧失、市场份额被不正当挤占；③未提供足够证据支持部分交易是基于客户信赖或通过公开信息达成的抗辩的理由。而对于唐某、王某和江某三人，二审法院则认为现有证据不能证明在离职前曾有为明远公司工作或侵害瑞昌公司经营秘密的行为，在离职之后或者竞业限制协议期满之后没有法定或约定的竞业限制义务，且瑞昌公司未能证实该三人在新入职后有利用原单位获得的客户信息谋取不正当利益的行为，撤销一审判决改判不构成侵权，并在判决书中阐明要考量的因素：①要处理好保护经营秘密与劳动者自由择业、竞业限制和人才合理流动的关系；②要考虑员工是否有接触客户信息的条件；③要考虑员工的行为是否具有不正当性，是否符合法律规定的侵害商业秘密的具体情形等。二审法院还进一步指出：员工离职后，限制员工的择业自由一般以存在法定或者约定的竞业限制义务为前提。对于员工因本职工作正常获取的客户信息，除非原单位能够证明员工或其所在新单位使用该客户信息获取竞争优势具有不正当性，员工或其所在新单位使用该客户信息的行为并不当然具有违法性。

（3）针对争议焦点合理分配"不为公众所知悉"的证明责任并在此基础上做综合判断。本案中，明远公司等被诉侵权人一审时提交了2010年和2013年凯勒特研讨会相关资料及其部分翻译、光盘，凯勒特技术应用实例及其部分翻译件，主张涉案技术秘密是案外人凯勒特公司的技术，且在涉案专利申请之前已经公开。一审法院基于查明的事实[①]，认为瑞昌公司没有提供证据证明参加培训的其他人员的来源和范围，亦没有证据证明所培训的内容属于"不为公众所知悉"并属瑞昌公司的技术秘密，驳回了该诉讼请求。二审期间，瑞昌公司提交了《技术信息咨询报告》以证明其主张的技术信息"不为公众所知悉"。二审法院基于进一步查明的事实[②]，从以下几方面阐述了涉案技术信息具有秘密性：①明远公司就涉案专利技术方案申请专利的行为表明该公

① 一审法院查明，案外人霍尼韦尔公司分别于2010年、2013年举办了凯勒特公司燃烧器技术培训，2012年在海南项目工程中应用，程某和李某参加了前述培训。

② 二审法院查明，涉案专利技术方案中的部分技术方案与瑞昌公司主张的涉案技术信息实质上相同，明远公司在二审中明确主张被诉侵权涉案专利的技术方案来源于凯勒特公司于2010年举办的燃烧器技术培训公开的内容，同时主张2012年凯勒特公司在海南项目中销售过燃烧器产品，通过使用公开了涉案技术秘密。经分析程某提交的《霍尼韦尔凯勒特燃烧器上海技术研讨会回顾》和王某提交的《霍尼韦尔上海凯勒特燃烧器技术研讨会小结》，该培训由瑞昌公司委托凯勒特燃烧器上海公司举办，程某和王某等三人于2010年11月17—18日到上海的霍尼韦尔中国总部进行了学习和交流，并参观了凯勒特上海燃烧器工厂，参观过程一直有工作人员阻止拍照，有很强烈的技术保护意识。上述技术培训资料中，未披露涉案技术信息中的技术方案。明远公司提交的声称为2012年海南项目工程的照片拍摄地不详，拍摄时间的真实性无法确认，且未显示涉案技术构造，且该工程图纸系在一审诉讼期间获得，电子邮件发件人明确表示"不要随意扩散"。

司认为该技术方案与现有技术有区别。在涉案专利与涉案技术信息构成实质相同的情况下，可以推定涉密技术信息属于不为公众所知悉的技术信息。②瑞昌公司长期与霍尼韦尔公司开展燃烧器技术合作，由霍尼韦尔公司的关联方凯勒特公司提供该技术，并在此基础上继续研发，也可以证明涉案技术信息不能轻易从公开渠道获得。③根据《技术信息咨询报告》，在2015年4月22日被诉侵权涉案专利公开日之前，未发现公开涉密技术信息的技术文献。④明远公司主张该技术信息已经通过使用公开的依据不足。笔者认为，从上述所涉及争议事实来看，在一审诉讼时甚至在发起诉讼时，很多的问题必然会成为争议的焦点，这是可以也应该做出预判并做充分地证据准备的，在二审诉讼中所提交的新的证据虽然有些是新产生的证据完全可以在一审诉讼中完成甚至是在诉讼前完成，从某种意义上讲在本案的二审诉讼中，作为上诉人（原告）是幸运的。（4）针对已经发生的侵害经营秘密的侵权行为，判决停止侵权民事责任的必要性问题。一审判决支持了原告诉请各被告停止侵害其经营秘密的请求，二审认为本案对侵害经营秘密行为继续判决停止侵害已经失去必要性和时效性，主要理由如下：①侵权人与原单位签订的《保密协议》约定的5年期限已过。②客户信息随着时间的推移和市场供需关系的变化，其价值和带来的竞争优势会随之减弱。如果长期禁止其他经营主体进入市场不利于建立平等、公平和有序的市场环境。③本案中通过判令侵权人支付赔偿金额已经足以弥补原单位因经营秘密被侵害造成的经济损失。（5）二审加大了侵权公司实际控制人承担的侵权连带责任。二审判决结合各侵权自然人在瑞昌公司的任职时间、担任的职务及知悉商业秘密情况、签署保密协议、竞业限制协议、入职明远公司时间、对明远公司的实际控制程度、实施的具体侵权行为、侵权情节等方面，综合考虑侵权人的主观过错程度以及所实施行为对侵权损害结果的作用大小，将明远公司实际控制人程某、王某、程某锋的连带责任份额由一审判决的占总赔偿额的十五分之一提高到三分之一和六分之一。

六、安美微客（北京）互联网科技有限公司诉岭博科技（北京）有限公司、郑某和吴某等侵害计算机软件著作权及商业秘密纠纷案[①②]

案情聚焦

安美微客（北京）互联网科技有限公司（以下简称安美微客公司）于2017年6月起诉岭博科技（北京）有限公司（以下简称岭博科技公司）、郑某和吴某等，请求判令岭博科技公司立即停止实施侵害安美微客公司计算机软件著作权及商业秘密的行为，停止对外销售LinkBroad网关设备及其相关软件，并召回已经对外销售的LinkBroad网关设备及其相关软件；判令岭博科技公司向安美微客公司赔礼道歉，消除影响；判令岭博科技公司赔偿安美微客公司经济损失960万元及维权费用；判令郑某和吴某等构成对计算机软件著作权及商业秘密的共同侵权，停止侵权行为，并承担连带赔偿责任。一审法院认为安美微客公司关于安美微客网关系统软件、石基接口构成其技术秘密，主张的客户名单、报价策略、石基接口等构成其经营秘密的主张缺乏事实依据，故一审法院对安美微客公司主张五被告实施了侵害其技术秘密及经营秘密的侵权行为不予支持；安美微客公司关于五被告侵害其计算机软件著作权的主张同样缺乏事实依据，亦不予支持；判决驳回安美微客公司的全部诉讼请求。

安美微客公司不服一审判决提起上诉，并在二审期间提交了四份新证据。二审法院认为本案的争议焦点包括：五被上诉人是否侵害了安美微客公司商业秘密及计算机软件著作权；如构成侵权，相应民事责任应当如何承担。本案中，安美微客公司主张五被上诉人侵害其计算机软件著作权及侵害商业秘密，其中，商业秘密侵权部分，既包括技术秘密又包括经营秘密；涉案计算机软件代码既是安美微客公司主张计算机软件著作权侵权的权利基础，又构成安美微客公司主张的技术秘密的具体内容。最高人民法院认为一审判决认

① 李德成律师，北京金诚同达律师事务所；白露律师，北京金诚同达（深圳）律师事务所。

② 一审案号：（2017）京73民初1153号；二审案号：（2020）最高法知民终1099号。

定事实清楚，适用法律正确，应予维持，判决驳回上诉。

律师评析

1.软件（源）代码技术秘密范围的确定性与真实性。不论是确定计算机软件著作权作品的内容还是明确计算机软件（源）代码的技术秘密范围，都需要固定用于主张权利的涉案软件具体版本（号），并提供相应的载体及电子数据的环境信息以证明时间与内容的真实性，这是提起诉讼并组织证据的基础性工作。如果版本不准确会带来一系列的问题，如权利内容与范围不清、无法确定技术秘密（作品）代码完成时间、接触的事实被质疑、无法（顺利）比对以及对公开（或开源）代码无法筛选等。这在本案一、二审中有比较充分地体现：（1）关于代码最后编译的时间问题，本案安美微客公司提交的京网协鉴定中心通字［2017］第26号司法鉴定书显示，安美微客公司代码的最后编译时间为2015年11月29日，编译对象为AMTTACSSoftware2.30（R-1-rc3）20140523。一审法院认为，文件名称中的日期是人为命名的，任何人均可任意在文件名中添加和修改日期，因此在无证据进一步佐证的情况下，对于安美微客公司主张其委托鉴定的计算机软件版本完成时间为2014年5月3日，一审法院不予采纳。（2）关于诉讼中出现主张权利的不同版本问题，一审法院指派技术调查官参与诉讼，并对安美微客公司提交的计算机软件代码与岭博科技公司计算机软件代码进行版本勘验、编译和抽样比对，发现安美微客公司在本案中提交的主张权利的软件版本进行勘验显示抽样的各源代码文件中均含有最后修改时间为2016—2017年的代码文件，将安美微客公司提交的源代码编译运行后，通过命令行比较发现安美微客公司在本案中提交的主张权利的软件版本与其自行委托鉴定的软件版本的部分功能不同，应属不同版本的代码。经技术调查官询问，安美微客公司未做合理解释。本案中出现的这些问题说明原告在起诉前并没有做好必要细致的核查工作，当所主张的软件版本在诉讼中出现问题以后，变更作品内容和技术秘密代码的范围将会成为不容回避的问题，这必须在一审中通过竭尽全力地补充证据来弥补，包括重新确定并明确技术秘密的代码或源代码的范围以及真实性无争议的载体，否则必然产生严重的不利后果。

2. 在一审中未明确的商业秘密具体内容，二审中变更主张权利的软件版本，调解不成的另行起诉。二审中安美微客公司上诉主张，吴某离职时应交接的全部计算机软件源代码（以下简称吴某应交接版源代码）构成其技术秘密，并要求二审法院依据《反不正当竞争法》第32条、《民事诉讼证据规定》第95条的规定，责令吴某提交安美微客公司主张的计算机软件源代码。二审法院认为：根据《最高人民法院关于审理侵犯商业秘密民事案件适用法律若干问题的规定》第27条的规定，权利人应当在一审法庭辩论结束前明确所主张的商业秘密具体内容。仅能明确部分的，人民法院对该明确的部分进行审理。权利人在第二审程序中另行主张其在一审中未明确的商业秘密具体内容的，二审人民法院可以根据当事人自愿的原则就与该商业秘密具体内容有关的诉讼请求进行调解；调解不成的，告知当事人另行起诉。双方当事人均同意由二审人民法院一并审理的，二审人民法院可以一并裁判。本案二审时，安美微客公司主张将“吴某应交接版源代码”作为其主张技术秘密的权利基础和依据，其实质上是在二审程序中另行主张其在一审中并未明确的商业秘密的具体内容，现岭博科技公司等五被上诉人在二审程序中明确表示不愿进行调解，且双方对于吴某在其离职时是否已交接全部计算机软件源代码、吴某是否应当在本案二审中提交相关源代码以及安美微客公司二审中新主张的“吴某应交接版源代码”是否符合商业秘密法定构成要件等问题存在重大分歧，若将上述争议问题与安美微客公司在一审中主张的诉请内容一并在二审中审理，当事人享有的诉讼程序权益将难以得到保障。因此，本案二审中，对于与安美微客公司在一审中主张的技术秘密有关的上诉主张及请求，不予支持，而关于安美微客公司能否根据《反不正当竞争法》第32条、《民事诉讼证据规定》第95条的规定，主张由五被上诉人提交吴某应交接版源代码，该源代码能否作为安美微客公司主张技术秘密的权利基础和依据，以及各方当事人在本案二审中提交的相关证据能否达到其证明目的等争议问题，不予审理，安美微客公司对此可以另行起诉。综上所述，二审法院驳回了安美微客公司的上诉请求。

七、北京理正软件股份有限公司诉北京大成华智软件技术有限公司、林同棪国际工程咨询（中国）有限公司侵害技术秘密纠纷案[①][②]

案情聚焦

北京理正软件股份有限公司（以下简称理正公司）主张北京大成华智软件技术有限公司（以下简称大成公司）、林同棪国际工程咨询（中国）有限公司（以下简称林同棪公司）侵害其商业秘密，于2017年向北京知识产权法院提起诉讼，请求判令两被告停止侵权、共同赔偿经济损失129万元及维权费用5.96万元并赔礼道歉以消除影响。理正公司称自主开发的《理正建设企业管理信息系统》软件包含多项技术秘密。臧某、刘某和何某是理正公司的前员工，在任职期间接触涉案软件的商业秘密，筹划设立大成公司并成为股东，离职后将该商业秘密带到大成公司使用。大成公司使用商业秘密开发软件并将软件出售给林同棪公司。林同棪公司购买并使用了涉嫌侵犯理正公司商业秘密的软件。一审法院于2020年1月8日判决大成公司立即停止使用理正公司被认定为商业秘密的“数据库表、数据库存储函数及过程”，并赔偿理正公司25万元及合理开支2.7万元。理正公司不服一审判决，向最高人民法院提起上诉，二审驳回上诉维持原判。在本案一审判决前，北京市西城区人民法院分别作出（2015）西刑初字第449号和（2016）京0102刑初第549号刑事判决书认定臧某、刘某和何某构成侵犯商业秘密罪。北京市第二中级人民法院维持上述原判，判决分别于2016年8月31日和2016年12月23日生效。

律师评析

本案涉及离职员工在职期间筹划设立公司，将原单位商业秘密带到新设

---

① 李德成律师，北京金诚同达律师事务所；白露律师，北京金诚同达（深圳）律师事务所。

② 一审案号：（2017）京73民初18号；二审案号：（2020）最高法知民终1101号。

立公司使用的行为，在软件商业秘密同一性鉴定和共同侵权认定等方面值得关注：

一是一审法院对软件技术秘密案实质相同鉴定结论采纳与否的评判思路。（1）关于程序代码的表达。形式表达即静态数据库表中，体现为字段名称、字段数量、表的名称等，动态过程/函数中，体现为执行逻辑功能所展现的具体语句等。内容表达即静态数据库表中，体现为实体关系模型、字段存储内容以及表之间的主外键关系，动态过程/函数中体现为实际需要实现的逻辑功能，例如表单的调用优先级排布以及调用关系等。（2）分析比对数据库表、存储过程和函数。本案中，比对结果显示：两者在8个工作流数据库，6个数据表单，2个数据列表，1个工具条库，2个系统参数库，3个系统基础功能库，2个组织机构及用户库，1个权限授权库，1个站点菜单库和2个项目管理库等方面相同。又如，在数据库存储过程/函数方面，有2个系统基础功能存储过程，1个基础框架函数，1个人力资源基础函数和2个项目管理功能函数相同等。（3）基于数据表单之间、表与过程/函数之间各自具有独立的作用，基于交互亦存在的紧密联系综合进行分析评判。认为上述实质相同的部分主要体现为内容表达方面，内容的选择、实现和布局足够具体，达到为更好展现软件内容、实现软件功能所应有的标准。据此认定，涉案软件被诉内容在具体层面上与涉案商业秘密具有相当的一致性，其内容来源于涉案商业秘密，又根据林同棪公司硬盘中的数据库文件与理正公司软件中的数据库文件构成实质上相同的事实，认定林同棪公司硬盘中的数据库文件含有理正公司主张的涉案商业秘密。

二是结合本案获取技术秘密的具体事实，分析在非法使用行为过程中购买者是否有共同侵权的合意，并结合终端用户的注意义务综合判断是否构成侵权。一审法院认为，由于大成公司的获取行为系其独立行为，而本案并无证据证明针对大成公司的非法获取行为，林同棪公司与其存在合意，因此理正公司所主张大成公司存在的非法获取行为，不属于共同侵权行为的评价范围。大成公司将含有涉案商业秘密的数据库文件交付林同棪公司，该数据库文件属于可读状态可以通过该文件获知涉案商业秘密的具体内容，确认大成公司的披露行为构成侵权。而大成公司披露行为和林同桜公司被主张的获取行为属于对接行为，其被主张的使用行为亦和林同桜公司的获取行为存在较强的牵连性，上述行为在损害产生方面均无法独立分割，具有混同性，因此，林同桜公司在获取阶段存在“明知或应知”的情形既是被主张的获取、使用行为是否构成侵害涉案商业秘密行为的前提之一，亦是其是否与大成公司构成共同侵权的前提。从获取行为发生的阶段来看，两者系交易关系。理正公司认为，根据林同桜公司副总裁赖某在先刑事案件中的询问记录可知，林同桜公司对涉案商业秘密被非法披露这一事实是明知或应知的。针对这一事实一审认为，赖某陈述仅显示怀疑大成公司可能存在知识产权风险，但其未明确表示对涉案商业秘密的相关信息有所了解，在其进一步询问下，臧某承诺知识产权方面没有问题。同时，林同桜公司另一位管理人员李某对大成公司的产品持认可状态。对于林同桜公司而言，其接收相关信息的来源系其管理人员赖某和李某的陈述，在案证据并未显示收到了能证明涉案商业秘密被披露的实质证据，且其接收到赖某的信息也仅为风险提示。在林同桜公司知晓理正公司和大成公司作为竞争者争夺相应业务的情况下，对双方公司是否存在纠纷保持审慎，不偏信一方的态度比较符合商业习惯。此外，由于商业秘密比对十分复杂，在大成公司能够提供计算机软件著作权登记证书且双方又签订了知识产权保证条款的情况下，要求林同桜公司在有限的时间内，投入大量的成本调查大成开发的软件是否使用了理正公司的商业秘密之后，再行决定合作的主体，既不符合正常商业行为的时限性要求，亦不符合交易的经济性要求。据此认为，基于商业秘密比对的复杂性，在没有较为明确的证据显示存在涉案商业秘密被非法披露这一事实或该事实处于容易知晓的状态下时，不应让正常的商事交易主体负担过高的注意义务，否则不利于交易的便利性，不认为林同桜公司对涉案商业秘密被非法披露这一事实系明知或应知的，在获取涉案商业秘密阶段不存在主观过错。在使用行为阶段，一审法院认为，从主体方面来讲林同桜公司并非涉案商业秘密的直接使用者，而是以终端用户的角色支付合理对价善意购买涉案软件；从后续影响方面来讲该公司继续使用涉案软件不会影响理正公司的预期利益，其经营业务与理正公司不在同一市场，二者不存在竞争关系，其继续使用涉案软件并不会影响理正公司的潜在市场份额，进而损害理正公司的预期利益，其后续使用行为不属于侵害商业秘密的行为。

三是在确定损失与赔偿额时所考量的因素。一、二审法院均认为在案证据无法相对确定地得出理正公司的实际损失或大成公司的侵权获利，且理正公司亦未提交证据证明涉案商业秘密的许可费数额。本案在确定赔偿额时充分地考虑了侵权内容与涉案软件价值的关联关系：（1）涉案商业秘密系数据库文件，数据库文件仅为软件的一部分，其价值亦仅为软件价值的一部分；（2）数据库文件在管理系统软件中具有一定作用，数据库设计对管理系统软件的需求实现具有较大意义；（3）涉案商业秘密所涉及的数据库表、存储过程及函数未体现对数据库结构的特殊贡献，因此，在“质”的方面不做特别考量；（4）涉案商业秘密中数据库表在理正公司软件中占比较高，存储过程及函数在理正公司软件中占比较低，涉案商业秘密在大成华智公司出售的软件中占比较低；（5）大成公司具有较强的侵权恶意等。

八、翁某某、王某某等六自然人侵犯宁波某合金材料股份有限公司商业秘密刑事案①②

案情聚焦

宁波某合金材料股份有限公司（以下简称宁波某公司）成立于1994年，主营有色合金材料等产品的设计、开发、制造、销售。通过多年的探索和创新，自主研发形成了十一项铜合金技术，并将这些技术作为企业的商业秘密进行保护。被告浙江某材料有限公司（以下简称新公司）（另案处理）成立于2019年3月，为了减少研发成本投入、快速投产高产能的铜合金项目，通

① 李德成律师，北京金诚同达律师事务所；白露律师，北京金诚同达（深圳）律师事务所。

② 参见宁波鄞州法院：《刚刚，宁波博威价值1.69亿商业秘密被侵案宣判，6名跳槽人员均获刑！》，https://mp.weixin.qq.com/s/RqOQcuot0uRbgaqqwbqzuA，最后访问日期：2022年6月6日。

过高薪利诱的方式，先后招募宁波某公司的核心管理人员翁某某、技术人员王某某、苏某、黄某、刘某和廖某（后四人另案处理）六人入职该公司，组建铜合金高强项目组。上述六人分工配合，将在宁波某公司接触掌握的技术资料擅自带出，通过不正当手段相互复制、使用、共享宁波某公司的技术信息，在新公司启动了铜合金项目的论证、可行性研究报告的拟定、生产线布局规划、设备考察等筹备工作，完成了项目的可行性报告。其间，翁某某担任新公司总裁，负责项目组总体工作，王某某担任项目组组长，组织领导廖某等四人开展相关工作。经评估，宁波某公司所主张的各项铜合金技术许可价值合计1.69亿余元。就以上信息，鉴定机构分别出具了涉案的十一项技术属于不为公众所知悉的技术信息、各犯罪嫌疑人被扣押的电子数据中的技术信息与宁波某公司的技术信息具有同一性、涉案十一项技术的许可价值为1.69亿余元的鉴定意见。一审法院认为翁某某和王某某伙同他人，以不正当手段获取权利人的商业秘密，造成特别严重的后果，行为均构成侵犯商业秘密罪，并认定翁某某和王某某在共同犯罪中起主要作用，系主犯，二人分别被判处四年二个月和三年六个月有期徒刑，并处罚金。翁某某不服一审判决，提起上诉，请求认定本案属于单位犯罪，其在共同犯罪中仅为从犯。二审未开庭审理，裁定驳回上诉，维持原判。

律师评析

本案系新单位通过高薪利诱竞争对手高级管理人员和技术人员带走原单位技术秘密的典型案例。该类行为应该适用《最高人民法院、最高人民检察院关于办理侵犯知识产权刑事案件具体应用法律若干问题的解释（三）》（以下简称《刑事司法解释三》）第5条第1款第1项[①]还是第3项[②]来认定损失，

---

① 《刑事司法解释三》第5条第1款第1项规定："以不正当手段获取权利人的商业秘密，尚未披露、使用或者允许他人使用的，损失数额可以根据该项商业秘密的合理许可使用费确定。"

② 《刑事司法解释三》第5条第1款第3项规定："违反约定、权利人有关保守商业秘密的要求，披露、使用或者允许他人使用其所掌握的商业秘密的，损失数额可以根据权利人因被侵权造成销售利润的损失确定。"

是《刑事司法解释三》出台后饱受争议的问题。如果认定为以不正当手段获取权利人的商业秘密后使用或允许他人使用，则可以根据该项商业秘密的合理许可费确定损失数额；如果认定为员工违反约定披露、使用其所掌握的商业秘密，损失数额只能根据权利人因被侵权造成销售利润的损失确定，如果侵权方的侵权产品尚未产生销售利润，则将因损失数额达不到起刑点而无法定罪。本案一、二审判决均认定各被告人是以不正当手段获取权利人的商业秘密，主要理由为王某某及同案犯在宁波某公司工作期间虽然工作内容与涉案密点相关，但不接触、掌握具体信息。王某某等人主要是通过非法相互复制、拷贝等方式获取的涉案密点的技术信息，故认定为属于不正当手段获取了涉案技术秘密。以上事实主要通过查明并比对各被告人在宁波某公司的任职情况、岗位触密情况、扣押的各被告人电子数据和浙江某公司使用涉案技术信息的文件得出结论。笔者认为，通过比对岗位职责范围内公司允许接触到的技术信息、员工离职时交接给公司的技术信息和员工带到新单位使用的技术信息，厘清员工不被允许接触的是哪些技术信息，从而将这一部分技术信息的获取定性为“以不正当手段获取”，固然是一种理想状态下的证明方法，但实践中囿于公司的管理水平或具体项目安排等原因存在员工实际工作中也“事实”接触到了其岗位职责以外的技术信息的情况，此种情形下用前述证明方法可能无法得出前述结论。

但笔者认为，不论前员工带出的是否是其职责范围内允许接触到的技术信息，只要其接受了新单位（或他人）的利诱，为了达到新单位（或他人）非法获取其掌握的技术秘密的目的有共同的犯意，而实施将技术秘密信息带到或者交付给新单位（或他人）持有、控制的行为，就构成以不正当手段获取技术秘密犯罪。该员工与新单位（或他人）是共同犯罪。此种情况下可以适用《刑事司法解释三》第5条第1款第1项，根据该项商业秘密的合理许可费用确定损失数额。值得注意的是，该员工以非法获取技术秘密共犯定罪，在明知新单位（或他人）以非法获取技术秘密为目的而接受利诱的证据要充分包括主观和客观方面的证据。由于本案新单位（或法定代表人）是另案处理的，新单位（或他人）与该员工共同犯意的证据，也应是案件在侦查、审查起诉与一、二审各阶段证据核查的重中之重。很显然，新单位（或他人）与该员工共同犯罪在同案中审理并判决是应该的，而将新单位（或他人）另案处理其原因不明，笔者不便猜测。期待司法机关对本案中新单位（或他人）侵犯商业秘密罪的处理结果。

九、贺某与李某等九人侵犯富泰华工业（深圳）有限公司商业秘密刑事案①②

案情聚焦

本案所涉技术秘密的载体是准备上市销售的苹果手机3D设计图。苹果公司提供给富泰华工业（深圳）有限公司（以下简称富泰华公司）初稿，由富泰华公司在初稿基础上对图纸进行设计、调整后形成终稿，根据与苹果公司签订的《制造生产协议》制造产品并达到量产。在《制造生产协议》中苹果公司与富泰华公司约定：研发及生产过程中富泰华公司需配合苹果公司履行保密义务，涉案图纸由苹果公司上传其保密网站；富泰华公司将需要登录该网站的员工姓名等资料提供给苹果公司，苹果公司提供账号和密码；富泰华公司员工凭该账号和密码方可登录保密网站查看和下载保密信息。富泰华公司与研发制造部门员工签署保密协议。经鉴定，涉案图纸所记载的双摄像头模块整合之结构设计、IMF精密缓冲开线设计、无线充电与散热之中板结构设计和新一代使用者身份识别之集成设计四项技术秘密，在2017年4月27日之前不为公众所知悉。

贺某在富泰华公司研发制造苹果手机外壳部门任职。2016年12月，贺某利用工作便利，将涉案图纸从公司的技术开发平台下载并保存到员工共享的检测平台中，又通过欺骗的手段让能接触到授权电脑的谭某将其下载储存。后贺某将保存有涉案图纸的U盘带出公司卖给被告人李某。李某转卖给

① 李德成律师，北京金诚同达律师事务所；白露律师，北京金诚同达（深圳）律师事务所。

② 一审案号：（2019）粤0306刑初4934号。本案为发回重审案件，一审判决后，贺某等九名被告均未提起上诉，公诉机关未提出抗诉，判决已生效。

被告人付某。付某经被告人温某介绍将U盘卖给被告人金某介绍的被告人陈某。陈某转卖给被告人罗某。罗某将U盘中的图纸进行删减后经被告人黄某介绍通过邮件发送给被告人张某。张某通过邮件转发给买家并在互联网上发表文章公开披露了涉案图纸。涉案图纸在贺某、李某等九名被告之间均系单线流转，下家拿到的图纸均只对应上家提供的独立来源，罗某虽对涉案图纸进行了删减，但经鉴定，其删减并未涉及图纸的密点。九名被告人到案后均能如实供述犯罪事实。

深圳市宝安区人民法院于2019年2月28日作出（2017）粤0306刑初6930号刑事判决，被告人不服一审判决提出上诉，深圳市中级人民法院于2019年9月10日作出（2019）粤03刑终1677号刑事裁定，认为一审判决认定事实不清，将本案发回重审。深圳市宝安区人民法院依法另行组成合议庭，公开开庭审理了本案，2021年4月19日判决贺某等九人的行为均构成侵犯商业秘密罪，分别判处一年六个月至三年三个月不等的有期徒刑，并处罚金。该判决已生效。

律师评析

本案是公司员工侵犯合作方商业秘密的案件，有以下几个方面值得关注：一是商业秘密使用人有权提起刑事控告。通过研读本案判决书可知，本案侵权行为是由报案人富泰华公司的合作方苹果公司发现并要求其向公安机关报案的。法院仅查明了涉案图纸是苹果公司提供给富泰华公司供设计后生产产品使用，未进一步查明设计修改后的图纸的知识产权归属约定。笔者认为不论涉案技术秘密的权利人是苹果公司还是富泰华公司，或者双方共有，根据《刑法》第219条第3款的规定“本条所称权利人，是指商业秘密的所有人和经商业秘密所有人许可的商业秘密使用人”，富泰华公司均有权提起刑事控告。二是同一性鉴定应将侵权行为对应的技术秘密载体与权利人主张的密点进行比对，而不是与权利人的技术秘密载体（图纸）进行比对。笔者注意到，发回重审后委托了新的鉴定机构，纠正了原一审鉴定比对对象错误的问题，重新出具了同一性鉴定报告。这里需要说明的是，权利人主张的密点是商业秘密保护的对象，其范围是明确的，技术特征是具体的。将侵权行为对应的技术秘密载体与密点做同一性鉴定，是为了证明非法披露的犯罪事实，这是重要的但非唯一的证明方法。权利人的技术秘密载体（图纸），是为了正确理解秘密点范围及技术特征而提供的证据，同时也是权利人所主张的密点真实性的直接而重要的证据。三是针对不同侵权行为类型正确选择损失认定的方法。本案认定为共同犯罪，既有九人以不正当手段获取权利人的商业秘密，披露和允许他人使用的行为，还有将涉案商业秘密公开披露导致涉案商业秘密以为公众所知悉的行为。原审判决以技术开发成本作为权利人损失数额的认定方法显然存在错误，重审判决纠正了该错误，依据评估机构重新出具的商业价值评估报告，根据公开披露导致商业秘密为公众所知悉可以根据商业秘密的商业价值确定损失的法律规定，重新认定了损失。四是本案对在非法买卖商业秘密过程中起帮助、介绍作用的主体，认定为共同犯罪的从犯，严厉打击了商业秘密流转过程中的“桥梁”“纽带”，起到了很好的效果。

十、郑某、丘某侵犯音王电声股份有限公司商业秘密刑事案①②

案情聚焦

音王电声股份有限公司（以下简称音王公司）是全球音视频智能化集成产业龙头企业，主营数字调音台等专业音响和音视频系统集成设备的制造、研发。该公司拥有“最佳的压缩器”和“卡迪克调音台三项技术信息”等技术秘密。被告人郑某、丘某曾任音王公司研发部门负责人和电子工程师，在离职前共同出资成立公司利用“最佳的压缩器”技术秘密试产紧凑型数字调音台。丘某受郑某指使两次从他人电脑窃取了“最佳的压缩器”技术秘密的

① 李德成律师，北京金诚同达律师事务所；白露律师，北京金诚同达（深圳）律师事务所。

② 一审案号：（2021）浙02刑初35号。本案一审判决后，被告人郑某、丘某均未提起上诉，公诉机关未提出抗诉，判决已生效。参见浙江法院网：《“商业谍战”中的罪与罚——宁波郑某等人侵犯音王公司商业秘密案尘埃落定》，https://www.zjsfgkw.cn/art/2021/5/24/art_24_23823.html，最后访问日期：2022年6月6日。

源代码。2018年4月至5月，被告人郑某隐瞒其准备离职和已另成立公司的真相，以备份为由骗得音王公司“卡迪克调音台三项技术信息”资料，并指使丘某筛选复制于移动硬盘中以备使用。经鉴定，“卡迪克调音台三项技术信息”的许可使用价值为182万元。2018年8月至9月，郑某、丘某先后离职，继续使用“最佳的压缩器”技术秘密生产数字调音台；2019年3月，在惠州市设立公司专门生产、销售数字调音台。截至2019年11月案发，郑某和邱某设立的公司共生产、销售数字调音台1205台，给音王公司造成损失91.43万元。2021年4月22日，宁波市中级人民法院判决被告人郑某犯侵犯商业秘密罪，判处有期徒刑四年，并处罚金人民币200万元；被告人丘某犯侵犯商业秘密罪，判处有期徒刑二年，缓刑二年六个月，并处罚金人民币10万元；扣押在案的相关犯罪工具、侵权产品予以没收。一审判决后，被告人郑某、丘某均未提出上诉，公诉机关未提出抗诉。

律师评析

本案入选浙江省高院发布的“商业秘密司法保护八大典型案例”，本案将被告人侵犯商业秘密的犯罪行为区分为“违约型”和“侵权型”分别确定损失后量刑，对类案的处理具有一定的借鉴意义。2020年9月14日生效的《最高人民法院、最高人民检察院关于办理侵犯知识产权刑事案件具体应用法律若干问题的解释（三）》（以下简称《刑事司法解释三》）第5条第1款第1项、第2项、第3项分别确定了“侵权型”和“违约型”侵犯商业秘密行为的损失认定方法，规定以不正当手段获取权利人的商业秘密后实施侵犯商业秘密的行为（侵权型），可以根据该项商业秘密的合理许可使用费或权利人因被侵权造成的销售利润损失确定损失；违反约定、权利人有关保守商业秘密的要求实施侵犯商业秘密的行为（违约型），只能根据权利人因被侵权造成的销售利润损失确定损失。本案中，郑某和丘某既实施了违反保密约定将已接触的技术秘密带走使用的行为，又实施了以不正当手段复制他人电脑里的源代码后使用和骗取未接触技术信息的行为。一审法院根据不同的侵权行为类型分别以销售利润损失和合理许可使用费等不同的方式认定损失，对被告人予以定罪量刑。有观点认为违约型侵犯商业秘密的行为人对商业秘密的占有是合法正当的，较盗窃等不正当手段获取商业秘密行为而言社会危害性相对较小，所以在入罪门槛上应当与侵权型侵犯商业秘密的行为有所区分，故造成的损失按照行为人使用商业秘密造成权利人销售利润的损失计算，而不以商业秘密的合理许可使用费或者商业秘密的商业价值作为认定损失的依据。对上述观点笔者不予评价，但是竞争对手通过挖人带走技术的方式更能精准地获得需要的技术秘密，该方式更隐蔽，成功率更高，给权利人造成的损失更大。如果案发时涉案此类技术秘密已经建成生产线尚未生产，或者正在试产，或者生产部分产品尚未销售等，按照《刑事司法解释三》的规定以“权利人因被侵权造成销售利润的损失”将无法定罪，显然这有悖于严厉打击侵犯商业秘密犯罪行为、保护创新的司法导向。从笔者所了解到的情况看，很多地方的侦办单位和检察机关对此甚是困惑，特别期望能够作出必要的修改，作为长期以来从事技术秘密刑事保护法律服务的执业律师，笔者也深有同感。

重点关注

一、《企业商业秘密管理规范》团体标准正式发布

事件回放

2021年12月31日，《企业商业秘密管理规范》（T/PPAC 701–2021）（以下简称《规范》）团体标准由中国专利保护协会批准发布。该标准由中国专利保护协会、中知（北京）认证有限公司、中国冶金科工集团有限公司、中国标准化研究院等共同起草。

《规范》共包括11个章节。第1章规定了《规范》的适用范围；第2章规定了援引的规范性文件；第3章阐述了术语和定义；第4章阐述了企业环境的理解和影响因素；第5章规定了领导作用；第6章重点阐述了应对风险和机遇的措施、管理目标及其实现的策划等；第7章阐述了资源、能力、意

识、沟通、成文信息等方面的支持；第8章规定了商业秘密的确定原则及方法；第9章规定了商业秘密的管理制度；第10章规定了商业秘密的争议解决；第11章规定了商业秘密管理的监督检查、评审及改进。

律师评析

《规范》为国家一级社团组织首例企业商业秘密管理团体标准，依据《标准化工作导则 第1部分：标准化文件的结构和起草规则》（GB/T 1.1–2020）编制。从内容来看，其具有以下特点：

体系健全，框架完整。《规范》综合阐述了商业秘密全流程管理中的各个环节，并且援引了GB/T19000质量管理体系、GB/T22080信息安全管理体系、GB/T企业知识产权管理规范及GB/T34061知识管理体系等系列规范文件，便于企业在建立商业秘密管理体系的同时与其他管理体系高效融合。

可实施性强。《规范》第8—11章详细介绍了商业秘密的确定原则及方法、商业秘密管理制度的建立、商业秘密的争议解决，以及商业秘密管理的监督检查、评审及改进措施等，如果相关单位能够严格执行《规范》，健全企业内部的商业秘密管理制度，能在一定程度上很好地保护自己的商业秘密。

观念创新。根据中国专利保护协会的说明，该标准首次提出并引入了安全度的概念，引导企业的商业秘密管理始终关注商业秘密的安全度，指导企业采用过程方法，在合适的时间节点选择清晰合理的考核指标，并通过指标的分解量化、测量监控及不断完善，持续提升企业商业秘密管理水平，助力企业高质量发展。

二、《“十四五”利用外资发展规划》明确提出落实知识产权侵权惩罚性赔偿制度，加大商业秘密保护力度

事件回放

2021年10月12日，商务部发布的《“十四五”利用外资发展规划》（以下简称《发展规划》）正式实施。《发展规划》明确提出依法平等保护外商投

资企业产权，落实知识产权侵权惩罚性赔偿制度，加大商业秘密保护力度，打击各类知识产权侵权行为。

律师评析

“十四五”时期是我国开启全面建设社会主义现代化国家新征程、向第二个百年奋斗目标进军的第一个五年，我国利用外资进入新的发展阶段。《发展规划》是商务部出台的首份利用外资发展专项规划。优化外商投资环境是《发展规划》的主要目标和重点任务之一，《发展规划》指出，以规则公开透明、监管公平公正、服务便利高效、依法保护权益为着力点，持续打造市场化法治化国际化营商环境，增强对全球优质要素资源的吸引力。

知识产权环境是外商投资环境的重要组成部分，《发展规划》第8部分第2项规定，落实知识产权侵权惩罚性赔偿制度，加大商业秘密保护力度，打击各类知识产权侵权行为。加大知识产权行政执法力度，提高知识产权司法救济的及时性和便利性。推进知识产权仲裁和调解，探索多元化知识产权纠纷解决机制，切实保护外商投资企业知识产权。

为了落实知识产权惩罚性赔偿制度，2020年公布的《民法典》规定了知识产权惩罚性赔偿制度，标志着惩罚性赔偿在我国知识产权领域实现“全覆盖”。2021年3月3日，最高人民法院发布《关于审理侵害知识产权民事案件适用惩罚性赔偿的解释》，这是落实惩罚性赔偿制度的重要举措，彰显了人民法院全面加强知识产权司法保护的决心。

为了加大商业秘密保护力度，2019年修正的《反不正当竞争法》重点修改了商业秘密条款和法律责任部分，确立了惩罚性赔偿规则，并提高了法定赔偿数额，这些条款的修改是加强商业秘密保护、遏制不正当竞争行为的重要举措。2020年9月10日，最高人民法院发布《关于审理侵犯商业秘密民事案件适用法律若干问题的规定》，紧密结合审判实际，针对商业秘密司法保护中的突出问题作出规定，切实加强商业秘密司法保护。

系列举措的实施对于加强知识产权保护，构建更加公平公正、开放透明的市场环境和营商环境，提升中国市场的吸引力具有重要意义。

三、商业秘密侵权行为有可能被纳入严重违法失信名单

事件回放

2021年9月1日，国家市场监督管理总局出台的《市场监督管理严重违法失信名单管理办法》（以下简称《管理办法》）正式实施。根据《管理办法》的规定，侵犯商业秘密行为满足一定条件时将被纳入严重违法失信名单。

律师评析

2020年12月7日，国务院办公厅出台《关于进一步完善失信约束制度构建诚信建设长效机制的指导意见》（国办发〔2020〕49号），对严重违法失信名单管理制度提出明确要求，要求各部门按照依法依规、准确界定范围、过惩相当等原则，修订完善严重违法失信名单管理制度。2021年9月1日《管理办法》的实施是国家市场监督管理总局贯彻落实国办发〔2020〕49号文件的重要举措。

《管理办法》第2条、第9条规定了侵犯商业秘密的行为被纳入严重违法失信名单的标准。根据第2条的规定，当事人违反法律、行政法规，性质恶劣、情节严重、社会危害较大，受到市场监管部门较重行政处罚的，由市场监管部门依照本办法规定列入严重违法失信名单，并明确规定了“较重行政处罚”的具体情形。同时,《管理办法》第12条进一步规定了列入严重违法失信名单时还应当综合考虑当事人的主观恶意、违法频次、持续时间等因素，确属性质恶劣、情节严重、社会危害较大的，方可列入严重违法失信名单，当事人有证据足以证明没有主观故意的，不列入严重违法失信名单，以明晰审查标准，避免过罚不当、小过重罚和失信惩戒措施滥用，确保客观公正。

《管理办法》第13条规定市场监督管理部门在作出行政处罚决定时（含对侵犯商业秘密行为的行政处罚）应当对是否列入严重违法失信名单作出决定。列入决定书应当载明事由、依据、惩戒措施提示、移出条件和程序以及救济措施等。在作出列入决定前，应当告知当事人作出决定的事由、依据和

当事人依法享有的权利。告知、听证、送达、异议处理等程序应当与行政处罚程序一并实施。

《管理办法》第16条、第17条规定了严重违法失信名单信用修复程序。为鼓励违法失信当事人主动纠错、重塑信用，激发市场主体活力，第16条、第17条明确了申请提前移出严重违法失信名单的条件和程序，既体现了对当事人的有效惩戒，又给予当事人重塑信用、改过自新的机会。

四、《加强信用信息共享应用促进中小微企业融资实施方案》明确提出加强信用数据信息的商业秘密保护

事件回放

2021年12月22日，国务院办公厅发布的《加强信用信息共享应用促进中小微企业融资实施方案》（以下简称《实施方案》）正式实施。《实施方案》强调，在加强中小微企业信用信息共享整合时，要强化信息分级分类管理，规范信息使用权限和程序，加强信息安全保护，防止信息泄露和非法使用。依法查处侵权行为，保护商业秘密和个人隐私，维护市场主体合法权益。

律师评析

信用是市场经济的“基石”，加强中小微企业的信用信息共享应用，促进中小微企业融资工作，是国家建立公共信用信息同金融信息共享整合机制，发展普惠金融，缓解企业特别是中小微企业融资难融资贵问题的重要举措。

信用信息往往涉及信息主体的商业秘密或个人隐私，在加强信用信息共享应用时，如何加强对商业秘密或个人隐私的保护力度，保障信息主体合法权益是公众关切的话题。

为了保障信息主体的合法权益，根据有关部门在国务院政策例行吹风会上的介绍，《实施方案》第4部分从数据源头、数据用途、数据的分类管理及安全制度保障等角度强化了对信息主体合法权益的保障：

关于信用数据的源头保护，第4部分第9条规定，各数据提供单位要按照相关法律法规和党中央、国务院政策文件要求，明确相关信息的共享公开属性和范围，从源头上落实信息安全保护责任。

关于信用数据的用途，第4部分第10条规定，接入机构要加强内部信息安全管理，严格遵守国家有关规定和融资信用服务平台信息管理要求，获取的信息不得用于为企业提供融资支持以外的活动。即要求接入机构获取的信息只能用于中小微企业的融资。

关于信用数据的分类管理，第4部分第9条规定，各级融资信用服务平台要建立信息分级分类管理和使用制度。信息主体有权免费查询其在融资信用服务平台上的所有信息，并可按照有关规定提起异议申诉和申请信用修复。未经脱敏处理或信息主体明确授权，不得对外提供涉及商业秘密或个人隐私的信息。严格保护商业秘密和个人隐私。

关于信用信息的安全制度保障，第4部分第10条规定，各级融资信用服务平台应当建立完备的信息安全管理制度，强化信息安全技术保障。

此外，第2部分第6条还明确规定，对涉及商业秘密等不宜公开的信息，未经信息主体授权不得向接入机构提供原始明细数据，主要通过数据提供单位与融资信用服务平台联合建模等方式供接入机构使用，或经信息主体授权后提供数据查询、核验等服务，实现数据“可用不可见”。该规定对各级融资服务平台如何做好商业秘密等不宜公开信息的内部管理和外部使用提出了明确要求，有助于在提供信息服务的同时做到对商业秘密的有效保护。

五、商业秘密侵权渗入直播领域，法院适用惩罚性赔偿判赔300万元

事件回放

2021年10月25日，杭州互联网法院对一起涉网络主播平台中奖数据商业秘密纠纷案作出判决，认定被告行为构成侵犯商业秘密，并适用惩罚性赔偿判决被告赔偿原告损失300万元。

原告系一家从事网络主播运营活动的公司，被告曾任原告公司旗下某直播平台的运营总监，并与原告签订有保密协议。

原告直播平台的经营模式为：平台主播与注册用户进行互动，用户通过现金充值获得平台内的虚拟货币，通过消费虚拟货币“购买”对应价值的“礼物”，并打赏给心仪的主播。主播获得礼物后可兑换成收益，按照约定比例向公司分成。为鼓励用户参与互动，平台在打赏环节设置中奖程序，并根据设定的程序算法制定了中奖规则。

被告在职期间，利用自身账号权限，登录查看、分析平台的后台数据，掌握中奖率高的时间点，通过关联多账号进行“刷奖”。被告离职后入职同行业其他公司，但仍获取原告公司员工胡某账号，继续登录后台进行“刷奖”。被告自述获利200余万元。

原告认为，被告的上述行为侵犯了原告的商业秘密，导致平台其他注册用户基本无法中奖，用户充值大幅减少、用户流失，情节恶劣。原告主张适用惩罚性赔偿，以被告获利金额的1.5倍为计算依据，要求被告赔偿损失390万元。

法院认为，原告在本案中主张的后台中奖实时数据和通过中奖数据得出的中奖概率，构成商业秘密。被告在自身非法获利的同时，损害平台经营秩序和竞争优势，构成侵犯原告商业秘密，并确认适用惩罚性赔偿，判决被告赔偿原告经济损失300万元。

律师评析

本案涉及网络直播平台领域数据类经营信息的商业秘密保护，亮点有三：（1）属于新业态新领域内的商业秘密侵权纠纷案件；（2）涉及数据信息的保护；（3）涉及惩罚性赔偿。

直播行业作为近年来一种互联网新经济业态，逐渐被广大民众所接受并为国民经济的发展作出了一定的贡献，但随着行业的迅猛发展，直播领域的知识产权侵权纠纷及不正当竞争纠纷也随之增多。由于直播业务具有流量大、传播快、模式新的特点，给知识产权的管理和保护带来挑战。本案为新业态新领域的商业秘密保护典型案件，为直播领域企业数据信息商业秘密的保护提供了借鉴。

在数字经济时代，数据信息往往具有巨大的商业价值，属于经营者重点保护的经营信息。最高人民法院出台的《关于审理侵犯商业秘密民事案件适用法律若干问题的规定》，明确指出与经营活动有关的数据信息受《反不正当竞争法》的保护。本案即是从商业秘密的角度保护经营中的数据信息的一个典型案例。

本案被告在职期间及离职后在知晓其行为违反公司规定以及会对原告平台造成严重影响的情况下，仍坚持实施侵权行为，主观故意明显，侵权情节严重，法院最终适用惩罚性赔偿，并以侵权获利1.5倍确定赔偿金额，判决被告赔偿原告经济损失300万元，严厉打击了被告的故意侵权行为，体现了加强知识产权保护的决心和力度。

六、海南省首例侵犯商业秘密刑事案件宣判

事件回放

2021年12月1日，海口市琼山区人民法院公开开庭审理了张某某侵犯商业秘密罪一案，该案系海南省首例侵犯商业秘密刑事案件。

2019年5月，被告人张某某入职甲公司，担任外贸部经理职务，全权负责公司国外市场营销业务，包括与国外客户建立联系、沟通了解客户需求、按照订单供货等。根据张某某与甲公司签订的《劳动合同书》，张某某依法负有保守甲公司的商业秘密的义务，其保密范围为：甲公司的技术工艺信息、经营情况信息、货源情报信息、市场渠道（资源）信息、公司战略信息、财务信息等。

2020年5月，张某某以其丈夫的名义注册成立乙公司，利用在甲公司工作期间掌握的国外客户信息等经营信息，多次从第三方以较低的价格购进和甲公司同样的产品，然后欺骗甲公司的四家外国公司客户称乙公司是中间商，产品为甲公司产品。

2020年5月至2020年12月，张某某向以上甲公司的国外客户出口销售产品多次，进货总价为人民币510余万元，销售总额为561余万元，获取差额利润50余万元，申请出口退税59余万元，非法获利总计110余万元。

经鉴定，甲公司掌握的四家国外客户公司的名称、地址、联系方式、经营范围等经营信息构成商业秘密。公诉机关认为张某某侵犯商业秘密，给商业秘密的权利人造成重大损失，非法获利110余万元，以侵犯商业秘密罪向琼山法院提起公诉。

法院认为，被告人张某某违反权利人有关保守商业秘密的要求，使用其所掌握的商业秘密，非法获利110余万元，情节严重，其行为已构成侵犯商业秘密罪。

张某某到案后，如实供述自己的罪行，并自愿认罪认罚。张某某的家属替其赔偿被害人损失80万，并取得被害人的谅解。

最终法院判决被告人张某某犯侵犯商业秘密罪，判处有期徒刑十个月，缓刑一年，并处罚金人民币10万元。

律师评析

2019年11月，中共中央办公厅、国务院办公厅《关于强化知识产权保护的意见》明确提出加强刑事司法保护，推进刑事法律和司法解释的修订完善。加大刑事打击力度，研究降低侵犯知识产权犯罪入罪标准，提高量刑处罚力度等问题。2020年9月14日，《最高人民法院、最高人民检察院关于办理侵犯知识产权刑事案件具体应用法律若干问题的解释（三）》正式施行，该解释对侵犯商业秘密罪的相关问题进行了明确，降低了侵犯商业秘密的入罪门槛，将因侵犯商业秘密给商业秘密的权利人造成损失数额或者因侵犯商业秘密违法所得数额在30万元以上作为入罪门槛。入罪标准的降低彰显了司法机关严厉打击商业秘密刑事犯罪、实施知识产权强保护的决心。

加强知识产权司法保护，营造良好创新法治环境，是司法领域助力建设海南自由贸易港的具体行动，对保障海南自由贸易港建设，更好发挥知识产权审判激励创新创造，维护公平竞争，优化营商环境，建设更高水平开放型经济新体制具有重要意义。

本案是海南省建省以来审结的首例侵犯商业秘密刑事案件，一方面，通过对侵犯商业秘密犯罪行为的严厉打击，让侵权人得到应有的法律制裁，维护了权利人的合法权益；另一方面，本案也为海南法院审理商业秘密刑事案件积累了经验。

七、江苏省办结首例加工承揽领域侵犯商业秘密案件

事件回放

2021年12月24日，南京市雨花台区市场监管局联合区法院、区检察院、区知识产权维权援助分中心举办了知识产权典型案例发布会，会上发布了某加工承揽企业因侵犯商业秘密被罚款50万元的行政处罚案件，该案是江苏省首件加工承揽领域侵犯商业秘密案。

A公司多年来一直承接来自上海一家公司的委托加工业务，因产能有限，A公司将产品部分工序委托B公司完成。

2020年，因新冠肺炎疫情原因受到影响的A公司复工后，打算恢复与上海公司的合作，却遭到拒绝。经多方打听，A公司了解到B公司还在继续为上海公司加工车载通讯用机箱部件，但中间的委托人变成了C公司。又经过深入了解，A公司发现B公司后来生产的车载通讯用机箱部件，与其委托生产的部件几乎一模一样，而B公司生产该部件必须使用A公司的加密产品图纸。

2020年5月，A公司向南京市雨花台区市场监督管理局举报，要求查处B公司侵犯商业秘密的违法行为。

经查，涉案图纸是由A公司历经多次研发制作完成，具有不为公众所知悉的秘点，且公司对图纸采取了相应的保密措施，应属于A公司的商业秘密。

执法人员对B公司进行了现场检查，并查扣了涉嫌侵权产品，委托专业机构对查扣产品与A公司的图纸进行对比鉴定。鉴定结论为B公司的产品存

在A公司保护的秘点，两者具有同一性。

C公司声称B公司后来生产产品的图纸是由C公司通过反向工程获得的，但经鉴定，C公司提供的图纸与查扣产品的实物不具有一致性。B公司辩称即使存在商业秘密，其权利也应归属于委托方上海公司，而非A公司。经查，上海公司与A公司合同约定技术秘密是归属于A公司，上海公司没有实际获取过图纸，也未直接向B公司、C公司提供过图纸。因此，B公司抗辩不能成立。

执法人员认为，B公司在加工承揽A公司订制的机箱时，获取了产品的图纸，但其在未经权利人同意下擅自使用，为他人生产产品，其行为违反了《反不正当竞争法》第9条第1款第3项“违反保密义务或者违反权利人有关保守商业秘密的要求，披露、使用或者允许他人使用其所掌握的商业秘密”的规定。

2021年11月，南京市雨花台区市场监督管理局依法对B公司作出“责令停止违法行为，并罚款50万元”的行政处罚。

律师评析

该案是江苏省办结的首件加工承揽领域侵犯商业秘密案，涉及加工承揽领域商业秘密侵权行为的认定。

判断B公司是否侵犯了A公司商业秘密关键在于，B公司后来生产产品所使用的技术图纸是否具有合法的权源。B公司接受A公司的委托，获取并使用A公司提供的技术图纸为A公司生产产品的行为属于加工承揽行为，在加工承揽的过程中，B公司应当按照双方的约定，在未经A公司同意的情况下，不得擅自使用A公司的技术图纸为他人生产产品。但B公司受利益驱使，在未经A公司同意的情况下，使用A公司的技术秘密，属于违反《反不正当竞争法》第9条第1款第3项“违反保密义务或者违反权利人有关保守商业秘密的要求，披露、使用或者允许他人使用其所掌握的商业秘密”之规定的侵权行为。

近年来，商业秘密侵权行为的表现形式及所涉及的技术领域趋于多样性，企业在生产经营活动中要采取合理的措施保护好自己的商业秘密，以维护企业在市场竞争中的优势地位。

八、侵犯双汇商业秘密，两人被判刑

事件回放

2021年6月25日，河南省漯河市召陵区人民法院公开宣判了刘某某、郭某某侵犯河南双汇投资发展股份有限公司商业秘密刑事案件。

被告人刘某某伙同郭某某通过不正当手段获取河南双汇投资发展股份有限公司正在研发的新产品工艺卡，并通过微信转发给多人，造成河南双汇投资发展股份有限公司商业秘密泄露，新产品的研发费用（成本）金额为109余万元。

法院认为，被告人刘某某、郭某某采用不正当的手段获取权利人的商业秘密，给商业秘密的权利人造成重大损失，构成侵犯商业秘密罪。判处刘某某犯侵犯商业秘密罪，判处有期徒刑一年，并处罚金人民币2万元；郭某某违犯侵犯商业秘密罪，判处有期徒刑一年，缓刑一年六个月，并处罚金人民币2万元。

律师评析

根据《反不正当竞争法》第9条第1款第1项、第2项的规定，“（一）以盗窃、贿赂、欺诈、胁迫、电子侵入或者其他不正当手段获取权利人的商业秘密；（二）披露、使用或者允许他人使用以前项手段获取的权利人的商业秘密”，以不正当手段获取、披露权利人商业秘密的行为属于侵权行为。

本案值得关注的另一个问题是如何计算河南双汇投资发展股份有限公司因商业秘密被侵犯而遭受的损失。根据《最高人民法院关于审理侵犯商业秘密民事案件适用法律若干问题的规定》第19条的规定，因侵权行为导致商业秘密为公众所知悉的，人民法院依法确定赔偿数额时，可以考虑商业秘密的商业价值；人民法院认定商业价值，应当考虑研究开发成本、实施该项商业秘密的收益、可得利益、可保持竞争优势的时间等因素。可见，因侵权行为导致商业秘密为公众所知悉时，商业秘密的研究开发成本是一个重要考量因素。本案中，法院在计算侵权行为给河南双汇投资发展股份有限公司造成的损失时，即提及了新产品的研发费用（成本）。

此外，本案被告是通过微信转发泄露权利人的商业秘密的，现在微信使用在国内已经非常普遍，我们在便捷使用微信的时候，应当要注意不要侵犯他人的商业秘密。在通过微信转发商业秘密信息时，即使不是群发而是发给特定的个人，也可能会侵犯他人的商业秘密。①

① 张汉国律师、张占江律师，北京市海问律师事务所。

第 7 章

植物新品种

新法观察

《种子法》

2021年12月24日中华人民共和国第十三届全国人民代表大会常务委员会第三十二次会议于2021年12月24日通过《全国人民代表大会常务委员会关于修改〈中华人民共和国种子法〉的决定》并对外公布，修改后的《种子法》（以下简称新《种子法》）自2022年3月1日起施行。

此次修改后的新《种子法》，对原《种子法》有如下几点重要突破。

1. 植物新品种权保护范围得到进一步扩大

原《种子法》对植物新品种权保护范围的规定为“生产、繁殖或者销售该授权品种的繁殖材料，不得为商业目的将该授权品种的繁殖材料重复使用于生产另一品种的繁殖材料”。

新《种子法》对植物新品种权保护范围的规定为“生产、繁殖和为繁殖而进行处理、许诺销售、销售、进口、出口以及为实施上述行为储存该授权品种的繁殖材料，不得为商业目的将该授权品种的繁殖材料重复使用于生产另一品种的繁殖材料”，同时将保护范围由原来的繁殖材料这一单一客体，扩大至“授权品种的繁殖材料而获得的收获材料”上。设立“实质性派生品种保护制度”（EDV）规定“实质性派生品种的实施”应得到原始品种权人的同意。

植物新品种权保护范围的扩大，预示着植物新品种权人权利范围的扩大，体现两个国家对植物新品种权人权益保护的重视。新《种子法》实施后，之前很多不属于品种权侵权的行为，将被纳入品种权侵权中来。比如，在原《种子法》下，销售未经许可使用授权品种的繁殖材料而获得的收获材料的，并不构成对他人品种权的侵权，根据新《种子法》的规定，如果该品种实施了EDV，那么这种销售未经许可使用授权品种收获材料的行为，就可以构成对品种权人的侵权。

2. 首次引入了“实质性派生品种保护制度”

“实质性派生品种保护制度”（EDV）是《国际植物新品种保护公约（1991文本）》（UPOV1991）的重要内容之一，UPOV1991要求其成员国必须实施“实质性派生品种保护制度”。我国早在1998年8月29日就已经加入了《国际植物新品种保护公约（1978文本）》（UPOV1978），但该文本并未要求成员国必须实施“实质性派生保护制度”。基于当时我国育种技术和育种行业的发展情况，我国选择了暂时不实施“实质性派生品种保护制度”。但经过三十多年的发展，我国育种行业和育种技术均已有了长足发展，已经具备有条件的实施“实质性派生品种保护制度”的基础。比如在水稻品种上，经过几代人的不懈努力，我国很多技术和品种已经处于国际领先水平。因此在2020年年底，国家已经开始在部分重点单位之间约定实行EDV。参与试验的企业，约定水稻EDV判定阈值为遗传相似系数92%，鉴定方法为《植物品种鉴定MNP标记法》。

EDV制度是一项鼓励创新的制度，虽然经过三十多年的发展，我国育种技术和育种行业已不可同日而语，品种申请数量和授权数量一度处于全球领先。但由于没有EDV制度，很多品种原创性不高、同质化严重。此次新《种子法》设立EDV，必然会进一步鼓励品种创新，提高育种家的创新积极性，进一步提高我国品种的质量，打击品种抄袭，为我国育种技术和行业打下更好的发展基础。

3. 设置惩罚性赔偿，提高对品种侵权行为的处罚力度

新《种子法》第72条第3款规定：“侵犯植物新品种权的赔偿数额按照权利人因被侵权所受到的实际损失确定；实际损失难以确定的，可以按照侵权人因侵权所获得的利益确定。权利人的损失或者侵权人获得的利益难以确定的，可以参照该植物新品种权许可使用费的倍数合理确定。故意侵犯植物新品种权，情节严重的，可以在按照上述方法确定数额的一倍以上五倍以

下确定赔偿数额。”

惩罚性赔偿的设置，进一步彰显了国家对植物新品种权所有人权益的重视，以及对侵权行为的打击决心。植物新品种侵权诉讼，存在举证难、诉讼周期长、维权成本高的特点。随着我国市场经济的发展，原《种子法》所设立的赔偿制度和赔偿金额，已经难以覆盖品种权所有人的维权成本。这很大程度上限制了品种权所有人的维权积极性，同时也减轻了法律对侵权人的震慑力度。新《种子法》在设立惩罚性赔偿的同时，还大范围地提高了其他涉品种权侵权、违法行为的处罚力度。比如新《种子法》规定权利人的损失、侵权人获得的利益和植物新品种权许可使用费均难以确定的，人民法院可以根据植物新品种权的类型、侵权行为的性质和情节等因素，确定给予的赔偿金额为500万元，而原《种子法》规定的仅为300万元。

设置惩罚性赔偿，普遍提高处罚金额，对鼓励知识产权创新、品种创新具有重要社会意义和法律意义。新《种子法》于2022年3月1日起实施，这对于我国的育种行业来说是一次新的开始，既有机遇又有挑战。相关企业应当未雨绸缪，提前布局企业的品种发展和品种权保护计划。

典型案例

一、玉米“农大372”及其亲本申请权转让协议无效与权属纠纷案①

案情聚焦

北京华奥农科玉育种开发有限责任公司（以下简称华奥育种公司，原为北京农科玉育种开发有限责任公司）与九鼎九盛种业有限责任公司（以下简称九鼎种业公司）、宋某明分别因植物新品种申请权转让协议无效和申请权权属纠纷向北京知识产权法院提起诉讼。申请权转让协议无效案经上诉、申

① 相关案号：（2016）京73民初380号；（2017）京民终211号；（2018）京民申3号；（2018）京民再148号；（2017）京73民初118号；（2020）最高法知民终942号。

请再审，北京市高级人民法院再审判决涉案协议无效，申请权权属纠纷案经最高人民法院知识产权法庭二审判决结案。涉案品种系玉米品种“农大372”，以及其母本“X24621”和父本“BA702”，品种权申请日分别为2014年12月31日和2014年7月16日，植物新品种权申请人为九鼎种业公司，培育人为宋某明。

在确认九鼎种业公司与宋某明签订的《玉米品种中农大372品种使用费协议书》等协议无效案中，北京市高级人民法院经再审认为，应将华奥育种公司与宋某明2009年至2013年签订的三份协议统一看待，结合华奥育种公司申请和参加相关品种审定和试验的过程，认为“农大372”虽在2008—2009年育成命名为“ND372”，但后续仍在试验和测试中，不能将其认定为2010年1月1日就“业已完成”的品种。宋某明已经将“农大372”品种权及经营开发权赋予华奥育种公司，后又签署协议将其转让给九鼎种业公司，而九鼎种业公司明知宋某明与华奥育种公司之间的合作，仍然恶意串通签订涉案协议，均损害了华奥育种公司的合法利益。九鼎种业公司与宋某明之间签署的涉案协议应当认定无效。

在植物新品种申请权属纠纷中，最高人民法院知识产权法庭认为，华奥育种公司与宋某明之间签订的三份协议以及相关条款的解释是判断涉案“农大372”及其亲本权属的重要事实。北京市高级人民法院对相关协议案的再审认定中，确认了“农大372”包含在华奥育种公司与宋某明签订的协议中的事实，意味着宋某明已将“农大372”及其亲本申请品种权的权利转让给华奥育种公司。九鼎种业公司与宋某明签订的《转让出资协议书》和《股份代持协议书》，与已被确认无效的《中农大372许可协议书》和《中农大372使用费协议书》关系紧密，均有恶意串通、损害华奥育种公司合法权益的情形，不能据此获取“农大372”及其亲本的申请权。二审判决驳回上诉，维持原判（一审判决“农大372”及其亲本的植物新品种申请权归华奥育种公司所有）。

律师评析

本案入选农业农村部发布的《2021年农业植物新品种保护十大典型案

例》，该案例典型意义部分写明“本案是因合作育种成果‘一女多嫁’引发的典型纠纷”。当事人分别以品种申请权转让协议无效和申请权归属为由，先后进行了五次诉讼，经历上诉、再审和重审等程序，诉讼时间长达五年。合作、委托、共同育种中对育种成果归属约定不明是导致此类纠纷频发的主要原因。本案原、被告双方前后签订三份合作协议，都仅用含糊的表述而没有清楚地指明哪些品种受协议约束，致使第三方有机可乘，引发本可避免的纠纷。本案表明，如果行为人在明知对方与其他人存在合作关系并有明确权利义务的情况下，仍然以恶意串通等不正当手段与对方签订协议损害他人合法利益，该协议将可能被确认无效。在某些情况下，这种行为也可能被认定为不正当竞争行为，并承担相应的赔偿责任。

但本案仍有如下几个问题，值得大家在实务中进行思考和值得借鉴。

1.在同一个合同关系中是否可以同时存在“无权处分”和“恶意串通，损害第三人利益”两种法律关系？

本案中，最高人民法院最终确认“农大372”及其父母本（以下简称涉案品种）的品种申请权归华奥育种公司所有。那么这就需要面对，当初宋某明与九鼎种业公司签订的转让涉案品种申请权的合同是属于“恶意串通，损害第三人利益”的无效合同，还是因为宋某明无权处分而形成的效力待定合同？从法律概念上来看，“无权处分合同”与“无效合同”显然属于两个完全不同的法律概念和法律关系。

本案中，华奥育种公司取得涉案品种申请权的方式无外乎如下两种，一种是自涉案品种诞生之初就已经取得，即原始取得；另一种是从他人（宋某明）处转让取得，且已经依据《植物新品种保护条例实施细则》第11条之规定向农业部办理完了登记和公告手续，即继受取得。从本案案情来看，在整个诉讼过程中，涉案品种的申请权始终登记公告在九鼎种业公司名下，而并未登记公告在华奥育种公司名下。因此，华奥育种公司对涉案品种的申请权只能是原始取得。

如果华奥育种公司是从涉案品种诞生之初就已经天然取得了涉案品种的申请权，那么宋某明当初与九鼎种业公司签订涉案品种申请权转让协议的行为就属于无权处分，所达成的合同应属于效力待定合同的范畴。因此，北京高级人民法院以“恶意串通，损害第三人利益”为由确认该转让协议无效，似乎存在事实认定和法律适用上的不融洽。因为这样一来，在宋某明与九鼎种业公司之间的同一合同关系上，就同时存在“无权处分”和“恶意串通，损害第三人利益”两种法律关系。而关于这两种法律关系是否能够同时存于同一合同关系中是值得商榷的。

2. 本案是否有更加简便的解决方案，避免当事人的讼累？

本案先后进行了五次诉讼，经历上诉、再审和重审等程序，诉讼时间长达五年。但是假设相关法院在审查华奥育种公司最早提出的“恶意串通，损害第三人利益”合同无效案时，能够及时查明涉案品种申请权的归属状态，并告知华奥育种公司可以选择直接以涉案品种申请权权属纠纷为由提起诉讼，请求法院确认涉案品种申请权归其所有，而不是以“恶意串通”为由请求法院确认宋某明与九鼎种业公司之间签署的相关转让合同无效，则完全可以大大简化本案的维权时间和维权成本，也能够避免最高人民法院最终的判决结果与北京高级人民法院的相关判决结果出现法律上的不融洽。

以上仅为一家之言，抛砖引玉，希望能够引起大家对“无权处分”合同与“恶意串通”合同概念的思考，避免因概念混淆而导致在实务操作中产生讼累，同时也可以大大节约司法资源，降低司法成本。

二、水稻“粤禾丝苗”品种权侵权纠纷案①

案情聚焦

四川台沃种业有限责任公司（以下简称台沃公司）因清远市农业科技推广服务中心（以下简称清远农业推广中心）侵害“粤禾丝苗”植物新品种权，向广州知识产权法院提起诉讼。涉案品种“恒丰优粤禾丝苗”申请日为2016年8月9日，申请人为清远农业推广中心，品种权申请号为20161404.8，由

① 一审案号：（2018）粤73民初707号；二审案号：（2020）最高法知民终1588号。

不育系“恒丰A”和恢复系“粤禾丝苗”配组而成。“粤禾丝苗”授权日为2018年4月23日，品种权人为广东省农业科学院水稻研究所，品种权号为CNA20141658.3。“恒丰A”品种权授权日为2015年11月1日，品种权人为广东粤良种业有限公司。

2015年10月9日，台沃公司通过与广东省农业科学院水稻研究所签订《关于“粤禾丝苗”独占许可协议》，取得“粤禾丝苗”的独占使用权等相关权利。2015年10月12日，台沃公司与广东粤良种业有限公司签订《水稻不育系“恒丰A”使用协议》，获得了对“恒丰A”进行配组筛选、参加区试等权利，并独占享有对配组品种的生产经营权。清远农业推广中心未经台沃公司同意，使用“粤禾丝苗”和“恒丰A”组配出“恒丰优粤禾丝苗”，除向保护办公室申请了品种权保护，并向广东省农作物品种审定委员会申请了审定。

台沃公司认为，清远农业推广中心对不育系“恒丰A”及恢复系“粤禾丝苗”不享有任何权利，清远农业推广中心未经其同意而使用上述品种违法组配的行为，以及就组配品种申请植物新品种权、申请审定的行为侵犯了台沃公司的合法权益。清远农业推广中心则认为其从未以商业目的重复使用“粤禾丝苗”，其使用“粤禾丝苗”只是用于培育“恒丰优粤禾丝苗”，除向保护办公室和广东省农作物品种审定委员会分别提交2500g“恒丰优粤禾丝苗”的种子外，并没有生产、销售过“恒丰优粤禾丝苗”，科研育种的过程中必然要经历“重复”的步骤，但这并不是重复生产。

一审法院认为清远农业推广中心未经台沃公司许可，利用“粤禾丝苗”和“恒丰A”组配“恒丰优粤禾丝苗”的行为属于科研范畴，依照《种子法》第29条及《植物新品种保护条例》第10条规定，享有豁免权，其行为不构成侵权，亦不承担消除影响并赔偿损失的责任。

二审法院认为，清远农业推广中心培育“恒丰优粤禾丝苗”并申请植物新品种权和品种审定的行为，是其就新育成品种获取品种权和市场准入的必然步骤，并非为获得可供上市的新品种种子的行为，属于科研活动的自然延伸，不应当视为有“商业目的”，不构成侵害台沃公司涉案植物新品种权的行为。二审法院驳回上诉，维持原判。

律师评析

本案涉及两个法律问题，第一个是品种权侵权豁免权问题，第二个是品种审定过程中适用他人授权品种，是否属于品种权豁免范围的问题。

首先，根据《种子法》第29条及《植物新品种保护条例》第10条规定，利用授权品种进行育种及其他科研活动，可以不经植物新品种权所有人许可，不向其支付使用费，但不得侵犯植物新品种权所有人依照本法、有关法律、行政法规享有的其他权利。

该条并未明确规定“品种审定”属于豁免行为之一，这就涉及对该条规定中“其他科研活动”的范围进行解读。“其他科研活动”显然不包括任何以销售为目的的生产活动，该活动必须不是以市场销售为直接目的生产活动。品种审定是我国《种子法》规定的一种品种上市许可制度，品种审定的主要目的是通过田间测试、生产实验获取该品种的相关数据，用来判断该品种的经济价值，以及是否许可上市销售。因此，单从品种审定的过程来看，的确存在生产行为。但是该生产行为并非直接以市场销售为目的生产，因为此时品种尚未通过品种审定，依法不得上市销售。因此，该生产不应等同于一般的生产。从品种审定的目的来看，品种审定是以获取该品种田间表现数据为目的而组织的田间测试或实验。从以上两点来看，品种审定过程符合法律规定的“其他科研活动”的立法精神和意思范畴。最终法院认为“品种审定”属于科研活动的自然延伸，不应当视为有“商业目的”，这也是对品种审定属于法律规定的“其他科研活动”的确认。

三、玉米“隆平206”品种权侵权纠纷案[①]

案情聚焦

安徽隆平高科种业有限公司（以下简称安徽隆平公司）因酒泉市农哈

① 相关案号：（2014）酒民三初字第4号；（2016）甘民终266号；（2018）最高法民申966号；（2018）最高法民再416号；（2019）甘09民初50号；（2021）最高法知民终566号。

哈种业有限公司（以下简称农哈哈公司）、刘某平侵害玉米品种“隆平206”植物新品种权，向甘肃省酒泉市中级人民法院提起诉讼。涉案品种为玉米杂交种“隆平206”及其母本“L239”，品种权授权日分别为2012年3月1日和2014年1月1日，品种权人均为安徽隆平公司，

2012年8月，安徽隆平公司发现农哈哈公司在酒泉市肃州区未经其许可使用“L239”繁育“隆平206”。2012年9月12日，安徽隆平公司起诉农哈哈公司并申请保全证据。2012年9月14日，酒泉市中级人民法院对酒泉市肃州区铧尖乡铧尖村十三组铧漫公路南侧的杜某耕地内的玉米果穗进行多点随机采样，提取玉米果穗若干封存，保全过程全程录像。2012年11月28日，法院分别对铧尖村十三组农户杜某、柴某权及组长刘某平进行调查。杜某和柴某权均称种子取自组长刘某平处，由农哈哈公司委托制种，未签订制种合同，收获种子农哈哈公司予以回收。柴某权出示了农哈哈公司的《田间验收单》和《种子收购划码单》。刘某平称，全村二十多户种植的玉米均由一个张掖人提供亲本，再由其分发给农户。2012年12月12日，安徽隆平公司以补充证据为由撤回起诉，于2014年9月20日再次起诉，申请追加刘某平为被告。2015年9月21日，依安徽隆平公司申请，法院将2012年提取的玉米果穗样品送交北京玉米种子检测中心检测，检测结果显示，送检样品与“隆平206”繁殖材料相同或极近似。经庭审确认，柴某权提供的《种子收购划码单》上无农哈哈公司印章，且在“划码”签字的“桑某梅”非农哈哈公司员工；《田间验收单》上农哈哈公司技术员“王某东”非本人签字，且所盖“酒泉市农哈哈种业有限公司”印章与“酒泉市德富种业有限责任公司”印章大部分重合，无法辨认和鉴定，农哈哈公司对该印章真实性持有异议。法院认为，安徽隆平公司提供的证据不足以证明农哈哈公司组织种植涉案玉米种子，判决刘某平赔偿损失15万元，驳回其他诉讼请求。

刘某平以一审判决认定事实不清，适用法律错误为由，向甘肃省高级人民法院提起上诉。安徽隆平公司认为本案的真正组织种植者是农哈哈公司。各方当事人均未提交新证据。二审法院确认一审查明的事实，认为一审判决认定事实清楚，适用法律正确，驳回上诉，维持原判。执行期间，安徽隆平

公司向最高人民法院申请再审，认为有新证据可以证明真正的侵权人是农哈哈公司而非刘某平。再审期间，刘某平提交“2012年农哈哈公司种子农药清算单”“农哈哈公司支付的预付款”“农哈哈公司亲本种子发放表”以及“肃州区铧尖镇人民政府出具的证明”，证明其组织农户繁殖的种子系受农哈哈公司委托，繁殖后的种子亦由农哈哈公司回收。最高人民法院再审认为，根据杜某、柴某权的证人证言以及刘某平再审期间所提供的证据，农哈哈公司指使刘某平或者二者串通作虚假陈述具有高度可能性，于2018年11月27日，裁定撤销二审判决，发回酒泉市中级人民法院重审。

2019年6月3日，酒泉市中级人民法院再审立案。法院结合本案当事双方提供的全部证据，以及依职权调取的银行账户来往明细、调查笔录等，查明刘某平所在村组制种的涉案玉米，系刘某平向农户发放，玉米成熟后，农户将玉米交至农哈哈公司，并由该公司通过刘某平银行账户向农户支付制种款。农哈哈公司辩称该笔款为蔬菜制种款，经查其提供的银行账户明细与刘某平的银行账户收入记录时间及数额均不一致，其又未提交其他证据予以佐证，酒泉农村商业银行股份有限公司铧尖支行认可只为刘某平办理过一次玉米制种款代发业务。法院经审理认为，刘某平主张其向农户发放的制种玉米亲本由农哈哈提供并由该公司向农户支付制种款的事实已达到证据的高度盖然性标准，涉案制种玉米亲本由农哈哈公司提供的事实具有高度可能性，依法应认定农哈哈公司为本案侵权主体；确认刘某平在本次庭审中的陈述属实，考虑其参与制种并向农户发放亲本的行为，不具有商业目的，依法不应认定其为本案侵权主体。2020年8月4日，酒泉市中级人民法院根据重新查明的侵权面积，结合侵权持续时间等因素，判决农哈哈公司赔偿安徽隆平公司损失13.2万元并支付鉴定费4000元，驳回其他诉讼请求。

农哈哈公司不服判决，向最高人民法院知识产权庭提起上诉。当事人没有提交新证据。法院确认一审查明事实，认为二审争议的焦点是一审法院认定本案侵害品种权的繁殖材料来源于农哈哈公司是否正确。法院另查明，2013年2月5日农哈哈公司曾向其技术员王某东银行账户转账80万元，次日王某东向从其账户向刘某平账户转款523420元，后刘某平委托银行向农户代支付制种款500680元。领取制种款的农户名单与刘某平在一审法院提交的种子发放签收单上的农户名单基本对应。农哈哈公司辩称上述款项系其甜椒、南瓜等蔬菜制种款，并非本案玉米制种款。经查，农哈哈公司主张的蔬菜制种款所涉及的农户与刘某平委托银行代支付的制种款的农户并不相同，且其未提交相应的蔬菜制种协议或者委托刘某平代付蔬菜制种款的证据。农哈哈公司认为本案种子发放签收单及预付款发放单系刘某平单方制作，没有农哈哈公司与农户签订的合同以及农哈哈公司公章及法人签字等，不能认定由其提供涉案繁殖材料，主张刘某平也有获取涉案繁殖材料的可能。法院经审理认为，本案所涉行为是未经安徽隆平公司许可进行的非法代繁制种行为，为逃避法律责任，不签订制种合同，财务转账不规范导致所涉品种权交易的相关证据单方形成；一审法院根据刘某平提供的种植农药结算单据、种子发放签收单、肃州区铧尖镇人民政府出具的参与制种农户及制种田亩数的证明、法院调查的银行账户信息，以及农户认可从刘某平处领取的玉米种子来源于农哈哈公司，且农哈哈公司对制种进行过指导、收获的种子交给农哈哈公司等信息，认定侵权种子来源于农哈哈公司具有高度可能性，据此认定农哈哈公司为本案侵权主体，结论正确；农哈哈公司仅提出对该事实提出质疑，未提交证据否定该事实，对其上诉主张不予支持。遂判决驳回上诉，维持原判。

律师评析

植物新品种侵权方式多样化，很多具有隐蔽性。本案中的侵权行为就属于典型的非法代繁行为，侵权人通过不签订制种合同、选定代理人发放繁殖材料、通过间接方式给付制种费用等方式进行侵权，给品种权人的维权增加了难度。本案从2012年到2021年，历时九年时间，经过了一审、二审、申请再审和发回重审，再经一审和二审，以及多次补充证据，最终查明事实，查明了真正的侵权者，体现了维权者的决心。本案的最终成功维权，给了我们如下提示。

1. 当无法找到真正侵权人时，应当将最直接的表面上的侵权人列为被告

对于代他人制种的农民来说，其本身并不知道代繁物是侵权繁殖材料，因此难以构成共同侵权。但这需要制种农民向法庭说明委托人的情况。否则，其就可能要替委托人承担赔偿责任。本案受委托农民在一审和二审程序中没有如实提供证言，被判承担侵权赔偿责任。在执行程序中受委托农民提供了新证据，证明其受委托分发侵权繁殖材料，品种权人由此获得了申请再审的机会，并通过重审程序确定侵权主体，也由此免除了制种农民的赔偿责任。

2. 在无法取得相关待证事实直接证据的情况下，应当尽最低限度获取间接证据，形成证据优势

此类侵权案件由于隐蔽性强、取证难，往往难以取得有力的直接证据。如本案因为缺乏证明侵权人非法提供侵权繁殖材料的直接证据，导致一审法院难以查明真正的侵权人。后经过多次补充证据，“结合对制种农户的调查、种子发放签收单、银行账户来往明细、所制种子的回收等，认定侵权种子来自被控侵权主体的事实具有高度可能性，在被控侵权主体仅提出质疑未提出证据的基础上，确认其实施了侵权行为并判决承担侵权责任”。

3. 建立惩罚性赔偿的必要性

本案的维权历时九年，其间品种权人耗费的时间成本、经济成本巨大，但最终只判决“农哈哈公司赔偿安徽隆平公司损失13.2万元并支付鉴定费4000元，驳回其他诉讼请求”。单从诉讼成本与赔偿金额来看，付出与回报不成正比。因此对于侵权人故意侵权的行为，应当引入惩罚性赔偿，加大对侵权人的惩罚力度，同时维护品种权人的维权积极性。

四、黄瓜“德瑞特79”品种权侵权纠纷案[①]

案情聚焦

寿光德瑞特种业有限公司（以下简称寿光德瑞特）因寿光泰和锦绣种业有限公司（以下简称寿光泰和锦绣）、北京泰和锦绣农业科技有限公司（以下简称北京泰和锦绣）、杨某龙侵害黄瓜品种“德瑞特79”品种权，向山东

① 一审案号：（2019）鲁02知民初47号；二审案号：（2020）最高法知民终943号。

省青岛市中级人民法院（以下简称一审法院）提起诉讼。涉案品种为黄瓜品种“德瑞特79”，品种权申请日为2014年12月12日，授权日为2018年4月23日。

2018年8月15日，寿光德瑞特代理人通过公证程序购买了由寿光泰和锦绣销售的外包装袋上标有“锦绣九号”“泰和”“寿光泰和锦绣种业有限公司”等字样的商品34袋和外包装袋上无任何字样的商品2袋，取得盖有“寿光泰和锦绣种业有限公司”印鉴的《工商服务业统一收款收据》一张。上述产品价款共6000元，汇入股东杨某龙账户。寿光德瑞特向一审法院起诉寿光泰和锦绣、北京泰和锦绣和杨某龙侵害品种权，要求停止侵权，赔偿损失及合理支出510万元。

2019年10月12日，一审法院组织确定鉴定机构，双方当事人同意由农业农村部蔬菜种子质量监督检验测试中心进行分子标记鉴定，鉴定结论作出后不再进行田间测试。后寿光泰和锦绣、北京泰和锦绣和杨某龙要求不以分子序列法，而以全基因序列法进行检验，法院要求其提供鉴定机构，但其未在规定时间内提供。一审法院确定由农业农村部蔬菜种子质量监督检验测试中心对公证购买的“锦绣九号”与“德瑞特79”进行鉴定。2019年12月10日，该鉴定机构出具检验报告，明确送检样品与对照样品在SSR指纹图谱上有35个点位一致，为疑同品种。一审法院经审理认为，根据上述鉴定结果，可以判定“锦绣九号”与“德瑞特79”为同一品种；尽管被诉侵权产品上仅标明“寿光泰和锦绣种业有限公司”，但在微信公众号、企业宣传及员工微信朋友圈中均将“锦绣九号”与北京泰和锦绣进行关联宣传；公证购买的侵权产品价款进入股东杨某龙个人账户，且并未有证据证明杨某龙承担收取货款的职责，寿光泰和锦绣、北京泰和锦绣和杨某龙构成共同侵权；根据北京泰和锦绣员工在朋友圈发布的销售信息结合“锦绣九号”的价格及销售期间，以及寿光德瑞特制止侵权支出的合理费用等因素，判决寿光泰和锦绣、北京泰和锦绣和杨某龙共同赔偿100万元。

寿光泰和锦绣、北京泰和锦绣和杨某龙不服一审判决，认为检验结论缺乏田间测试依据，不能确定两品种为相同品种；被控侵权行为仅由寿光泰和锦绣实施，不存在共同侵权；企业宣传和员工微信朋友圈信息存在高于客观事实的宣传，以此确定赔偿额明显过高，向最高人民法院知识产权法庭提起上诉。二审法院认为，本案没有证据证明权利人因被诉侵权所受到的损失和侵权人因侵权所获得的利益，在权利人未主张按照许可费倍数确定赔偿数额的情况下，一审法院综合考虑侵权人的自认信息及权利人为制止侵权行为支出的合理费用等因素，确定赔偿100万元，并无不当。二审判决撤销一审判决，寿光泰和锦绣和北京泰和锦绣停止侵权，共同赔偿寿光德瑞特共计100万元，驳回其他诉讼请求。

律师评析

1.本案中，法院充分利用证据规则，分配举证责任，从而让故意制造举证困难的一方承担了不利后果。

在本案当事人双方已经共同选择了鉴定机构进行分子标记鉴定，不进行田间测试的情形下，另一方忽然不同意以分子标记方式进行鉴定，而是要求以全基因序列法进行检验，这无疑增加了鉴定的困难。因为，分子标记鉴定，是通过对被鉴定的品种DNA之间的特定点位的序列进行对比，目前常用的特点定点位数量一般在40对左右或者更多，但现有技术很难在短期内很难对品种的DNA进行全序列检验。根据现有的研究，该品种包含了26682个基因，如果对这些基因进行全序列检验，抛开技术困难不说，其时间成本和鉴定成本将十分巨大。因此，目前还没有发现哪个鉴定机构能进行DNA全序列检验。当事人的这一要求，显然是不切实际的，也是在故意制造诉讼障碍。面对当事人的这一故意刁难，法院让该方当事人提供能作此类检验的机构，否则承担不利后果，巧妙地化解了该方当事人的刁难，而该方当事人最终也没能在指定期限内向法庭提供能做全序列基因检验的机构。二审中寿光泰和锦绣、北京泰和锦绣和杨某龙以未进行田间实验为由，主张相关分子标记鉴定结论不能采信。该主张显然违背了其之前同意不作田间实验的陈述，也不符合法律规定。因此二审并未支持上述当事人的相关主张。

2.本案品种权共同侵权的认定，对同类案件具有借鉴意义。

本案中，虽然实际只有一家企业在直接实施侵权行为，但是其他多家关联企业也共同参与了被控侵权品种的宣传推广，法院最终据此认定相关企业构成共同侵权。

3. 当事人推广宣传中的公开宣传内容，可以作为对当事人不利的证据，并推定为真实。

在确定赔偿额时，法院可以认定被控侵权人宣传和推广时对外的公开信息。处罚被控侵权人有证据足以推翻该宣传推广内容。这是对当事人庭审中自我陈述的延伸，即当当事人此前的对外表述对其不利时，当然推定该内容是真实的。侵权人想要推翻该不利陈述，应当向法庭提供充足的证据。

五、小麦“淮麦33”品种权侵权纠纷案[①]

案情聚焦

江苏明天种业科技股份有限公司（以下简称明天种业公司）因响水金满仓种业有限公司（以下简称金满仓公司）侵害“淮麦33”品种权，向江苏省南京市中级人民法院提起诉讼。涉案品种为小麦品种“淮麦33”，品种权申请日为2012年4月18日，授权日为2016年1月1日，品种权人为江苏徐淮地区淮阴农业科学研究所。

2017年9月28日，明天种业公司代理人殷海军与公证人员来到响水县一院落，分上午、下午两次购买金满仓公司销售的“淮麦33”。明天种业公司代理人殷海军与公证人员拍摄了院落及门牌照片，获取了现场高德地图定位和“淮麦33”售价等证据资料，认为金满仓公司销售“淮麦33”的行为构成侵权。一审法院依据明天种业公司提供的证据材料和《种子法》第28条、第73条规定判决金满仓公司立即停止生产、销售侵权种子，赔偿明天种业公司经济损失100万元，案件受理费30800元由金满仓公司承担。

金满仓公司不服一审判决，向江苏省高级人民法院提起上诉。二审法院经审理认为，江苏徐淮地区淮阴农业科学研究所授予明天种业公司“淮麦

① 一审案号：（2018）苏01民初293号；二审案号：（2018）苏民终1492号。

33”独占实施许可权，授权区域为适宜“淮麦33”种植的全部区域（淮安市、陕西省除外），授权期限自2013年9月6日起至植物新品种权终止之日，其他任何单位或个人未经明天种业公司授权、许可或超越授权许可范围生产经营或销售“淮麦33”，明天种业公司有权独立进行维权、打假、提起民事诉讼、投诉举报等，其诉讼主体适格，有权提起本案诉讼；金满仓公司工作人员韩某军、胡某梅在公安机关的询问笔录亦承认销售了被控侵权产品，在销售的品种、单价、数量上与两份公证书记载一致。针对金满仓公司销售的是商品粮而不是种子的主张，二审法院审查认为，金满仓公司销售的被控侵权产品上午和下午价格分别为每斤1.65元和每斤1.7元，明显高于当年小麦商品粮的价格，一审法院认定其销售的是“淮麦33”小麦种子并无不当。一审法院综合涉案种子的品种权使用费，金满仓公司的注册资本、经营规模，“淮麦33”适宜种植的区域，金满仓公司侵权行为的性质、情节，以及明天种业公司的维权合理开支等因素，酌定金满仓公司赔偿明天种业公司100万元，并无不当。二审判决驳回上诉，维持原判。

律师评析

很多农产品的繁殖材料既可以作为繁殖材料出售，也可以作为商品出售。本案中涉及的植物品种为小麦，小麦的种子具有品种繁殖材料和商品粮的双重特性。品种侵权纠纷中，很多被控侵权人都会以自己销售的是商品粮而非侵权品种来进行抗辩，以期能够避免承担侵权责任。本案法官根据被控侵权人销售被控侵权产品的价格远远高于当时的商品粮价格来否定被控侵权人的抗辩，符合一般的社会经验，体现了法官对证据认定的精湛技术，值得借鉴。

在2021年7月7日实施的《最高人民法院关于审理侵害植物新品种权纠纷案件具体应用法律问题的若干规定（二）》第9条规定：“被诉侵权物既可以作为繁殖材料又可以作为收获材料，被诉侵权人主张被诉侵权物系作为收获材料用于消费而非用于生产、繁殖的，应当承担相应的举证责任。”该规定通过举证责任倒置，进一步降低了品种权人的举证责任和维权难度。

六、江苏明天种业科技股份有限公司诉江苏省泗棉种业有限责任公司不正当竞争纠纷案[①]

案情聚焦

江苏省农业科学院（以下简称江苏省农科院）育成的“宁麦13”小麦品种于2005年通过省级审定，2007年通过国家级审定，2008年1月1日被授予植物新品种权。江苏明天种业科技股份有限公司（以下简称明天种业公司）于2006年与品种权人江苏省农科院订立品种实施许可合同，被授权以独占方式对该品种进行市场推广和销售，以及对侵权行为以自己名义提起民事诉讼。明天种业公司提供的证据已经证明“宁麦13”小麦种子具备了一定的知名度和市场影响力。

江苏省泗棉种业有限责任公司（以下简称泗棉种业公司）实际销售了白皮包装的“宁麦13”小麦种子，且销售方式较为隐蔽，销售数量巨大。明天种业公司对此进行了多次取证，既有公证取证，也有视频录像取证。从购买到的实物看，该相关种子均为白皮包装，其上没有标注诸如作物种类、品种名称、生产经营者、质量指标、品种适宜种植区域、检疫证明编号、信息代码等必要信息。

法院认为“宁麦13”为知名商品之特有名称，泗棉种业公司在销售小麦品种过程中擅自使用了该名称，其擅自生产、销售白皮包装“宁麦13”小麦种子的行为构成不正当竞争，明天种业公司要求其停止不正当竞争行为、赔偿损失的诉讼请求，有事实和法律依据，应当予以支持。

关于赔偿损失，明天种业公司主张参考泗棉种业公司侵权行为的性质、时间、仓储种子数量、泗棉种业公司涉案行为给明天种业公司经营造成的影响、明天种业公司为本案诉讼所支出的合理费用等因素，并参照《种子法》的相关规定综合予以确定。法院认为，明天种业公司的赔偿请求及其主张的计算方法有一定的事实和法律依据，应予支持。具体理由如下：（1）泗棉种业公司涉案行为性质严重，主观故意明显，对明天种业公司的生产经营产生

① 一审案号：（2018）苏01民初427号；二审案号：（2018）苏民终1527号。

了直接的影响。泗棉种业公司涉案行为严重违反了《种子法》等规定的种子经营管理制度，严重损害了明天种业公司以及品种购买者、使用者的利益，侵权行为性质严重，主观故意明显。（2）有别于植物品种之外的其他知名商品，涉案“宁麦13”小麦种子和其名称之间形成了双重唯一性和对应性。“宁麦13”小麦品种获得了植物新品种权保护，意味着具备了法律规定的新颖性、特异性、一致性、稳定性和适当的命名等条件，亦即该品种被保护和所蕴含的生命信息是独特的和唯一的；该品种（商品）内在本质（生命信息）和品种（商品）名称均是唯一的，两者之间是相互对应和体现的。这种商品特性和商品名称及其两者之间所体现的唯一性和对应性均为植物新品种特有。其他人未经许可使用，如生产和销售该小麦种子或者使用该特有的名称，均构成对权利人利益的损害。本案中，泗棉种业公司销售白皮包装“宁麦13”小麦种子会使得购买者认为其中就是被授权品种而非其他品种，并对购买意向产生了决定性的影响；当购买者决定购买泗棉种业公司的种子，就不会再去购买正品的“宁麦13”小麦种子，即在实际上形成了完全替代正品种子销售的后果，侵害了“宁麦13”植物新品种权人利益。因此，泗棉种业公司涉案行为对明天种业公司的生产经营产生了直接的损害。泗棉种业公司涉案行为不仅构成不正当竞争行为，也违反了《种子法》的相关规定，故而不仅可以依据《反不正当竞争法》的相关规定，同时也可以参照《种子法》第73条的相关规定确定具体的赔偿责任。（3）泗棉种业公司销售涉案“宁麦13”小麦种子的时间及可能的数量和规模。从销售的时间看，销售行为发生在小麦种子的销售季节和小麦播种季节，即为小麦种子的销售旺季。同时，其销售的白皮包装种子数量巨大，库存数量也巨大。（4）明天种业公司为本案诉讼支付了公证费、律师费和取证费用等合理费用。最终，法院酌定泗棉种业公司赔偿明天种业公司经济损失及合理开支300万元。

律师评析

本案的典型意义有如下几点：

1.在未经许可使用与授权品种以同一品种名称对外销售品种的，可以被认定为不正当竞争，品种权人可以选择以不正当竞争为由提起诉讼。

根据《植物新品种保护条例》第18条第1款规定，“授予品种权的植物新品种应当具备适当的名称，并与相同或者相近的植物属或者种中已知品种的名称相区别。该名称经注册登记后即为该植物新品种的通用名称”。因此，授权品种的名称在我国具有唯一性和通用性。任何人未经品种权人许可，适用与授权品种以同一名称对外销售商品，都属于不正当竞争行为，是对品种权人合法权利的侵害。该案没有以品种权侵权为由提起诉讼，而是另辟蹊径以不正当竞争提起诉讼，避免了品种侵占之诉中必然涉及的授权品种与被诉侵权品种的同一性鉴定，缩短了诉讼时间和诉讼成本，值得同类维权案件借鉴。

2.本案对惩罚性赔偿的适用给出了充分的理由，具有一定的指导意义。

本案入选2021年10月28日公布的江苏省高级人民法院发布江苏法院农业植物新品种保护十大典型案例。其对适用惩罚性赔偿的说理部分，对同类案件具有指导性意义，归纳终结大致有如下几点：（1）侵权行为性质严重，主观故意明显。（2）本案的植物新品种作为农作物种子具有商品名称与商品本身唯一对应的特性，其他人未经许可生产和销售该小麦种子或者使用该特有的名称，均构成对权利人利益的损害。这种使用他人授权品种名称销售种子的行为，不仅构成不正当竞争行为，也违反了《种子法》的相关规定，故而不仅可以依据《反不正当竞争法》的相关规定，同时也可以参照《种子法》第73条的相关规定确定具体的赔偿责任。（3）销售涉案“宁麦13”小麦种子的时间长及可能的数量和规模大。（4）品种权人为本案诉讼支付了公证费、律师费和取证费用等合理费用。

七、江苏省金地种业科技有限公司诉江苏亲耕田农业产业发展有限公司侵害植物新品种权纠纷案[①]

案情聚焦

江苏省金地种业科技有限公司（以下简称金地公司）为水稻新品种“金

① 一审案号：（2020）苏01民初773号；二审案号：（2021）最高法知民终816号。

粳818”的独占实施被许可人，江苏亲耕田农业产业发展有限公司（以下简称亲耕田公司）未经许可，以线下门店推广以及在微信群内发布“农业产业链信息匹配”线上宣传等方式，寻找潜在的交易者，并为成为亲耕田公司会员的主体提供具体的侵权种子交易信息，在与买家商定交易价格、数量、交货时间后安排送货收款，对外销售白皮袋包装的“金粳818”稻种。金地公司认为亲耕田公司的行为构成侵权，故诉请判令亲耕田公司停止侵权并赔偿经济损失300万元。亲耕田公司辩称其仅是向作为农民的种子供需双方提供自留种子信息，由供需双方自行交易，并未销售被诉侵权“金粳818”稻种。

江苏省南京市中级人民法院一审认为，亲耕田公司为涉案种子交易的达成提供了积极有效的帮助。亲耕田公司帮助销售种子的过程中，在销售主体、销售地域及销售数量上均不符合农民在当地集贸市场上合法交易个人自繁自用剩余常规种子的情形，构成侵权。综合考虑亲耕田公司侵权行为的情节，适用惩罚性赔偿确定损害赔偿数额，判决亲耕田公司停止侵权并赔偿经济损失及合理开支300万元。亲耕田公司不服，提起上诉。最高人民法院二审认为，亲耕田公司发布侵权种子销售具体信息，与购买者协商确定种子买卖的包装方式、价款和数量、履行期限等交易要素，销售合同已经依法成立，销售行为已经实施，应认定亲耕田公司构成销售侵权，对一审法院认定的帮助侵权予以纠正。亲耕田公司没有获得种子生产经营许可证，违法销售“白皮袋”种子的行为，侵权行为严重，一审法院按照赔偿基数的二倍适用惩罚性赔偿正确，故判令驳回上诉，维持原判。

典型意义：本案对于被诉侵权人以通过信息网络途径组织买卖各方，以“农民”“种粮大户”等经营主体名义为掩护实施的侵权行为进行了准确定性。

律师评析

本案的侵权行为是近年来随着互联网交易的发展而出现的新型侵权行为，具有较高的隐蔽性。此类侵权行为中，侵权人通过信息网络途径组织买卖各方，以“农民”“种粮大户”等经营主体名义进行品种交易，来达到掩护其实施的侵权行为。因为根据我国《种子法》《植物新品种保护条例》的规定，农民自繁自用授权品种的繁殖材料，可以不经品种权人许可，不向其支付使用费。这是国家对农民的一种特殊豁免，但很多侵权人利用法律赋予农民的豁免权，以“农民”的名义实施侵权行为。

本案中，“亲耕田公司并非农民，其发布和组织交易的种子销售信息所涉种子数量达数万斤，远远超出了农民个人自繁自用的数量和规模”。

在谈及赔偿数额时，法院综合考量如下几点，最终决定给予亲耕田公司以惩罚性赔偿：

（1）当侵权人，无法提供相关账簿时，人民法院可参考侵权人以往的对外宣传（销售量或销售额等），并综合考虑侵权情节，推定侵权人的侵权获利，作为计算案件赔偿的基数。

（2）侵权人组织销售不标注任何产品信息的“白皮袋”侵权种子，未取得种子生产经营许可证但生产经营种子，违反《种子法》相关规定，属于侵权行为情节严重，依法适用惩罚性赔偿制度。

（3）在计算基数的二倍以上从高确定惩罚性赔偿数额。在植物新品种权侵权纠纷中，适用惩罚性赔偿和有利于品种权人的赔偿基数推定，可以极大地打击品种侵权行为，提高品种权人的维权积极性，降低品种权人的维权难度。

八、江苏省高科种业科技有限公司诉秦某宏侵害植物新品种权纠纷案①

案情聚焦

江苏省高科种业科技有限公司（以下简称高科种业公司）为水稻新品种“南粳9108”的独占实施许可人，有权以自己的名义对侵害水稻“南粳9108”

① 一审案号：（2018）苏01民初1453号；二审案号：（2019）最高法知民终407号。

植物新品种权的单位和个人追究法律责任。高科种业公司认为秦某宏未经许可擅自生产、销售“南粳9108”水稻种子的行为侵害了其独占实施的被许可权，诉请判令秦某宏停止侵权并赔偿经济损失50万元。秦某宏辩称，其利用自留种子生产商品粮的行为属于法律规定的“农民自繁自用”情形，不构成对“南粳9108”水稻新品种权的侵害。

江苏省南京市中级人民法院一审认为，秦某宏通过土地流转，获得经转包的土地经营权达973.2亩，已不是以家庭联产承包责任制的形式签订农村土地承包合同的农民，而是一种新型的农业生产经营主体（俗称种粮大户）。该类经营主体将他人享有品种权的授权品种用于生产经营活动的，应当取得品种权人的许可，否则构成侵权，故判令秦某宏停止侵权并赔偿经济损失。最高人民法院二审认为，秦某宏经营的土地面积高达900余亩，其在该面积土地上进行耕种、收获粮食后售出以赚取收益的行为，不再仅是为了满足其个人和家庭生活的需要，而是具有商业目的。从秦某宏享有经营权的土地面积、种植规模、粮食产量以及收获粮食的用途来看，其已远远超出普通农民个人以家庭为单位、依照家庭联产承包责任制承包土地来进行种植的范畴，原审法院将其认定为一种新型农业生产经营主体，具有事实依据和法律依据。若允许秦某宏播种上述面积土地所使用的繁殖材料均由自己生产、自己留种而无须向品种权人支付任何费用，无疑会给包括高科种业公司在内的涉案品种权利人造成重大经济损失，损害其合法权益。秦某宏在其通过转包获得经营权的973.2亩土地上进行耕种，未经许可生产“南粳9108”水稻种子并留作第二年播种使用的行为，不属于法律规定的“农民自繁自用”情形，应当取得涉案品种权利人的同意，并向品种权人或经授权的企业或个人支付费用。因现有证据仅能证明秦某宏存在生产行为，不能证明其实施了销售侵权种子的行为，故对原审判决赔偿数额予以酌情调整。

律师评析

根据我国各《种子法》和《植物新品种保护条例》的规定，“农民自繁自用授权品种的繁殖材料”，“可以不经植物新品种权所有人许可，不向其支付使用费，但不得侵犯植物新品种权所有人依照本法、有关法律、行政法规享有的其他权利”。但我国法律并未对“农民自繁自用”的判断标准进行具体规定。

本案对“农民自繁自用”的豁免边界给出了更加具体的定义，有助于解决司法实践中如何确认“农民”身份界定难、“自繁自用”的问题，具有指导意义。本案例入选2021年《最高人民法院发布人民法院种业知识产权司法保护典型案例》。

1.“农民自繁自用”豁免的适用的主体应是以家庭联产承包责任制的形式签订农村土地承包合同的农民个人，不包括合作社、种粮大户、家庭农场等新型农业经营主体。

2.适用的土地范围应当是通过家庭联产承包责任制承包的土地，不应包括通过各种流转方式获得经营权的土地。

3.种子用途应以自用为限，除法律规定的可以在当地集贸市场上出售、串换剩余常规种子外，不能通过各种交易形式将生产、留用的种子提供给他人使用。

九、中国农业科学院郑州果树研究所诉郑州市二七区百领水果种植园侵害植物新品种权纠纷案①

案情聚焦

中国农业科学院郑州果树研究所（以下简称郑州果树研究所）为梨树新品种“丹霞红”的品种权人，郑州市二七区百领水果种植园（以下简称百领水果种植园）未经许可将其购买的梨树苗进行栽苗、出售，且经品种鉴定报告显示编号为2–7的梨树样品与“丹霞红”对照差异位点数为0。郑州果树研究所认为百领水果种植园构成侵权，故诉请判令百领水果种植园停止侵权并赔偿经济损失50万元。

① 一审案号：（2020）豫01知民初605号；二审案号：（2021）最高法知民终592号。

河南省郑州市中级人民法院一审认为，百领水果种植园在未经得郑州果树研究所许可的情况下，将其购买的梨树苗进行栽苗并出售，且经品种鉴定报告显示编号为2-7的梨样品与“丹霞红”对照差异位点数为0，其行为侵害了郑州果树研究所享有的涉案品种权，构成侵权，应当承担相应的民事责任，据此判令百领水果种植园停止侵权并赔偿郑州果树研究所经济损失4万元。最高人民法院二审认为，涉案梨树中部分是百领水果种植园购买“丹霞红”品种苗木后，利用五年的梨树作砧木嫁接而来，结合百领水果种植园多次销售“丹霞红”品种苗木的行为及其销售数量，可以证明百领水果种植园存在繁殖“丹霞红”品种的事实。百领水果种植园未证明所购入的“丹霞红”苗木是经品种权人许可售出的，且其在本案中实施的不仅是销售行为，还存在对购入的“丹霞红”苗木进行进一步繁殖，并向他人销售从而获利的行为，显然侵害了品种权人的利益，应当认定属于侵权行为，故判决驳回上诉，维持原判。

律师评析

本案中，被诉侵权人提出合理来源抗辩和权利用尽抗辩，但并未就自己抗辩的事实进行举证证明，因此最终法院判定被控侵权人的抗辩理由不能成立，依法驳回其上诉，维持原判。

在本案发生时，植物新品种保护领域尚无有关合法来源抗辩和权利用尽抗辩的具体规定。但在我国《专利法》及审判实务中，已有具体规定和成熟的判断标准。该案例在法律没有具体规定的情况下，审判人员充分运用对法律精神的理解，并借鉴其他相关法律专业的成熟经验，最终依法作出判决，极大地彰显了司法审判的公平性与权威性。

本案判决之后，最高人民法院在2021年7月5日公布了《最高人民法院关于审理侵害植物新品种权纠纷案件具体应用法律问题的若干规定（二）》。在该规定第13条规定，“销售不知道也不应当知道是未经品种权人许可而售出的被诉侵权品种繁殖材料，且举证证明具有合法来源的，人民法院可以不判令销售者承担赔偿责任，但应当判令其停止销售并承担权利人为制止侵权行为所支付的合理开支。对于前款所称合法来源，销售者一般应当举证证明购货渠道合法、价格合理、存在实际的具体供货方、销售行为符合相关生产经营许可制度等”，对合理来源抗辩的适用举证进行了具体的规定。

同时该规定第10条对植物系品种权的权利用尽进行了规定：“授权品种的繁殖材料经品种权人或者经其许可的单位、个人售出后，权利人主张他人生产、繁殖、销售该繁殖材料构成侵权的，人民法院一般不予支持，但是下列情形除外：（一）对该繁殖材料生产、繁殖后获得的繁殖材料进行生产、繁殖、销售；（二）为生产、繁殖目的将该繁殖材料出口到不保护该品种所属植物属或者种的国家或者地区。”以上两条后来公布的规定内容与本案的审判宗旨相一致，既是对相关判例的总结，也是对相关判例的肯定。

十、厦门华泰五谷种苗有限公司诉酒泉三保种业有限责任公司、甘肃省酒泉市肃州区金佛寺镇观山口村村民委员会侵害植物新品种权纠纷案[①]

案情聚焦

玉米新品种“SBS902”于2016年3月1日经农业部审定取得植物新品种权，品种权申请日为2009年12月28日，品种权人为厦门华泰五谷种苗有限公司（以下简称厦门华泰公司）。玉米新品种“AS56”于2018年7月20日经农业部审定取得植物新品种权，品种权申请日为2015年10月30日，品种权人为厦门华泰公司。玉米新品种“ZS23”于2018年7月20日经农业部审定取得植物新品种权，品种权申请日为2015年10月30日，品种权人为厦门华泰公司。玉米新品种“SBS902”系以玉米新品种“AS56”“ZS23”为亲本繁殖的玉米杂交种。

甘肃省酒泉市肃州区金佛寺镇观山口村村民委员会（以下简称观山口村委会）在该村六组、七组组织生产“SBS902”玉米杂交种400余亩，该生产

① 一审案号：（2019）甘01知民初168号；二审案号：（2020）最高法知民终428号。

行为由酒泉三保种业有限责任公司（以下简称三保种业公司）委托，亲本由三保种业公司提供。厦门华泰公司认为三保种业公司为商业目的生产授权品种的行为侵害了其植物新品种权，观山口村委会明知三保种业公司实施侵权行为而为其掩护，应承担连带责任。

一知农业咨询（北京）有限公司受厦门华泰公司委托，于2018年9月5日委托该公司员工谢某海向酒泉市诚信公证处申请证据保全。2018年9月5日，酒泉市诚信公证处公证员张某，公证人员祁某与谢某海、梁某伟、周某前往观山口村七组居民点东侧南北走向路和渠东西两侧的甜玉米种植地随机提取被诉侵权样品，在观山口村六组居民点东侧南北走向路和渠东西两侧的甜玉米种植地随机提取被诉侵权样品，现场各分装2份并封存，分别标注肃州区观山口村六组、肃州区观山口村七组。公证员对取样过程全程监督并拍照录像。酒泉市诚信公证处出具（2018）甘酒诚信公内字第569号公证书对以上过程予以公证。

2019年12月2日，经原审法院委托，北京玉米种子检测中心接受委托，对酒泉市诚信公证处证据保全的标注肃州区观山口村六组、肃州区观山口村七组的待检样品，与从农业部植物新品种保护办公室新品种保藏中心提取的“SBS902”标准样品之间进行了品种真实性对比鉴定。

北京玉米种子检测中心于2019年12月11日出具的BJYJ201900702488号、BJYJ201900702490号检验报告记载，待测样品与标准的“SBS902”样品之间极近似或相同。该鉴定机构收取厦门华泰公司鉴定费1万元。

一审庭审中，三保种业公司亦认可其公司在观山口村六组、七组制种的事实，仅辩称其公司在公证保全的地块并未委托制种，但三保种业公司并未提交证据证明其公司在观山口村实际委托制种情况，故对其抗辩理由原审法院不予采信。

被诉侵权玉米种子经酒泉市诚信公证处取样并经原审法院委托鉴定，鉴定报告能够确定三保种业公司委托繁育的被诉侵权玉米种子为厦门华泰公司受保护的玉米植物新品种“SBS902”。故三保种业公司未经品种权人许可，擅自非法生产繁育“SBS902”的行为已构成对厦门华泰公司“SBS902”玉米植物新品种权的侵害，三保种业公司应当承担停止侵权并赔偿厦门华泰公司经济损失的民事责任。观山口村委会作为委托制种的受托方，掌握委托方三保种业在该村制种情况的证据材料而拒不提交，具有主观过错，不能免除其侵权责任。观山口村委会与三保种业公司作为侵权玉米种子的委托制种方与受托制种方，构成共同侵权，应当承担连带责任。

律师评析

侵权人通过委托制种的方式进行侵权，往往会通过不签订制种合同、选定代理人发放繁殖材料、通过间接方式给付制种费用等方式，规避处罚和法律责任。此类侵权行为隐蔽，品种权人收集证据难。但本案根据案件具体查明的事实，适时转移举证责任，极大地降低了维权人的举证责任，对于一味否定侵权事实但不提供相关证据的当事人，推定侵权事实成立。

另外，在品种权人的维权实务操作中，本案的品种权人的取证方式也值得其他品种权人予以借鉴。

本案中，品种权人利用公证人员、专业律师共同现场保存证据，为此后的鉴定打下了良好的证据基础。植物新品种的样本取证与其他案件的取证有所不同，其取得的样本必须符合今后的鉴定要求。很多权利人因为仅委托公证人员进行现场取证，最终导致取的样本不符合后面的品种基因分子标记鉴定要求，而无法进行品种同一行鉴定。本案当事人在委托公证的同时，委托律师共同现场提起样本，既保证了提取样本的真实性，又保证了提取样本的鉴定要求，为此案的胜诉打下了良好的基础。

重点关注

一、全国人大常委会关于修改《中华人民共和国种子法》的决定

事件回放

《全国人大常委会关于修改〈中华人民共和国种子法〉的决定》（2021

年国家主席令第105号）已由中华人民共和国第十三届全国人大常委会第三十二次会议于2021年12月24日通过，现予公布，自2022年3月1日起施行。

律师评析

继2015年《种子法》修订之后，时隔六年，我国再次迎来对《种子法》的修正。此次《种子法》的修改与以往几次修改大不相同。其不同主要表现在如下几点立法上的突破：（1）突破了之前植物新品种权的保护的范围；（2）突破了以往立法关于实质性派生品种的立法空白；（3）突破了以往对涉植物新品种保护侵权行为的处罚力度，明确规定了惩罚性赔偿制度。可以说，此次对《种子法》的修正在我国植物新品种保护立法领域具有划时代的意义，标志着我国植物新品种保护从以往UPOV1978文本过渡到或正在过渡到UOPU1991文本，这也标志着我国植物新品种保护从对量的追求逐渐或已经过渡到对质的追求。鼓励创新、增加对品种权人的保护、降低维权成本和难度、加大对侵权行为人的处罚力度，是此次《种子法》修正的主旋律。修正后的《种子法》奠定了我国植物新品种保护未来的发展方向和工作内容，配合中央提出的“打好种业翻身仗”，我国的植物新品种研发和保护必将迎来新的春天。

二、国际植物新品种保护联盟发布我国谭琦等4位女性育种家事迹事件回放

事件回放

据2021年3月8日农业农村部官方网站消息，近期，国际植物新品种保护联盟（UPOV）发布了全球16位女性育种家事迹，我国谭琦、牛庆杰、王力荣、钟彩虹4位育种家因在食用菌、向日葵、蟠桃、猕猴桃等品种选育方面贡献突出，成功入选，展示了我国女性育种家的风采，彰显我国植物育种取得的突出成绩。

谭琦研究员，上海市农业科学院副院长，兼任世界食用菌生物学与产品

学会主席，我国著名的香菇育种专家。从二十世纪九十年代开始潜心香菇研究，成功选育了“申香”系列香菇新品种，为我国的香菇产业发展奠定了坚实的种源基础。

牛庆杰研究员，吉林省向日葵研究所研究员，国家特色油料产业技术体系岗位科学家，农业农村部油料作物种植指导专家组成员。作为向日葵育种专家，先后选育出JK102、JK103和JK108三个食葵杂交种。其中JK108以其出色的商品性、突出的丰产性和抗逆性，种植面积一度达到全国向日葵总播种面积的30%。

王力荣研究员，中国农业科学院郑州果树研究所副所长，桃资源与育种创新团队首席科学家。作为桃育种专家，选育出了成熟期配套、优质、大果蟠桃、油蟠桃系列新品种10多个。其中“中蟠桃11号”和“中油蟠9号”分别是中国栽培面积最大蟠桃品种和油蟠桃品种，满足了中国人的“蟠桃梦”。

钟彩虹研究员，中国科学院武汉植物园猕猴桃研究中心负责人，中国科学院特聘研究员，农业农村部水果栽培专家组成员。作为猕猴桃育种家，培育猕猴桃新品种35个，其中16个品种获得国家植物新品种权。“东红”品种已在欧洲、日本、韩国、澳大利亚和智利等十多个国家申请了植物新品种权，并已获得欧盟植物新品种权证书。

律师评析

国际植物新品种保护联盟，简称UPOV（International Union For The Protection Of New Varieties Of Plants），它是国际植物新品种保护领域，最终重要的政府间国际组织之一，“UPOV的使命是提供和促进一个有效的植物品种保护系统，旨在鼓励植物新品种的开发，造福社会”。此次UPOV发布的16位女性育种家事迹，其中4位是我国的育种家。这四位女性育种家在我国的植物新品种研发上均作出了突出贡献，取得了骄人业绩。她们独立培育出的相关新品种，不仅得到了国内的认可，也得到了国际社会的认可，这是国际育种行业对中国育种行业的致敬。

随着种业振兴的提出，我国将涌现出更多的优秀育种家。随着中国育种技术的发展，将逐渐进入世界领先梯队。技术的发展，随之而来的也必然是中国植物新品种保护立法的国际化，以及对植物新品种权任何保护力度的加大。

三、胡春华强调：扎实做好农业种质资源普查，实现打好种业翻身仗良好开局

事件回放

据新华社北京2021年3月23日电，全国农业种质资源普查电视电话会议23日在京召开。中共中央政治局委员、国务院副总理胡春华出席会议并讲话。他强调，要认真贯彻习近平总书记重要指示精神，落实全国“两会”部署要求，采取坚决有力措施，抓紧抓好农业种质资源普查和保护，夯实种业发展的种质资源基础，确保打好种业翻身仗实现良好开局。

胡春华指出，农业种质资源是开展优良品种选育的基础，做好种质资源普查和保护是打好种业翻身仗的第一仗。要抓紧对农业种质资源进行彻底的普查，尽最大努力提高普查覆盖面，严格按照科学标准进行分类鉴定，建立起全国统一的农业种质资源目录，为科学开展保护利用提供可靠依据。要全面加强农业种质资源保护，牢固树立全面保护的理念，切实划定并管好原生境保护区，建好活体保种场和种质资源库，做好对濒危物种的抢救性收集保护，加快构建起各类保护措施互相配合、互为补充的完整保护体系。

胡春华强调，各地要切实增强责任感、紧迫感，加强组织领导，落实属地责任，强化支持保障，确保普查保护各项任务落实落地。各有关部门要从各自职能职责出发，提供实实在在的支持保障，切实形成强大工作合力。要充分发挥有关科研机构和企业作用，努力营造全社会共同关心、支持的良好氛围。

律师评析

农业种质资源是一个国家重要资源之一，种质资源普查是种质资源开发

的第一步，也是重要一步。一个国家对自己的种质资源了解得越清楚越全面，越有利于今后对种质资源的开发。因此，种质资源普查是一个国家育种行业的头等大事，需要倾一国之力去做，是一件功在当代，利在千秋的大事。

中国在很长一段时间里对种质资源的普查是空白的。这导致我国很多种质资源被西方国家窃取，这些种质资源偷窃者，利用他们从中国窃取的种质资源培育出好的品种，通过申请品种权保护或专利保护，再回过头来禁止中国利用这些种质资源，达到霸占他国种质资源的目的。例如，2000年4月6日，孟山都公司利用源自中国上海附近的一种野生大豆品种资源，发现了与控制大豆高产性状密切相关的基因“标记”（Marker，生物学术语，是指一段DNA序列，能够控制特定的性状），并利用这一野生大豆品种作为亲本，与一栽培大豆品种杂交，培育出含有该“标记”的大豆。孟山都公司即据此申请专利，保护其发明的“高产大豆”，并一口气提出了64项专利保护请求，最终让我国陷入了种中国的豆、侵美的“权”的困境。

此次，中央明确提出做好农业种质资源普查，实现打好种业翻身仗良好开局，充分显示出国家对农业种质资源的重视。

四、第五届中国—阿拉伯国家博览会现代农业合作大会签约农业合作项目36个

事件回放

据新华社银川2021年8月20日电，记者在第五届中国—阿拉伯国家博览会（以下简称中阿博览会）现代农业合作大会上获悉，本次大会围绕农业“走出去”“引进来”、农产品国际贸易和宁夏葡萄酒、枸杞等重点产业，共签约农业合作项目36个，总金额为20亿元。这些项目当中，包括在“中阿合作”“一带一路”框架下签署的“走出去”农业合作项目4个，农业新技术、新装备引进及贸易促进“引进来”农业合作项目4个，围绕农业特色优势产业签署的农业投资贸易合作协议28个。记者从宁夏农业农村厅获悉，此前，中阿博览会已连续举办了四届农业板块活动，先后有80多个国家和地

区、国内外50多家商协会和500多家企业参加，在种植业、畜牧业、设施农业等领域签署投资、贸易及合作协议近50项，累计投资贸易金额超11亿元。农业“引进来”领域也得到进一步拓宽，一批国外瓜菜、奶牛、肉牛等产业的新品种、新技术、新装备项目向国内输入并落地生根，多家花卉栽培、肉牛养殖、酿酒葡萄、节水设备等领域的国外知名企业落户宁夏，提升了当地产业发展水平。

律师评析

植物新品种保护与其他知识产权一样，要想吸引更多的优秀品种在中国生根发芽，保护环境是关键。在“一带一路”的大背景下，中国的优秀品种既要走出去，也要引进来。这就要求我国对植物新品种权的保护要尽快与国际接轨，要提供良好的品种权保护司法环境。只有这样，才能让国外的优秀品种愿意进来。当然，我们不能为了吸引国外优秀品种而损害本国的整体利益。但不可否认的是，随着我国植物新品种保护立法的发展，将会有越来越多的优秀品种愿意到中国来。

五、农业农村部科技发展中心召开分子生物技术在品种权审查中的应用研讨会

事件回放

2021年11月26日，农业农村部科技发展中心召开生物技术在品种权审查中的应用研讨会。会议以视频形式召开，中心崔野韩总农艺师出席会议并讲话，保护处、测试处全体人员，生物分子鉴定相关领域专家，测试分中心代表等参加会议。会上，江汉大学彭海教授介绍了MNP等分子生物技术研究和应用进展报告，济南分中心郑永胜博士代表生物技术工作组汇报参加UPOV线上会议相关情况，会议还就MNP等分子生物技术在品种权审查测试中的应用开展相关研讨。

律师评析

2020年10月1日，国家标准《植物品种鉴定—MNP标记法》（GB/T 38551-2020）实施。该鉴定标准的诞生，标志着MNP标记法成为我植物品种鉴定的方法之一。该标记法实现了植物品种DNA鉴定技术的国产化，填补了国内外空白，达到国际领先水平。与以往的标记法相比，MNP标记法“显著提升了标记基因型的数目，大幅提升检测效率、降低检测误差，实现检测结果精准数字化和结果分析的智能化”。

在以往的植物新品种维权中，耗时最长最容易出现争议的就是授权品种与被控侵权品种的统一性比对。因为只有在证明授权品种与被控侵权品种属于同一品种的情况下，才能确定被控品种是否存在侵权。在分子标记技术出现前，种子比对只能同田间试验进行（DUS测试），而田间试验需要观察品种在田间的表现，因为品种存在生长周期，因此DUS测试周期较长。分子标记出现后，又由于技术限制，标记比对的分子数量较少，容易出现误差，最终还是只能通过DUS测试来进行比对。MNP标记法的出现，很好地解决了这一司法审判中的难题，由于MNP标记比对的分子数量大，因此极大地增加了鉴定的可靠性，同时提高了鉴定效率。相信随着分子标记法的越来越成熟，将来在司法审判中，将逐渐用分子标记大来代替DUS测试，加快司法审判中品种同一性的鉴定效率，缩短维权时间和成本。

六、植物工厂实现水稻种植60天快速收获

事件回放

近日，中国农业科学院都市农业研究所植物工厂创新团队与中国水稻研究所钱前团队合作，在植物工厂环境下成功实现水稻种植60天左右收获的重要突破，将传统大田环境下120天以上的水稻生长周期缩短了一半。这为加速作物育种、保障粮食安全提供了全新的技术途径。

据介绍，这次试验的水稻是由钱前团队提供的矮秆品种，其株型较矮，

空间利用率高，适合在植物工厂环境下进行多层立体栽培。在供试的6个矮秆品种中，2个品种表现出较高的产量潜力，定植后45天抽穗，63天收获，单株分蘖数达89个，单层栽培架的综合产量为每平方米0.98公斤，相当于亩产652公斤。

植物工厂为育种家提供了一个超级加速平台，使育种周期大幅缩短。中国农业科学院都市农业研究所研究员杨其长表示，水稻植物工厂的育种模式，完全可以复制到小麦、玉米等其他粮食作物，只要有关部门给予支持，就可以快速推广。

在水稻种植方面，由于植物工厂的设施成本与能耗费用相对较高，加上水稻价值相对较低，大规模推广有一定的难度。杨其长认为，随着未来都市农业的快速发展以及低成本能源的广泛使用，采用工厂化方式生产粮食也是有可能的。

律师评析

此技术的实施，将大大缩短育种周期。目前我国的育种家为了缩短育种周期，基本都是遵循“南繁北育”，夏天在北方，冬天到海南，实现一年两季种植。这自然得益于我国幅员辽阔，气候资源丰富。但如果有了新闻中所说的技术，可以利用植物工厂，将一个品种的生长周期缩短至60天，则可以再次极大地缩短育种周期，实现一年六季。

同时如果该技术成熟，完全可以配合特殊品种实现更高的作物产量，进一步保证中国的粮食安全。

七、农业农村部、最高人民法院签署合作备忘录推进行政执法和司法紧密衔接合力加强种业知识产权保护

事件回放

2021年5月26日，农业农村部与最高人民法院在京举行工作会谈，中央农办主任，农业农村部党组书记、部长唐仁健，最高人民法院党组副书记、

常务副院长贺荣出席并签署种业知识产权保护合作备忘录。

唐仁健指出，加强种业知识产权保护，是促进种业创新、推进种业振兴的一项重要而紧迫的任务。近年来，最高人民法院通过加强案件审理指导、出台司法解释等措施，有力促进了种业知识产权保护。农业农村部将以签署合作备忘录为契机，深入贯彻习近平总书记重要指示精神，落实党中央、国务院决策部署，进一步与最高人民法院密切联系、深化合作，加强行政和司法协同，从行政执法、司法保护、行业自律等环节完善保护体系，构建全链条保护格局，严厉打击侵害种业知识产权行为，鼓励支持原始创新，为打好种业翻身仗提供有力保障。

贺荣指出，人民法院要站在落实国家战略和维护国家安全的高度，加大种业知识产权司法保护力度，抓紧出台相关司法解释，明确司法裁判规则，依法惩治各类种业侵权行为，推动解决举证难、侵权赔偿额低等问题，把习近平总书记重要指示精神和党中央、国务院关于保障国家粮食安全、促进种业自主创新的决策部署落到实处。

最高人民法院党组成员、副院长贺小荣，农业农村部副部长张桃林，总经济师、办公厅主任魏百刚等参加会谈。

律师评析

种业翻身仗不是某一个部门的事，而是整个中国的事情。在种业知识产权保护上，本来就存在行政执法与司法保护两条并行的渠道。因此，加强种业知识产权行政执法与司法审判机关的联系，既能够进一步提升我国种业知识产权行政执法的质量，又能够快速通过行政执法打击侵权行为。而司法审判机关也能够通过与行政执法部门的合作，可提前获知更多的种业知识产权新型案件，提前对这些新型案件作出预判，制定审判方案和应对措施。

此次，最高人民法院与农业农村部的紧密衔接，必然能进一步促进我国包括植物新品种权在内的农业知识产权执法和司审判质量的提高，为我国的种业翻身仗提供更好的行政支持和司法支持。

八、农业农村部党组召开会议强调认真学习贯彻习近平总书记重要讲话精神“全力以赴推进种业振兴”

事件回放

2021年7月12日，中央农办主任，农业农村部党组书记、部长唐仁健主持召开部党组会议，传达学习中央全面深化改革委员会第二十次会议审议《种业振兴行动方案》有关精神，研究贯彻落实工作。会议强调，要认真学习贯彻习近平总书记重要讲话精神，进一步提高推进种业振兴的责任感使命感，把思想和行动统一到党中央决策部署上来，紧紧围绕种业科技自立自强、种源自主可控这一总目标，集中政策、集中资源、集中力量，全力以赴破难题、补短板、强优势、控风险，坚决打好种业翻身仗。

会议指出，习近平总书记在中央深化改革委员会会议上对现代种业发展作出重要指示，把种源安全提升到关系国家安全的战略高度，充分体现了以习近平同志为核心的党中央对种业的高度重视，彰显了中央推进种业振兴的坚定决心，为我们指明了方向、提供了遵循。要从国家安全的高度认识把握种业振兴的战略性、基础性和紧迫性，扎实有力推进各项工作，重点抓好资源保护、创新攻关、企业扶优、基地建设、市场净化五大行动。要继续做好种质资源普查工作，扎实开展保护知识产权专项整治。加快实施生物育种重大科技项目，优先启动种源关键核心技术攻关。支持优势企业发展，推动与科研单位、金融机构、种子基地对接，加快构建商业化育种体系。落实制种大县、核心育种场等支持政策，加快推动南繁硅谷建设。

会议要求，要压实责任、健全机制，确保取得工作实效。加强统筹协调、评估检查和考核评价，督促地方党委、政府落实主体责任。抓紧建立部际协调机制，定期调度工作进展，及时研究解决重大问题，形成工作合力。

律师评析

推进种业振兴，是中国近年来提出的重大农业政策，这一政策目标的实现，必然会将中国的种业推向新的高度。同时中国的农业也必将因此而进入新的发展时期。

种业振兴，法治先行。为了实现种业振兴的目标，我们除加大投资和人才培养、人才引进力度外，还必须提高法律对种业知识产权的保护。要进一步鼓励原始创新，简化品种引进审批手续，打击种业知识产权侵权行为。

如果没有好的种业知识产权保护环境，那么就难以形成积极推定种业知识产权创新的大环境。围绕种业振兴，我国必须尽快弥补种业知识产权保护立法、司法上的不足，进一步完善种业知识产权保护立法体系，比如对转基因品种的保护立法、对实质性派生品种保护制度的配套立法等。

九、农业农村部为农作物种子进出口审批办理进一步“减负”

事件回放

为加大种业“放管服”改革力度，助力打好种业翻身仗，近日，农业农村部优化农作物种子进出口审批流程，取消了省级审核环节，直接由审批大厅统一受理审核，主管部门一次审批，进一步为申请主体“减负”。

2021年7月1日，新修订的《农作物种子进出口审批办理指南》发布实施，优化后的进出口审批系统正式上线运行。据了解，该指南同时释放了鼓励引进种质资源信号，将引进种质资源申请主体由法人放宽到科研人员和育种家，明确可以以自然人身份引进农作物种质资源，并要求申请主体诚实守信，遵纪守法，切实依照指南要求，合法合规从事种子进出口相关事宜。

下一步，为确保农作物种子进出口平稳有序，农业农村部将加强事前审核，强化事中事后监管，组织各级农业农村部门加大监督检查力度，严厉打击违法违规行为，确保我国农作物种子国际贸易健康发展。

律师评析

“他山之石，可以攻玉”，品种创新除了要练“内功”，还要积极学习他人的先进经验，引进他人的优良品种。只有这样，才能进一步丰富我国的育种资源，增加育种的选择范围。

在确保安全的情况下，简化品种引进手续，可以吸引更多的国外品种进入中国，也可以鼓励更多中国企业引进国外优良的品种。一个品种被引进来，随之而来的是这个品种基因中所隐含的所有遗传资源。实勘西方的种业发展，很多优秀的遗传基因就是来自其他国家。因此，种业翻身仗是一套组合拳，既有中国自己的努力，也需要借助其他国家的力量。

此次指南明确可以以自然人身份引进农作物种质资源，育种家可以根据自己的需要，引进国外品种，这就在很大程度上方便了个人育种科研活动的顺利实施。①

① 江本伟律师，北京高文律师事务所。

CHAPTER 8

第 8 章 技术交易与知识产权商用化

技术交易与知识产权商用化的立法动向及观察①

一、新法观察

（一）科技创新与科技成果转化相关政策与立法

1. 2021年《专利法》《著作权法》以及《科学技术进步法》的修正、修订及影响

2021年，国家在政策性文件、法律法规、国务院及各部委规范性文件、科技部及教育部规范性文件层面均正式出台或生效了一定数量与科技创新及科技成果转化相关的法律法规和规范性文件。其中，《专利法》《著作权法》以及《科学技术进步法》的修正、修订引发了广泛的关注，这三部法律的修订顺应了科技的飞跃发展，也将对我国科技创新及科技成果转化保护带来重大影响。本部分将主要介绍这三部法律的修订背景、修改亮点及重要影响。

（1）《专利法》（中华人民共和国主席令第55号，自2021年6月1日起施行）

我国《专利法》制定于1984年，曾分别于1992年、2000年、2008年进行过三次修正，每八年修改一次，2020年10月17日，根据《全国人民代表大会常务委员会关于修改〈中华人民共和国专利法〉的决定》进行了第四次修正，《专利法》修改的过程与我国经济、社会、科技的发展密切相关，反映了我国对于知识产权保护的政策变化。

本次修正加大了对侵犯专利权的赔偿力度，新增专利权期限补偿制度、药品专利纠纷早期解决程序有关条款，新增专利开放许可制度，完善外观设

① 楼仙英律师，北京市金杜律师事务所；陆颖律师，北京市金杜（深圳）律师事务所；杨恺盛律师、冉芙妍律师，北京市金杜律师事务所上海分所。

计保护相关制度，增加新颖性宽限期的适用情形，完善专利权评价报告制度等。主要亮点如下：

（i）完善专利授权制度

a.外观设计保护期限延长至十五年。新《专利法》第42条将外观设计专利权的期限由“十年”修改为“十五年”。我国目前正在积极推进加入《工业品外观设计国际注册海牙协定》的相关工作，加入该协定后意味着我国企业可以获得境外外观设计保护，但海牙协定要求成员国至少给予十五年保护期，在此背景下，我国调整外观设计专利权的保护期限也将在一定程度上提高申请外观设计专利的积极性，激励设计创新。

b.明确局部外观设计专利保护。《专利法》未修正之前，只对产品的整体外观设计给予专利保护，对于产品的局部设计创新未明确给予保护，不利于鼓励设计人积极从事外观设计专利创新。故在此次修订过程中，经研究决定，参照国际通行做法，对外观设计定义进行修改，明确对产品的“局部”的外观设计给予专利保护。

c.增加外观设计专利申请国内优先权制度。《专利法》未修正之前，享有本国优先权的仅为发明和实用新型，外观设计专利申请自出台以来一直处于空缺状态，此次修正将外观设计专利纳入本国优先权制度，并在第30条明晰了要求优先权的具体手续，使得优先权全面覆盖了三种专利类型，成为一个完整且规范的制度。

（ii）促进专利实施和运用

a.新增专利开发许可制度。新《专利法》第50条至第52条新增专利开发许可制度，与原有的“强制许可”制度构成了较为完整的特别许可制度。《专利法》鼓励开放许可，给予声明开放许可的专利年费减免。开放许可后，排除独占许可或排他许可的适用，但是专利权人有权与被许可人以普通许可的方式就许可条件进行个别协商。我国设立上述开放许可制度主要是为了促进专利的实施和运用，如果开放许可能够在实践中被广泛推广，对于发挥知识产权市场价值方面将有重大的助益。

b.完善职务发明制度。新《专利法》第6条新增“单位可以依法处置其职务发明创造申请专利的权利和专利权，促进相关发明创造的实施和运用”。职务发明法律制度是调整单位和发明人权利和利益分配的基础制度，对调动单位及其研发人员的创新积极性、促进发明成果的转移转化都起到重要作用。为积极推动知识产权的运用实施，我国新《专利法》授权单位可以处置其职务发明的相关权利，进一步发挥激励发明创造产生及推广的作用。

（iii）加强对专利权人合法权益的保护

a.新增惩罚性赔偿制度。新《专利法》第71条第1款新增故意侵犯专利权，情节严重的，可以在按照上述方法确定数额的一倍以上五倍以下确定赔偿数额。新《专利法》将惩罚倍数提高到了最高五倍，赔偿额的显著提高顺应了我国进一步加强知识产权保护的趋势和决心。

b.法定赔偿额的提升。新《专利法》第71条第2款规定，权利人的损失、侵权人获得的利益和专利许可使用费难以确定的，结合各种情形因素，将法定赔偿金额由“一万元以上一百万元以下”修改为“三万元以上五百万元以下”。实施严格的知识产权保护，显著提高违法成本，体现了国家加大专利保护力度、鼓励创新的导向。

（2）《著作权法》（中华人民共和国主席令第62号，自2021年6月1日起施行）

2020年是《著作权法》颁布30周年。三十年来，《著作权法》经过两次修正，对规范、鼓励文学、艺术和科学作品的创作、传播、版权保护、管理，促进经济社会文化和科学事业的发展与繁荣发挥了重要作用。但是科技的飞跃发展，为作品传播和文化产业带来了翻天覆地的变化。《著作权法》虽然经过两次修正，很多条款依然相对滞后。时代呼唤我们必须与时俱进，对现行《著作权法》作出调整和完善。在这样的大背景下，2020年11月11日，第十三届全国人大常委会第二十三次会议表决通过关于修改《著作权法》的决定，距离上一次《著作权法》的修正刚好过去十年。《著作权法》的修正是满足现实的需要，也是对司法实践成果的吸收。修正后的《著作权法》共6章，67条，自2021年6月1日起施行。

本次修正引入了侵权惩罚性赔偿制度，大幅提高法定赔偿额上限并完善了作品的定义和类型。具体如下：

a.增加惩罚性赔偿制度，将法定赔偿上限提高到500万元。新《著作权法》规定："对故意侵犯著作权或者与著作权有关的权利，情节严重的，可以在按照上述方法确定数额的一倍以上五倍以下给予赔偿。"《著作权法》中增加惩罚性赔偿制度意味着，在知识产权领域，惩罚性赔偿制度已经建立得较为全面。这一规定与《民法典》第1185条规定的知识产权惩罚性赔偿一脉相承，与《商标法》第63条、《专利法》第71条、《反不正当竞争法》第17条基本一致。同时，提到"权利人的实际损失、侵权人的违法所得、权利使用费难以计算的，由人民法院根据侵权行为的情节，判决给予五百元以上五百万元以下的赔偿"。此次将著作权法定赔偿上限提高到500万元，为著作权侵权案件适用酌定赔偿、法定赔偿提供了新动力。

b.规定视听作品，将类电作品改为视听作品。"电影作品、电视剧作品及其他视听作品""电影和以类似摄制电影的方法创作的作品"在这次《著作权法》修正中，统一改称为视听作品。这种变化反映了产业界迅速发展对著作权带来的挑战，比如，近些年兴起并且已经发展成数千亿市场规模的网络游戏，网络游戏直播如何定性、网络游戏画面如何定性等；又如，音乐喷泉、灯光秀、烟花秀等如何归类定性。这些问题的出现，催生了视听作品的立法。

c.修改作品定义，作品客体类型开放。《著作权法》此次修正，对作品定义和作品类型作了修改。作品，是指文学、艺术和科学等领域内具有独创性并能以一定形式表现的智力成果。符合作品特征的其他智力成果同样是作品。对作品定义的修改，应当是《著作权法》修正中最为根基的问题，是源头问题。作品的定义虽然采用的是概括式概念描述的方法，但并未封闭，对作品的把握依然是判断作品的要件，即是否在文学、艺术、科学领域，有没有独创性，能不能以一定形式表现。这摒弃了原来实际上并无法律、行政法规规定的其他作品的兜底规定。

《著作权法》的第三次修正，根据我国经济社会文化发展的现实需要，针对新技术发展和新产业、新兴业态反映的新问题，以及长期困扰权利人的取证难、维权难、维权成本高、侵权赔偿低等问题，对社会关切的热点问题进行了积极回应，明晰了版权作品创作、传播、使用、管理、保护的法律边界和法律责任。

（3）《科学技术进步法》（中华人民共和国主席令第103号，自2022年1月1日起施行）

2021年12月24日，第十三届全国人民代表大会常务委员会第三十二次会议审议通过了《中华人民共和国科学技术进步法（修订草案）》，修订后的《科学技术进步法》已于2022年1月1日起正式实施。

相比于2007年12月的第一次法律修订和同时期其他科技创新相关法律的修改，本次修订无论是在立法形势、社会期待，还是在条款修订规模、体例框架变化和规则制度创制方面都发生了更广泛、更复杂、更深刻的变化，其修订强度和规模并不亚于一次重新立法。这是我国科技立法发展中的又一重大里程碑，也是加快实现我国科技治理体系和治理能力现代化的关键举措和重要法治保障。

本次《科学技术进步法》修订的制度创新主要体现在以下方面：

（i）人才制度体系化

在2007年修法确立的以企业为主体的、有利于自主创新和市场化环境的基础上，此次修订进一步深化有利于全面创新的制度生态系统，突出强化人才第一资源作用，通过法律规则构建“以人民为中心”的创新制度环境。

a.系统健全科技人才法律保护制度。新《科学技术进步法》系统地从维护社会地位、保护合法权益、提高创新激励、减少不合理科研管理四个方面健全完善了科技人才法律制度。例如，在立法中首次规定“每年5月30日为全国科技工作者日”（第18条）；明确“禁止以任何方式和手段不公正对待科学技术人员及其科技成果”（第57条）；明确国家“保护科学技术人员自由探索等合法权益”（第8条）。

b.实现人才保护责任和创新免责重要制度突破。一方面，首次将违反《科学技术进步法》人才保护规定的行为纳入法律责任的范围，明确“违反本法规定，滥用职权阻挠、限制、压制科学技术研究开发活动，或者利用职权打压、排挤、刁难科学技术人员的，对直接负责的主管人员和其他直接责任人员依法给予处分”。另一方面，对承担探索性强、风险高研发项目的科技人员实行勤勉免责（第68条），对利用财政资金设立的科研机构、高等学校和企业相关负责人在创新探索过程中的失误偏差实行尽职合规免责（第97条）。

（ii）科技治理法制化

《科学技术进步法》作为我国科技领域的基础法律，是我国科技治理体系法治化的制度标志，也直接反映了我国科技治理体系法治化的制度框架和发展思路。此次修订着力推动科技治理现代化，进一步厘清创新治理与科技管理、基础研究与技术创新、全国与区域、开放与合作、发展与安全在创新发展中的制度关系。

a.强化决策法治化，补齐国家科技治理制度短板。在2007年确立的科技进步法治框架基础上，新《科学技术进步法》系统补齐国家科技治理体系基本制度的短板或弱项，全面强化党对科技工作的全面领导、健全国家科学技术决策咨询制度、优化地方科技创新事权制度。例如，科技决策制度的法治化一直受到学界关注，2007年《科学技术进步法》修订将最初的科学决策原则扩展为“推进决策的科学化、民主化”，并增加了建立咨询和决策机制的规定。

b.健全国家科技安全治理机制。新《科学技术进步法》系统增加了保障国家科技安全和规制科技创新风险的科技安全治理机制。其中，针对国家科技安全，首次增加规定明确“国家统筹发展和安全，提高科技安全治理能力，健全预防和化解科技安全风险的制度机制”（第5条），“国家完善共性基础技术供给体系，促进创新链产业链深度融合，保障产业链供应链安全”（第26条），“国家完善国际科学技术研究合作中的知识产权保护与科技伦理、安全审查机制”（第82条），以及“加强科学技术保密能力建设”（第106条）。

（iii）基础制度法定化

此次《科学技术进步法》修订重点围绕支持全面创新的基本制度进行了

较为系统的增补完善和修订，初步实现了支持全面创新的关键法律规则体系化和关键制度要素法定化。

a.实现科技评价制度要素法定化。此次修订后，科技评价制度相关条文数量从原有法律的3条大幅增加到了9条，全面覆盖了人才、项目、机构与活动评价，以及基础研究、企业创新与成果转化等不同评价场景，并将科技评价中应当遵循的科技创新规律、人才成长规律和评估管理规律固化为立法形式。

b.实现科技行政监督管理制度类型化。此次修订在科技立法中首次实现监管基本制度专门化、类型化，将涉及科技行政管理与监督的基本事项归并集中，设立“监督管理”专章并置于“法律责任”前，有效衔接违规违法行为监管与法律责任追究机制，让科技监管更有效、法律责任更落实。

总体来看，此次修订在内容和时机上高度契合党中央关于我国科技发展的战略意图，必将有利于加快“推进科技体制改革，形成支持全面创新的基础制度”，在科技立法领域“填补空白点、补强薄弱点”。

（二）2021年《民法典》生效

1987年6月23日，第六届全国人大常委会第二十一次会议通过了《技术合同法》，该法共7章55条，对技术合同的订立、履行、变更、解除和纠纷解决以及各类具体技术合同作了规定。1999年3月15日，《技术合同法》并入《合同法》，其中技术合同相关条款并入第18章技术合同，于1999年10月1日施行。2021年1月1日，《民法典》正式实施，技术合同相关条款并入《民法典》合同编的第20章，生效二十余年的《合同法》同时废止。

对于技术交易和知识产权商用化协议中的未尽事宜，只要没有相反的证据，都默认适用协议中约定的法律。因此，适用中国法律的技术协议，应格外关注、熟悉并理解中国《民法典》中涉及知识产权和技术合同的条款。

本次《民法典》的知识产权条款分布在总则及各编的第123条、第444条、第501条、第600条、第843条至第877条、第1062条、第1185条等条款中，共51条，其中技术合同相关内容为第843条至第887条，共计45条。

二、重点关注

（一）民法典技术合同相关条款梳理及影响

2021年新生效的《民法典》中涉及的知识产权内容主要与技术合同有关，51条涉及知识产权的条款中有45条与技术合同相关。《民法典》从第843条到第887条的技术合同条文，对技术合同形成了一套体系化的规范。因此，需要重点关注《民法典》的出台对技术交易和知识产权商用化的影响。

具体而言，《民法典》中与知识产权有关的条款如下：

关于知识产权的保护客体规定在了第123条，除常见的作品、专利、商标等知识产权类型外，特别把商业秘密列为知识产权保护的客体之一，明确了商业秘密的性质，加强对商业秘密的保护。

第444条是关于知识产权中财产权的处置问题。知识产权财产权出质后，出质人不得转让或者许可他人使用，但是出质人与质权人协商同意的除外。出质人转让或许可他人使用出质的知识产权当中的财产权，所有的价款应当向质权人提前清偿债务或提存，这意味着在涉及知识产权质权的问题时，价款对质权人优先清偿，需要出质人注意。

第501条特别强调了在订立合同过程当中的商业秘密或者其他应当保密的信息，无论合同是否成立，不得泄露或者不正当的使用。此前大家普遍认为只有合同成立，才会有权利义务发生，如果合同不成立，则交易和相关权利义务就不存在，对于商业秘密侵权就无从主张。该理解显然有失偏颇，本次《民法典》则明确了这个问题，即无论合同是否成立，都不影响双方的强制保密义务。

第600条规定了出卖具有知识产权的标的物的，除法律另有规定或当事人另有约定外，该标的物的知识产权不属于买受人。也就是说，知识产权独立于物权，其权益不随标的物所有权转移而转移。交易方应对自己是否买到标的物上的知识产权有正确认识。本条对交易合同的起草提出了更高的要求，特别是针对技术交易的标的的定义或约定。

第1062条在夫妻共同财产方面，特别强调了知识产权的收益权也属于共同财产。

第1185条是本次《民法典》知识产权相关条款的亮点之一，即加强对故意侵犯知识产权行为的惩罚性赔偿。本条与《著作权法》第54条、《专利法》第71条、《商标法》第63条、《反不正当竞争法》第17条保持了一致，由《民法典》进行统领和补充，各知识产权单行法作出具体规定。

《民法典》中与技术合同有关的条款有：

《民法典》第843条是对"技术合同"的定义，即当事人就技术开发转让、许可咨询或者服务所订立的确立相互之间权利和义务的合同。第887条特别强调了技术中介合同、技术培训合同另有规定的，依照其规定。也就是说《民法典》中的技术合同主要规范的是技术开发、技术转让、技术许可、技术咨询和技术服务合同，而不是技术中介合同和技术培训合同。总体而言，《民法典》从第843条到第887条，对于各类的技术合同的订立，无论是订立过程、订立的客体、标的物、特殊的财产权出质等都作出了非常明确的规定，同时强调了对商业秘密的保护，无论最后合同是否成立，都对商业秘密给予保护。

对于"技术开发合同"相关内容，参见第844条，即当事人就技术开发、转让、许可、咨询或者服务订立的合同，规定了"订立技术合同应当有利于知识产权的保护和科学技术的进步，促进科学技术成果的发展化应用和推广"。《民法典》在技术合同章节明确了知识产权保护，这也是首次明确技术合同与知识产权间关系的原则性条款。订立技术合同的原则和目的，应以知识产权保护与促进技术成果商业化并重。在实际交易中，若技术合同的约定实际上不利于科技进步，在发生纠纷时，其订立最终可能也无法得到法院的认可和支持。

第851条规定，技术开发合同是当事人之间就新技术、新产品、新工艺新品种或者新材料及其系统的研究开发所订立的合同。该条强调的是具有实用价值的科技成果转化订立的合同，也即需要有实用价值，需要达到科技成果可以实施转化的程度，而在此时的新技术、新产品、新工艺、新品种、新材料的定义内涵具体是什么，法条本身没有规定，因此有待在后续的司法实践中进行解释。可以想象，在技术开发合同的双方当事人发生争议的时候，会对上述“新技术、新产品、新工艺、新品种、新材料”的定义产生不同的认识和理解。如何在协议里面做尽可能详细的约定，是一个挑战，在协议里面尽量多的细化共识、说明和约定定有助减少纷争，但也因此会在合同的签订阶段花费更多的时间和成本。

第855条规定的是技术合作开发的当事人按照约定投资，包括以技术进行投资，分工参与研究开发工作，协作配合研究开发工作。需要注意的是本条提到“包括以技术进行投资”，此处的投资不是设立公司时进行技术出资的概念，而是指在交易项目里投入研究成果、研发设备、人力、物力、财力等，技术可以作为其中投入的一部分。

然而，此处作为标的的技术到底应该是什么样的内容？第851条的“新技术”，是相对的新，还是相对于全行业或某个领域的新？——参考第857条的规定，作为技术开发的合同标的的技术，已经由他人公开，致使技术开发合同的履行没有意义的，当事人可以解除合同。第857条给予当事人一项解除合同的权利，显然是有利于保护资金投入方的利益。但在实践中，技术是否被别人公开是一个客观的事实，双方不容易产生争议，但进一步如何理解“技术开发合同的履行没有意义”，双方可能会各执一词难以达成共识。这里的“没有意义”，是指新技术或新产品开发不出来谓之“没有意义”；还是指因为技术已被对手成功研发并公开，致使我方研发方向失去意义；抑或因为竞争对手的技术方案已取得商业上的成功，致使我方即使研发成功在商业上也不再有意义等，都需要双方进一步明确。

另外，第858条还规定由于出现无法克服的技术困难，致使研究开发失败或者部分失败的，该风险由当事人约定，如果没有约定或约定不明确的，风险由当事人合理分担，当事人一方发现前款的规定可能致使研究开发失败或者部分失败的情形，应当通知另一方，并且采取适当的措施减少损失。也即如果一方发现了但是没有采取措施去限制或者是减少，导致损失扩大，应当就扩大的损失承担责任，这有助于保护双方当事人的利益。

但该条规定在实践中也容易导致各种争议。例如，提供技术的一方可能比较难掌握具体失败的时间节点，导致通知不到位，或未采取措施减少损失，或损失最终未得到减少，从而可能面临需要承担更大责任的风险。另外，若未在合同中约定开发失败的风险，则适用本条由双方合理分担，这意味着投入方可能需要承担较高的风险。本条规定对交易双方提出了更高要求，要求双方审慎订立合同并做好清晰明确的约定，在实践中可能产生比较长远的影响。

第860条规定了对于合作开发完成的发明创造，申请专利的权利属于合作开发的当事人共有。当事人一方转让其共有的专利申请权的，其他各方有以同等条件优先受让的权利，但是合同当事人另有约定的除外。其后还规定了，合作开发的当事人一方声明放弃其共有的专利申请权的，除当事人另有约定外，可以由另一方单独申请或者由其他各方共同申请，申请人取得专利权的，放弃专利申请权的一方，可以免费实施该专利。

该条的第3款特别强调了合作开发的当事人，一方不同意申请专利的，另一方或其他各方不得申请。本条款的社会影响目前还难以预估，合作开发的当事人往往是不同的市场主体，有可能是高校、企业、初创企业或世界500强企业等，不同市场地位的市场主体对于专利权的需求不尽相同。若合同中约定不清晰，默认情况下适用本条的规定，当有一方不同意申请专利的时候，其他各方就不得申请专利。以上是关于技术开发合同的规定，可见，《民法典》对技术交易合同的约定和条款设计提出了更高的要求，交易双方及其代理人都应当对此加以注意。

《民法典》中涉及技术转让合同和技术许可合同的条款有：

第862条规定了技术转让合同是合法拥有技术的权利人，将现有特定的专利申请、技术秘密的相关权利让与他人。首先要求技术转让合同出让方一定要是技术权利人，同时权利还应是合法拥有的。这意味着通过不正当手段如通过窃取等非法手段获取他人商业秘密的方式获得的技术权利，就不能受到法律保护。该条也特别强调了“现有特定”，意味着这个技术或者知识产权已经存在且非常清晰，而不是广泛意义上通用的表述。它是一个特定的技术标的和权益能力，所以对转让合同的定义是非常重要的。

技术许可合同，是合法拥有技术的权利人将现有特定的专利、技术秘密的相关权利许可他人实施、使用所订立的合同。在技术转让合同里，标的包括专利申请，但在本条的技术许可中，并未把专利申请作为一种可以许可的权利。这是因为可以许可的权利应当是确定的，例如专利权、技术秘密，而专利申请权人对技术本身所拥有的权利，在专利申请阶段尚不明确。专利申请人仅能在发明专利公布后授权前获得临时保护，发生在专利申请过程中的侵权行为，申请人也只能在授予专利权之后追究从自实际侵权之日或专利有效起始日至停止侵害行为期间的侵权责任。此外，不同法域下特定术语的内涵可能不一致，例如当讲到“技术转让合同”时，中国法下的默认的标的内涵和英国法下的标的内涵就可能不完全一致，在订立跨境技术协议时，最好在合同中对此作出清晰的约定。

第864条又提出了一个原则性的规定，即对技术转让合同或者技术许可合同，可以约定实施专利或者使用技术秘密的范围，但是不得限制技术竞争和技术发展。这条和《专利法》的基本原则一致。

第870条要求技术转让合同的出让人和技术许可合同的许可人，应当保证自己是所提供的技术的合法拥有者，并保证所提供的技术完整、无误、有效、能够达到约定的目标。这一条要求看似简单、合理，但事实上是非常高的要求，超过了一般协议里的陈述与保证条款的要求。一般陈述与保证条款的大致内容，通常是要求许可方有一个主体保证，根据注册地的法律是一个合法成立、有效存续的实体、有权从事合同项下的交易，并且得到了必要的授权。实践中有很多公司是集团来谈协议，但最终的签约落实到下面的单位。要求保证是技术的合法所有者或持有者，同时也会经常要求许可方作出不侵权的保证，即按照合同约定来实施许可技术，未超出合同约定范围和约定方式，此时相对方应保证使用方免受因实施许可技术遭受的第三方的侵权诉讼，这样的规定比较常见。但第870条要求保证是技术的合法拥有者，当把它扩大解释为所有权人和持有人时，就比较容易产生分歧或争议，即是否必须是所有权人才能对外签署？在签订跨境的技术协议时，要充分考虑交易各方所在法域的法律规定，避免对这些要求产生不同的理解。

再看第870条的另一个要求，即要保证技术完整、无误、有效，能够达到约定的目的。这里对让与人或许可人的义务提出了较高要求。例如技术的完整性通常是事后才能检验，合同订立时可能较难作出保证。但是，本条款中体现的原则是合理的，技术提供方是否尽义务可以此为衡量标准。在订立合同时应当尽量量化本条中提到的标准以便实际检验，避免使用空泛的定语。

关于第871条的保密义务，也强调了对尚未公开的秘密部分的保护，该条规定也与中美贸易第一阶段的协定里加强对商业秘密或保密商务信息的保护相符。

综上所述，本次《民法典》知识产权和技术合同相关条款的修改，虽然相较于人格权编、物权编的改动较小，但作为我国第一部法典，每一处修改都值得研究和品味。具体而言，《民法典》知识产权和技术合同条款内容更为精简和明确，删除了难以区分和表达冗赘的部分，修正了《合同法》当中随时间迁移不再适用的部分。同时，《民法典》还兼顾了推动知识产权商用化和知识产权保护的目标，减少强制性条款内容，更加强调双方当事人的意思自治和约定优先，当然这也对合同起草提出了更高的要求，交易成本也会相应增加。此外，《民法典》在商业秘密保护条款和知识产权故意侵权行为上也多有着墨。整体上确如陶鑫良教授所言，“在我国这一首部民法典中，知识产权的星光照耀”。

（二）《2021美国创新和竞争法案》（United States Innovation and Competition Act of 2021）及对我国科技产业的影响①

1. 出台时间及概述

2021年6月9日，美国国会参议院以68票赞成、32票反对通过了《2021美国创新和竞争法案》。这一法案源于2020年5月由参议院多数党（民主

① https://www.documentcloud.org/documents/20783503-the-united-states-innovation-and-competition-act-of-2021.

党）领袖查克·舒默（Chuck Schumer）提出的《无尽前沿法案》（Endless Frontier Act），之后在2021年4月21日，美国参议院外交关系委员会以21票赞成1票反对的投票结果通过了《2021年战略竞争法案》（Strategic Competition Act of 2021），并交由参议院审议。此后，该法案进入参议院院会程序后，两党议员和参议院商业、科学和运输委员会，对外关系委员会，国土安全和政府事务委员会，银行、住房和城市事务委员会，卫生、教育、劳工和养老金委员会，以及司法机构又为其添上600多项修正案，并整合了之前若干制华法案，改名为《2021年美国创新和竞争法案》，内容超过了1700页。[①]《2021美国创新和竞争法案》后续将交由众议院投票审议，两院就法案最终内容达成一致后，再提交白宫签署生效。截至2022年1月，尚未检索到下一步审议的进程公告。

这一法案是美国近年来科技产业政策频繁变革的缩影，作为针对特定国家（中国）出台专门法案是十分罕见的，特别是如此系统性的立法。某种意义上显示出美国在调整产业创新政策思路、维护全球技术领先地位等方面"以国家资本主义的集体力量"再出发的决心。因此，从事涉外技术交易业务的专业人士，有必要对此进行深入研究。本文限于篇幅，仅做简单介绍，希望能起到为大家提供索引和导读的作用。

2.法案主要内容

《2021美国创新和竞争法案》主要包括六个部分:《芯片和开放式无线电接入网（O-RAN）5G紧急拨款》《无尽前沿法案》《2021战略竞争法案》《国家安全与政府事务委员会的规定》《2021应对中国挑战法案》和《其他条款》。

（1）《芯片和开放式无线电接入网（O-RAN）5G紧急拨款》（CHIPS AND O-RAN 5G EMERGENCY APPROPRIATIONS）

该法案主要聚焦芯片、5G等信息产业领域，旨在加强信息产业政策的

① https://www.google.com/amp/s/www.cnbc.com/amp/2021/06/08/senate-passes-bipartisan-tech-and-manufacturing-bill-aimed-at-china.html.

支持力度及推动移动物联网宽带市场发展，计划未来五年内拨款535亿美元。法案明确要求建立美国半导体生产激励基金和无线网络供应链创新基金，其中半导体生产激励基金下设美国芯片生产基金、美国芯片生产国防基金和美国O-RAN及芯片国际技术与创新基金，分别对三个基金拨款495亿美元、20亿美元、5亿美元，另拨款15亿美元，用于落实2021财年国防授权法案中的美国电信法案，以加强在5G竞争中的“美国创新”。整部法案还专门提到了中国华为公司给美国国家安全和全球电信网络带来的“无法接受的风险”。

（2）《无尽前沿法案》（Endless Frontier Act）

该法案的支持方向主要是针对科技领域，旨在强化国家产业和区域创新能力，未来五年内共拨款1200亿美元。法案包括重塑国家科技基金会（NFS）、支持能源部建设、推动科研均衡发展、强化科研安全、推进科研相关产业建设和推动空天技术发展六大部分。

在重塑国家科学基金会（NFS）部分，强调未来要机制创新，通过设立技术和创新理事会（DTI），对全国基础研究和应用研究进行全面指导和统筹，进一步推动关键领域技术的进步和商业化，以维护美国在创新方面的全球领导地位。在推进科研相关产业建设部分也加大部署，一是实施“美国制造计划”，首次明确人工智能与机器学习、高性能计算、量子计算和信息系统、机器人、灾害预防、先进通信、生物技术、先进能源技术、网络安全、材料科学为十大核心领域，未来投入1000亿美元聚焦技术研发；二是强调培育新的区域创新高地，将在全国相对落后的区域中，甄选十个区域创新枢纽，五年内投入100亿美元，支持这些区域的研发基础设施建设、技术上也化和劳动力发展，将这些区域性中心打造成全球“全球关键性的研究、开放和制造中心”，未来美国可能出现更多的“新硅谷”。

法案针对中国的特别条款主要集中在强化科研安全部分，包括禁止联邦科研机构人员参与以中国为首的外国政府人才招募计划，禁止向有中国政府背景的实体提供基站建设许可，禁止NASA和科技政策办公室与中国及中国国有公司开展双边合作等。

（3）《2021战略竞争法案》（STRATEGIC COMPETITION ACT OF 2021）

该法案主要是针对外交与战略安全领域，法案由增强未来竞争力、巩固盟友及伙伴关系、强化机制塑造、加强经济管制和确保战略安全五部分组成。

（4）《国家安全与政府事务委员会的规定》（HOMELAND SECURITY AND GOVERNMENTAL AFFAIRS COMMITTEE PROVISIONS）

该法案主要推进美国制造业和人力资源建设，目的是提升美国未来发展能力，法案分为四部分：美国国内制造业能力、提升网络防护和人工智能水平、发展人力支援和其他事项。在强化制造业部分，重点部署“买美国货”和“推进美国制造”行动，以此来刺激国内制造业的创新和增长，加强国内供应链。在人力资源部分，政府同学术界开展合作，促进关键技术研究、开发和劳动培育，创造国内就业机会。

针对中国的条款主要出现在其他事项中，法案要求阻止购买具有中国政府背景公司制造和销售的无人机，禁止在美国政府的设备下载社交软件抖音及该公司推出的其他替代产品。

（5）《2021应对中国挑战法案》（MEETING THE CHINA CHALLENGE ACT OF 2021）

该法案系主要从金融服务领域对华制裁的措施。法案由强化金融手段、保护美国国家安全和建立国会报告制度三部分组成。其中，在保护美国国家安全部分，主要包括打击盗取美国个人商业秘密行为等内容。在建立国会报告制度部分，一是报告中国实体在美国资本市场的存在是否危及美国国家安全、人权及造成金融风险，二是报告中国政府军民两用品的开发使用情况。

（6）其他条款（OTHER MATTERS）

该等条款主要目的是维护美国在生物医学和教育领域的安全和竞争力，由重点保护生物医学研究领域、发展中小学教育和发展高等教育三部分组成。在发展中小学教育部分作出了将计算机课程引入美国中小学教育的新部署。

3. 法案对中国的影响

该法案充分展示了拜登政府以“多边主义”方式联合盟友围堵中国的科技发展，利用法律规则的制定和解释全面制衡甚至孤立中国的政策，凸显出美国对中国科技发展的恐惧，将不断向中国施压加剧两国的科技竞争。从法案的内容来看，法案不仅授权政府对“芯片与半导体、人工智能、空间技术等”行业进行拨款、补贴，而且要求相关机构加强对中国企业与产品进行严格审查，限制有关的美国企业和中国公司进行贸易，是典型的“补贴+保护”手段。中国律师需要以国际视野和全球化思维来审视每一笔交易，才能真正地做到合同的充分真实意思表示和避免履约纠纷。

（三）《2022美国竞争法案》（America COMPETES Act of 2022）及对我国的影响[①]

1. 出台时间及概述

2022年2月4日，美国众议院以222票赞成、210票反对的投票结果通过了《2022美国竞争法案》，该法案由美国众议院于当地时间2022年1月26日推出，这是一项旨在增强美国竞争力并与中国进行抗衡的法案。

据路透社华盛顿报道，该法案旨在提高美国对中国的竞争力，支持美国芯片产业，其中包括为半导体制造和研究提供520亿美元（约合人民币3308亿元）补贴，以及450亿美元（约合人民币2672亿元）用于加强高科技产品的供应链。报道称，拜登政府正在说服国会批准资金，以帮助促进美国的芯片生产。[②]

该法案只有在两院都通过后才移交白宫拜登总统签署。拜登曾在一份声明中称赞该法案是“至关重要的立法”并敦促迅速采取行动，但两院的磋商可能会持续数周甚至数月的时间，截至2022年2月16日尚无进一步消息。

---

① https://docs.house.gov/billsthisweek/20220131/BILLS-117HR4521RH-RCP117-31.pdf.

② 参见路透社：https://www.usnews.com/news/top-news/articles/2022-02-04/u-s-house-set-to-pass-sweeping-vote-on-china-competition-bill，最后访问日期：2022年4月17日。

2.法案主要内容

《2022美国竞争法案》将批准近3000亿美元拨款用于研发，主要包括如下：

- 未来五年内拨款520亿美元用于补贴半导体制造以及汽车和计算机中使用的关键组件的研究、设计与制造；
- 未来六年内拨款450亿美元用于缓解加剧重要商品短缺的供应链问题。

此外，该法案还包括改变美国贸易规则、加强反倾销规则。此外，该法案将授权美国向《巴黎协定》设立的绿色气候基金（Green Climate Fund）捐款80亿美元，用于帮助发展中国家应对气候变化；划拨30亿美元用于降低对中国太阳能制造行业的依赖；为帮助失业率明显高于全国平均水平的社区提供40亿美元；以及为各州储备药品和医疗设备提供105亿美元。

3.出台原因和影响

美国在半导体制造业中的份额从1990年的全球37%下降到目前的12%左右①，此法案将扭转这一趋势，新冠肺炎疫情使芯片的供应链紧张，在电脑芯片短缺导致汽车、电子产品和医疗设备价格上涨之际，这项法案520亿美元用于美国国内芯片生产，显然是有助于解决经济问题和在海外制造半导体对国家安全的影响。

英特尔和三星等大型芯片制造商最近宣布了在美国建立新工厂的计划，美国商务部长吉娜·雷蒙多表示，在联邦政府的帮助下，他们可以“做得更大、更快”。2022年1月，英特尔表示将投资200亿美元建设两家芯片制造工厂，并计划最终投资1000亿美元，共建设八家制造工厂，其中第一家晶圆厂将于2025年上线。据介绍，200亿美元的先期投资是俄亥俄州历史上最大规模的投资，将在新奥尔巴尼占地1000英亩（约合400公顷）的土地上创造

① 《扭转美国半导体制造业的潮流　SIA/BCG报告　政府激励措施和美国在半导体制造中的竞争力》，https://www.semiconductors.org/turning-the-tide-for-semiconductor-manufacturing-in-the-u-s/，最后访问日期：2022年4月17日。

3000个就业机会。①

台积电早在2020年就宣布将投入120亿美元在亚利桑那州凤凰城建造一座5纳米晶圆厂。该工厂于2021年正式开工，预计在2024年投产。建成后的计划产能将达到每月2万片，并会聘用超过1600名员工。台积电表示，已将2022年的资本支出预算定在400亿至440亿美元，创下历史高位，2021年的资本支出约为300亿美元。②

三星电子于2021年11月宣布在美国建设半导体代工厂。据悉，三星将在得克萨斯州泰勒市投入170亿美元建厂。2022年开工建设，力争2024年下半年投入运行。有分析认为，该工厂将生产3纳米的新一代产品。据报道，三星计划在未来数年内投资超过2050亿美元，旨在提振芯片和生物技术产业，其中芯片制造是优先事项。③

总之，该法案是美国旨在确保本国科技创新领域的领先地位、限制外国资助和人才计划对该国科学影响的最新一版法案，影响即时显现而且十分深远。

4.小结

中美贸易战的本质是中美之间的科技竞争，在过去的一年里，美国立法动向中对中国影响最为深远的当属《2021美国创新和竞争法案》和《2022美国竞争法案》，无论这两个法案何时正式生效，其制定和讨论的过程已经产生了巨大的影响，使得很多协议和交易的不确定性增加。政策和法律的交互作用，给传统的交易律师的工作增加了困难。

近几年，美国不断出台各种政策，大力推动国内高科技发展，并将重点放在了半导体产业，提高制造和研究能力，并提升其竞争力和领导地位。

---

① 参见英特尔公司官网：https://www.intel.com/content/www/us/en/corporate/usa-chipmaking/home.html，最后访问日期：2022年4月17日。

② 参见：https://www.markettradingessentials.com/2021/10/inside-tsmc-the-taiwanese-chipmaking-giant-thats-building-a-new-plant-in-phoenix/，最后访问日期：2022年4月17日。

③《三星计划在德克萨斯州建设一座价值170亿美元的芯片工厂》，https://www.cnbc.com/2021/11/24/samsung-announces-17-billion-chip-plant-in-texas.html，最后访问日期：2022年4月17日。

2021年6月8日通过的《2021美国创新与竞争法案》中就有用于半导体、芯片和电信领域的540亿美金，故《2022美国竞争法案》可以看作其的延续。虽然里面很多对华内容是老生常谈，但《2022美国竞争法案》为美国的产业政策“开了口子”，决策层后续为半导体乃至其他行业推出类似政策的阻力会大大减少，甚至成为一种常用工具。

三、总结

从价值创造的本质来看，知识产权商用化是企业依托于一个国家的知识产权保护体系，围绕企业自身掌握的知识产权建设商业竞争力的运营过程。而技术合作开发、技术许可和转让等技术交易活动是其中重要的一环。近年来，发生在境内和境外的技术交易活动变得越发复杂，但同时我国也在立法、执法和行政监管角度全面提升了知识产权保护能力，可以预见技术交易方向的知识产权商用化在未来将会迎来一波新的高潮。知识产权的商用化可以帮助企业打造具有市场竞争力的产品，形成高利润的业务营收，也有助于防范传统重资产型公司运营模式所带来的各种系统性风险和经济活力缺失，与此同时，完善的立法、执法和行政监管将会进一步助推技术交易和知识产权商用化在国内和国际舞台上的有序竞争和发展。

对日本制铁与宝钢、丰田专利纷争事件的评析①

事件回顾

回顾2021年知识产权领域内发生的新闻事件，笔者认为中国宝钢与日本的丰田、日本制铁之间的专利纷争事件尤其值得重点关注。这不仅因为该案所涉诉讼标的额巨大，同时还因为其涉及中国的电动汽车产业布局，相关当事人所在国家的知识产权现状，以及反不正当竞争与商业秘密保护的联系。正可谓知识产权不是孤岛，而是各领域的内在联系的集中体现。

1. 事件概要

2021年10月14日，全球第五大钢企、日本最大的钢铁制造商日本制铁公司公开声明，称该公司持有的电磁钢板相关专利遭到侵权，已向东京地方法院提起诉讼，对丰田汽车和中国钢铁巨头同时也是全球第一大钢企的宝山钢铁（以下简称宝钢）分别索赔约200亿日元（实时汇率约合人民币11.27亿元）。对于使用宝钢电磁钢板的丰田电动车，日本制铁还申请了宝钢在日本国内制造和销售的临时禁令。

宝钢于2021年10月16日晚及17日早，分别对多家媒体回应称，对于日本制铁单方面主张，宝钢不予认同。针对其所提出的技术专利诉讼，宝钢将积极应诉，坚决捍卫公司权益。

2020年12月，宝钢面向新能源汽车行业的高等级无取向硅钢专业生产线开工。项目投产后，宝钢硅钢产品年产量将达到400万吨，其中高牌号无取向硅钢年生产能力将达到100万吨，位居世界第一。宝钢董事长邹继新在开工仪式上说，该项目将成为我国实现新能源汽车发展战略的重要保障。

---

① 蒋宏建律师、苏笑白律师，国浩律师（天津）事务所。

“我们认为，专利认定应当建立在双方严谨、科学的技术交流和求证基础上，对于日本制铁的单方面主张，宝钢股份不予认同。”宝钢在声明中称。①

日本制铁声称专利遭到侵害的专利，是被称为“无取向性电磁钢板”的高功能钢材。高牌号无取向电工钢是新能源汽车驱动电机无可替代的核心材料，被用于电动汽车的马达，影响马达的旋转效率，价格高于其他钢板，利润率高，是日本制铁的重要盈利来源。日本制铁指出，宝山钢铁制造违反钢板的成分和厚度等自身专利的电磁钢板，向丰田供应，而丰田将使用这种钢板的马达用于电动汽车。这是日本制铁首次因侵犯专利权起诉汽车厂商，交易关系密切的业界龙头企业之间陷入诉讼实属罕见。因为在日本，受制于其特殊的政治经济环境，其国内的知识产权诉讼纷争，尤其是涉及专利的，相比于中美，用少得可怜来说都不为过，并且大型企业之间往往都已经通过各种交叉协议建立了牢固稳定的关系，所以此次专利纷争事件，可以说是在日本政经界引起了轩然大波。

丰田汽车去年7月开始从宝钢采购部分高等级电磁钢，丰田高管表示“质量不比日本生产的差。在电动汽车有望普及的背景下，将推进供应企业的多样化”。此前只有日本制铁等日本国内大型钢铁企业，才有能力向丰田供应这种高等级产品。丰田在去年10月14日发表的官方声明中强调了两点，一是在与宝钢签约前就已经经过严格谨慎的调查，确认过不侵权才签约。二是发现被日本制铁起诉后，又再次向宝钢确认过了，并不侵权。②

2.时间追溯

此次日本制铁新闻引人注目的原因可以追溯到十年前的一起知识产权纷争案件。2012年4月19日，日本制铁在东京提起对韩国浦项制铁的不正当窃取商业机密诉讼，索赔986亿日元（实时汇率约合人民币54.3亿元），同月

① 宝山钢铁股份有限公司董事会：《宝山钢铁股份有限公司关于日本制铁向公司提出技术专利诉讼的说明》。

② 《日本製鉄株式会社による弊社への電磁鋼板に関する訴訟について》，丰田关于此次被日本制铁以电磁钢板专利侵权提诉的官方声明。

24日，在美国新泽西州提起诉讼，指控韩国浦项制铁不正当竞争及侵犯专利权，涉及的专利是方向性电磁钢板。对此，同年的7月19日浦项制铁以“没有窃取日本的商业机密”为由，在韩国提起了宣告性诉讼，即日本制铁在日本获得的任何判决都不能在韩国执行。双方的纠纷于2015年9月终结，日本制铁宣布“与韩国浦项制铁达成和解”，浦项制铁向其支付了300亿日元（实时汇率约合人民币16.52亿元）的和解金。①

关于韩国浦项制铁，笔者在这里有必要介绍一下，根据世界钢铁协会发布的《世界钢铁统计数据2020》中对全球钢铁企业的排名，浦项制铁位列第六，宝钢第一，日本制铁第五。

接着，再把时间轴向前追溯的话，会发现：1977年12月，上海宝山钢铁总厂成立。宝钢一期工程（1977—1985）由国家投资，日本制铁承包设计。一期工程的原料、烧结、高炉、焦化、转炉、初轧系统共签订23个成套设备引进合同，其中由日本制铁总承包的有12个，由日本制铁推荐厂商承包的有8个。②

日本制铁称，二十世纪八十年代末，它在全球电磁钢板市场上处于领先地位，而浦项制铁在电磁钢板制造能力方面落后于其竞争对手。因此，浦项制铁正在寻找改善其电磁钢板制造的方法并与日本制铁接触，希望获得电磁钢板技术的许可，但日本制铁拒绝了。

1998年11月，宝山钢铁（集团）公司与上钢、梅钢合并，成立上海宝钢集团公司。2000年2月，宝山钢铁股份有限公司成立。2004年4月上海宝钢新日本制铁汽车板有限公司成立。在宝钢发展的历史进程中，始终存在着日本制铁的影响。

之后2007年，由于怀疑浦项制铁在电磁钢板市场中的改进，日本制铁开始与浦项制铁进行沟通，以确定浦项制铁是否在使用日本制铁的技术。日

① 《株式會社ポスコ等との訴訟における和解について》，日本制铁发布的关于与浦项制铁诉讼和解的官方声明。

② 安维复、周丽昀、陆祖英：《宝钢的创新进路：从“点菜式引进”到集成创新》，载《自然辩证法研究》2006年第5期，第71页。

本制铁称，它通知浦项制铁，日本制铁拥有涉及电磁钢板制造过程的专利，要求浦项制铁解释其低温电磁钢板制造方法与日本制铁专利中的方法相比如何，以及其是否认为自己被授权使用这些技术。浦项制铁拒绝就其是否侵犯了日本制铁的专利发表立场，只是表示其电磁钢板制造工艺与日本制铁使用的工艺不同。至于日本制铁为什么会产生怀疑，原因很简单，因为很多客户，无论新老，都转投了浦项制铁或是宝钢，产品卖不出去了，查询之后才知道别家物美价廉，也正是在此后，电磁钢板的价格一落千丈。①

此外，在日本制铁所称与浦项制铁进行沟通的同期，韩国政府逮捕、起诉了两名浦项制铁的前雇员，并将其定罪，因为他们向宝钢出售了与电磁钢板有关的商业机密。日本制铁随后向韩国提出检查案件记录的要求，截至日本制铁起诉浦项制铁时，日本制铁仍未接触到上述文件。②

之后的2012年至今日，就是前述已提及的事件概要，不再赘言。

日本制铁在起诉了宝钢与丰田之后，还于2021年12月23日起诉了日本第三大综合商社，世界排名114的企业：三井物产，因为三井物产在全球范围内对于金属资源，尤其是铁矿石交易有着首屈一指的话语权，并且作为中间商参与了宝钢与丰田间的合作，根据日本《专利法》第101条第2款的规定，这种中介与帮助贩卖的行为同样涉及专利权侵害，可见日本制铁此次显示出在整个供应链积极保护自身知识产权的态度。③而关于此案的最新状况则是日本制铁方面并没有因为与丰田长久以来的合作伙伴关系而显露出丝毫的和解意向，反而在今年3月与丰田方面进行了强硬的价格交涉，此前在提起诉讼前已经与丰田进行过一次交涉了，已经加过了价格，这次又再次在卖给丰田的钢材上每吨加价2万日元（约合人民币1050元）。由于涨价效果，日本制铁的业绩呈现出复苏趋势，起码2021财年的合并净利润预期达到了

① 日本经济产业省于2015年4月21日发布的关于钢铁行业的现状与问题的报告：《鉄鋼業の現状と課題》。

② 美国LEXIS数据库提供的事件报告：Nippon Steel & Sumito Metal Corp.v.POSCO & POSCO Am. Corp.2013 U.S.Dist. LEXIS 62710，2013 WL 1867042。

③ 《日本制铁继丰田和宝钢后又起诉三井物产侵权》，载《日本经济新闻报》2021年12月24日。

5200亿日元，创历史新高。同时还提高了负责电磁钢部门主管的待遇，将其升格为了副社长，以此来彰显出对丰田的强硬姿态。总而言之，截至本文脱稿之日，根据笔者的检索调查，诉讼依然没有任何进展，依旧处在激烈的纷争之中。①

律师评析

通过前述事实，笔者在此简单整理归纳一下：四十多年前宝钢兴建之时，秉着要学就要向第一名看齐的决心，从日本制铁（彼时的世界第一钢企）引进成套装备、技术和现代管理。千余名宝钢技术、操作人员东渡日本接受培训和实习，日本制铁也派出大批技术专家参与、指导宝钢建设，日本制铁与宝钢有过亲密的友好合作关系。浦项制铁同样也有向日本制铁学习的意向，但采用的方式方法却是“另辟蹊径”，也就是本文上述提及的事实。

笔者认为，日本制铁的举动，除了量的危机感，更深层的则是高端产能上的竞争。在无方向性电磁钢产品中，新能源电动汽车对产品性能、规格要求最高，目前中国具备供应能力的企业仅三家，完成全车系认证的只有宝钢和首钢。海外只有日本制铁、JFE钢铁株式会社（日本第二，世界第十四的钢铁企业）以及浦项制铁具有新能源汽车电磁钢供给能力。由此可见电磁钢板属于高端产能，对于任何钢企来说都是核心竞争力，所以竞争也是异常激烈的。经过几代宝钢人的奋勇拼搏，宝钢实现了历史性跨越，已经成长为年粗钢产量和盈利水平全球第一的行业领军者。丰田为什么要由日本制铁转向宝钢购买？不仅因为电磁钢是制造新能源汽车的关键零部件，也印证了“生意场上没有永远的敌人与伙伴，只有永远的利益追求”这句话。丰田早在几年前就与比亚迪有合作，进军新能源汽车领域，不选择曾经的老伙伴日本制铁，而是更青睐宝钢，舍近而求远，致使日本制铁的危机感顿时飙升，这也成为刺激其发起诉讼的导火索。而根据日本经济新闻的报道，他们通过采访

---

① 千葉卓朗、近藤郷平:《トヨタ向け鋼材値上げ、強気で交渉の日本製鉄、脱炭素で力関係に変化》，日本朝日新闻社2022年2月25日。

多名日本制铁的内部人员得知，其实日本制铁早在2年前的2019年就已经着手调查此次的专利问题，调查的时间刚好是丰田开始采购宝钢的电磁钢板的时候，日本制铁通过买入使用了宝钢电磁钢板的丰田汽车，对其解体并实施逆向工程，同时也入手了一批宝钢的钢材进行成分甄别研究，从而作出判断认为宝钢侵犯了其专利权。①

不过，对于日本制铁来说，真正的“敌人”恐怕并不是丰田。其原因是，虽然日本制铁采取了打官司的强硬措施，但与丰田方长期以来建立的蜜月关系不会从根本上发生动摇。笔者在前述的报告中也有提及，日本国内的经济环境是相对封闭的，抬头不见低头见的关系注定了不会老死不相往来，政府层面也不会允许国家的支柱企业间存在不可调和的矛盾，所以日本制铁对丰田的施压反其实就是变相对宝钢施压。同时根据《日本经济新闻》的报道，日本制铁的社长桥本英二曾对周围的人放言：“不能放过宝钢。”②是故，笔者认为，这句话的背后，不仅隐藏着对掌握世界钢铁行业主导权的中国企业的威胁，还包含了日本制铁对与宝钢持续近四十年合作历程的重新审视。

笔者无法身临其境地还原事件的真实情况。但道理显而易见，中国钢铁工业通过在高端产品上的技术突破和产能规模扩张，且不断得到认可，在国际市场上的话语权日渐加重，并已经开始凸显出可以作为划分全球蛋糕持刀人的实力，所以自然也会让竞争企业产生危机并不惜拔刀相向。

作为重大新闻事件，同时也是典型的知识产权案例，全球第一大车企和全球第一大钢企VS全球第五大钢企，同时还牵扯出了全球第六大钢企以及握有全球铁矿石定价权的财阀，全明星阵容不可谓不豪华，并且这些企业都是各自所在国家的代表企业，对在知识产权领域内发生的这种纷争已经不能仅用简单的法律观点去看待了，如果不结合政治、经济、国际的视角来综合分析研究的话，只能是管中窥豹。

---

① 《トヨタ提訴「2年前から調査」日本製鉄、技術死守へ背水》，日本经济新闻报发布的名为《从两年前开始调查到起诉丰田，日本制铁对于守护自家技术的背水一战》的报道。

② 《日本制铁宝钢恩仇记》，载《日本经济新闻报》2022年3月28日。

同时，结合涉案专利的用途可知，电磁钢板是用来制造新能源电动汽车的，是汽车的脊椎，自然这也涉及了知识产权领域内的标准化，面对未来的行业发展趋势，以及不可估量的潜在市场价值，属实已经超脱了知识产权领域所涵盖的范围。

所以，面对此类事件，不仅法律行业的从业者、研究者会从中得到启示，法学界，司法界，甚至连国家政府层面也会无比重视。其中最典型的莫过于日本，毕竟在此之前，以日本制铁为代表的日本钢铁企业一直都是全世界的领头羊，日本的钢铁界手握着全球的钢铁话语权。因为与浦项制铁的纠纷，日本的《反不正当竞争法》还以此事为契机进行了修改①，日本制铁为此还在日本的产业构造审议会（隶属于日本经济产业省的官方智囊团）上作了报告②，在日本产生的影响，远比想象中要深远，以至于成为日本每一位法学生在学习知识产权法时的必修内容，并刊印在了法学教材之上。

而关于更进一步的详细内容，首先，从前述的日本制铁在审议会上做的报告中，可以看到作为当事方日本制铁的启示，在日本制铁提出的报告中，日本制铁将启示称为教训，主要有：光靠管理，是不足以防止商业秘密泄露的，需要增设罚则，并且加大处罚力度，提高赔偿额度，撤销亲告的限制，抬高商业秘密的法律地位，国家政府层面也必须要更加积极主动地采取应对措施。③

结合此报告，再来看修改的具体内容：细化了打击商业秘密侵权行为的民事诉讼程序，并规定了更加严厉的刑事处罚措施，包括扩大刑事处罚对象

---

① 《平成27年不正競争防止法の改正概要（営業秘密の保護強化）》，日本经济产业省所属的知识产权研究科室发布的关于2015年日本《反不正当竞争法》围绕商业秘密的保护强化这一主题的修法概要说明。

② 《産業構造審議会知的財産分科会第３回営業秘密の保護・活用に関する小委員会議事録》，日本经济产业省于2014年11月27日发布的在第3次产业构造审议会知识产权分议会上关于商业秘密的保护与活用主题会议的图文实录。

③ 实原幾雄：《当社に係る営業秘密盗用訴訟の概要と教訓、営業秘密保護法制について》，日本制铁的知财部长在上记的分议会上所作的关于通过与浦项制铁一系列纷争的概要和总结而来的经验教训的报告。

的范围、加大刑事处罚力度、简化刑事诉讼程序、完善民事救济程序，减轻原告举证负担，增设对离职后窃取商业秘密行为的处罚。同时政府修订《企业秘密管理指南》，放宽对商业秘密资格的要求，并在同一案件中确定了承认和执行外国判决的标准，实现对域外商业秘密的保护。

其中，根据修改之前的法律，针对商业秘密使用和泄露而提起的民事诉讼中，原告有义务提交证据证明被告有不正当使用商业秘密的行为。然而，尤其是在与制造方法相关的技术秘密案件中，原告很难举证证明被告使用了通过不正当手段获得的商业秘密，因为必要的证据总是掌握在被告的手中，而且在日本没有美国那种可以允许原告获取证据的调查系统。因此，为促进公平分担举证责任和合理有效地解决争端，修改后的法律设计了一个可推翻的推定机制，但这种推定机制仅适用于涉及生产过程的技术秘密，即推定被告使用了原告关于制造方法的商业秘密，只要原告提出：

- 被告不正当地获取了原告的商业秘密；
- 被告制造了能够通过使用那些商业秘密生产出来的产品；
- 涉及的商业秘密是与产品制造相关的。

而为了推翻这些推定，被告需要承担证明自己没有使用商业秘密制造产品的举证责任。这种在商业秘密保护中将举证责任转移至被告的制度在发达国家中也是首开先河的。

而一般的企业应该吸取怎样的经验和教训呢？笔者认为，不能只停留在重视商业秘密的保护上，商业秘密完全可以是无形的、不可捕捉的、存在于人的意识中的，不可能是阅后即焚的，即便知道根据统计数据①，企业发生商业秘密泄露情况中68.4%都是由离职员工造成，企业也不可能花费巨大的成本与精力在追踪监视离职员工上，而对于商业间谍的渗透，企业方也只能是被动的，正所谓“只有千日做贼的，没有千日防贼的”，与其想着堵，不如考虑疏。

① 《平成24年度人材を通じた技術流出に関する調査研究》，日本经济产业省于2012年出具的关于通过人才流失造成的技术流失的调查研究报告。

笔者之所以这么说，也是因为商业秘密属于黑暗中生存的权利，需要通过自我保护而获得个案排他权益。商业秘密是知识产权的一种，但与其他知识产权客体存在区别，与作品、发明、实用新型、外观设计、商标、集成电路布图设计和植物新品种等有着不同特点，即缺乏公示性，所以无法像其他知识产权一样更容易商用化。

但商业秘密中有些技术秘密的财产权特征十分明显，甚至与专利仅有一墙之隔，一经申请即可获得专利保护，一如前述的日本制铁一样，无论是无方向性电磁钢板或是方向性电磁钢板，专利也有专利群，只取决于企业自身愿不愿意申请，愿不愿意把技术推向前台、公之于众而已，但无论如何，这些都属于企业宝贵的资产，这是不争的事实，是故，作为企业来讲，特别是高新技术企业，创建完善的商业秘密保护体系固然重要，但企业需要花费比前项更多的成本与精力来重新审视商业秘密的价值，作出划分，断舍离的力气不应该只用在裁员和缩减成本上，毕竟结合前述的离职员工泄露商业秘密的数据来看，对企业来说，这样反而会增加商业秘密泄露的风险。

综上所述，对商业秘密进行妥善保护，利用商业秘密来为企业创造价值，这完全没错。毕竟商业秘密是一种特殊的知识产权，美国全球战略研究所甚至认为："专利属于次要知识产权，美国最主要的知识产权是商业秘密，商业秘密是美国的立国之本。"与专利的范畴相比，商业秘密涵盖了多元化的信息，它超出了技术知识，扩展到客户和供应商名单、业务计划或市场调研和信息策略等经营性信息。通过保护这种专有技术和经营信息，商业秘密让创造者从它的创新中获得利润。但不应过分执着于商业秘密，不能使其"放下身段架子"，商业秘密对于企业，甚至于对于整个社会，所能产生的效益其实并不稳定，要是能使企业占据龙头地位、具有行业话语权还好，但这毕竟是极少数。所以，即便在商业秘密中经营类信息不易实现商用化，但技术类信息也不应执着于严防死守，通过专利的公开，也不见得获取不了利益，哪怕是通过法律诉讼，以打促和，也能得到实施许可费、侵权赔偿费，这也是一笔不菲的收入，纵观前述的日本制铁事件，正好印证了知产商用化的此种类型。日本制铁在方向性电磁钢板上用商业秘密进行保护，没能成功，所以在之后的无方向性电磁钢板上就采用了专利，最起码证明起来简单不少，侵权与否只需要比对实际产品，比对权利范围就好了，白纸黑字写得再清楚不过。并且在知产商用化上，专利无论是从转化市场，还是转化方式上，也更加成熟稳定，与金融资本的契合度也更高。

技术总是会过时的，并且在面对市场的检验时，更新换代会加快，淘汰速率也同样日新月异，如果不能够及时地把企业的潜在价值挖掘出来，不能持续运用不同的方式创新，就无法实现知识产权的合理循环，并有可能使得企业危机重重甚至关门大吉，并影响整个国家技术革新的力量。

后记

2021年年末，国务院知识产权战略实施工作部际联席会办公室印发《知识产权强国建设纲要和“十四五”规划实施年度推进计划》，明确2021—2022年度推进知识产权强国建设的7方面115项重点任务和工作措施。这充分体现出党中央对知识产权工作的高度重视和殷切期望，在我国知识产权事业发展史上具有重大里程碑意义。在推进知识产权强国建设过程中，律师在知识产权保护中的作为与探索能够发挥重要力量。中华全国律师协会知识产权专业委员会（以下简称知产委）继续组织知识产权律师编撰以律师为视角的年度观察报告，即《中国知识产权律师年度报告（2022）》，我们希望通过汇总律师这一独特视角的观察思考，总结年度工作和进展，从而推动我国知识产权事业的长远发展。

本书由知产委部分委员和部分知识产权律师共同撰写完成，主要包括八个板块，分别为著作权、商标、反不正当竞争、地理标志、专利、商业秘密、植物新品种以及技术交易与知识产权商用化。大体按照新法观察、典型案例、重点关注三部分展开，汇总并进一步分析2021年度知识产权各个领域的最新发展。参与撰写的均为业内优秀知识产权律师，绝大部分律师连续参与了三年报告的撰写，他们有着多年从业经验，在知识产权服务领域均有所建树，也对推动知识产权发展抱有满腔热忱。他们结合自身的实践经验，从律师的角度对知识产权领域的最新发展、典型案例进行分析和点评。知产委主任班子连同业内的几位资深律师对全书书稿进行了细致的审读。

感谢中国法制出版社的程思老师、于昆老师等各位编辑老师对本书的倾情付出。恳请各位专家学者与同行不吝赐教，我们将在今后的工作中调整改进，不断完善，谢谢！

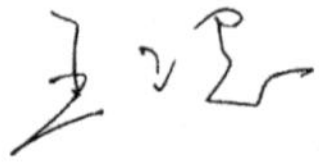

中华全国律师协会知识产权专业委员会主任

2022年4月26日

图书在版编目(CIP)数据

中国知识产权律师年度报告. 2022 / 中华全国律师协会知识产权专业委员会编. —北京：中国法制出版社，2022.4

ISBN 978-7-5216-2639-1

Ⅰ. ①中…　Ⅱ. ①中…　Ⅲ. ①知识产权—研究报告—中国—2022　Ⅳ. ①D923.404

中国版本图书馆CIP数据核字（2022）第062651号

责任编辑：程　思（chengsi@zgfzs.com）　　封面设计：周黎明

中国知识产权律师年度报告. 2022

ZHONGGUO ZHISHI CHANQUAN LÜSHI NIANDU BAOGAO. 2022

编者 / 中华全国律师协会知识产权专业委员会

经销 / 新华书店

印刷 / 北京虎彩文化传播有限公司

开本 / 710毫米 × 1000毫米　16开　　印张 / 21.25　字数 / 314千

版次 / 2022年4月第1版　　2022年4月第1次印刷

中国法制出版社出版

书号 ISBN 978-7-5216-2639-1　　定价：68.00元

北京市西城区西便门西里甲16号西便门办公区

邮政编码：100053　　传真：010-63141600

网址：http://www.zgfzs.com　　**编辑部电话：010-63141806**

市场营销部电话：010-63141612　　**印务部电话：010-63141606**

（如有印装质量问题，请与本社印务部联系。）